21 世纪高职高专教材·财经管理系列

店长管理实务

主　编　王凤国
副主编　韩翠兰　王　坤
　　　　杨学艳

清华大学出版社
北京交通大学出版社
·北京·

内容简介

店长是商店的经营管理者,他不仅是整个商店活动、运营的负责人,还是商店的精神领袖,在商店经营和管理中起着承上启下的作用。本书主要针对店长工作中的日常管理需要,讲授店长岗位相关操作知识,从店长需要掌握的职业技能、方法和流程等出发,通过大量案例分析、材料阅读、练习、实训等方式,全方位提升店长的工作技能和经营管理能力。

本书依据高职学生的特点,语言通俗,注重实际操作,有助于学生切实掌握作为一名店长所必备的知识与技能。

本书封面贴有清华大学出版社防伪标签,无标签者不得销售。
版权所有,侵权必究。侵权举报电话:010-62782989 13501256678 13801310933

图书在版编目(CIP)数据

店长管理实务 / 王风国主编. —北京:北京交通大学出版社:清华大学出版社,2018.8(2025.1重印)

ISBN 978-7-5121-3670-0

Ⅰ. ①店… Ⅱ. ①王… Ⅲ. ①商店-商业管理-高等职业教育-教材 Ⅳ. ①F717

中国版本图书馆 CIP 数据核字(2018)第 179575 号

店长管理实务

DIANZHANG GUANLI SHIWU

责任编辑:田秀青

出版发行:清华大学出版社   邮编:100084   电话:010-62776969   http://www.tup.com.cn
          北京交通大学出版社   邮编:100044   电话:010-51686414   http://www.bjtup.com.cn

印 刷 者:北京虎彩文化传播有限公司
经   销:全国新华书店
开   本:185 mm×260 mm   印张:13.25   字数:331 千字
版   次:2018 年 8 月第 1 版   2025 年 1 月第 5 次印刷
书   号:ISBN 978-7-5121-3670-0/F·1812
印   数:5 001~5 500 册   定价:39.00 元

本书如有质量问题,请向北京交通大学出版社质监组反映。对您的意见和批评,我们表示欢迎和感谢。
投诉电话:010-51686043,51686008;传真:010-62225406;E-mail:press@bjtu.edu.cn。

前　言

作为连锁业态的零售部门，商店是连锁企业总部各项政策的执行者，商店的作业及管理以人力资源的有效调配为基础，以商品销售为核心；店长作为商店的核心人物，必须通过有效的管理活动使店铺每天都能在高品质、优服务的状态下，提供给顾客最优质的服务，确保盈利的最大化。

本书采用项目导向、任务驱动型课程理论开发课程教学，针对高职学生的学习能力和学习特点，在进行店长作业管理理论分析的基础上，围绕店长管理的主要职责和工作重点来实施案例和任务教学互动的架构，突出了技能培养。全书内容简洁明了，有较强的实用性。本书可作为高等职业院校连锁经营与管理专业及相关专业的教材，也可供相关企业员工学习使用。

本书共分六个项目，由山东经贸职业学院王凤国老师担任主编，由韩翠兰、王坤、杨学艳老师担任副主编，项目一、项目二、项目四由王凤国编写，项目三由韩翠兰编写，项目五由杨学艳编写，项目六由王坤编写。本书在编写过程中得到了青岛家乐福商业有限公司名达店店长及其他朋友的帮助与支持，在此表示衷心的感谢！

由于编者水平有限，书中难免存在不足之处，敬请读者指正。

编　者
2018 年 5 月

目 录

项目一 店长概述 ··· (1)
 任务一 店长的素质要求 ·· (2)
  一、店长的定义 ·· (2)
  二、店长的使命 ·· (3)
  三、店长的角色 ·· (4)
  四、店长的主要工作职责与范围 ·· (7)
  五、店长的能力与素质要求 ·· (9)
 任务二 店长的自我管理 ·· (17)
  一、心态和压力管理 ·· (18)
  二、职业生涯规划与管理 ·· (19)
  三、不同晋升渠道的店长易犯的错误 ·· (21)
 基本训练 ·· (23)
 实训操作 ·· (24)
 案例分析 ·· (24)

项目二 店面规划设计与管理 ·· (25)
 任务一 店面形象设计与管理 ·· (26)
  一、店面形象的设计 ·· (26)
  二、店面形象的管理 ·· (31)
 任务二 店面布局与陈列 ·· (32)
  一、设计店面布局时须考虑的因素 ·· (33)
  二、店面布局的原则 ·· (33)
  三、店内面积分配和店面布局形成 ·· (33)
  四、购物心理与购物顺序 ·· (35)
  五、店面布局的磁石点理论 ·· (35)
  六、商品陈列管理 ·· (38)
 任务三 店面购物氛围设计 ·· (44)
  一、店面色彩设计 ·· (44)
  二、店面POP广告设计 ·· (46)
  三、店面气氛照明设计 ·· (48)
  四、店面其他布局设计 ·· (49)
 任务四 卫生管理 ·· (50)
  一、店面卫生执行标准 ·· (50)
  二、卫生管理制度及规定 ·· (52)

基本训练 ……………………………………………………………… (54)
  实训操作 ……………………………………………………………… (55)
  案例分析 ……………………………………………………………… (56)
项目三 商品管理 …………………………………………………………… (57)
  任务一 商品进销存管理 …………………………………………………… (58)
    一、商品的进货管理 …………………………………………………… (58)
    二、商品的存货管理 …………………………………………………… (59)
    三、商品的销售管理 …………………………………………………… (60)
  任务二 商品经营范围的确定 ……………………………………………… (63)
    一、商品定位 …………………………………………………………… (63)
    二、商品分类 …………………………………………………………… (65)
    三、商品组合 …………………………………………………………… (67)
    四、商品结构图 ………………………………………………………… (68)
    五、商品群管理 ………………………………………………………… (69)
    六、商品管理的要点 …………………………………………………… (70)
  任务三 商品结构优化 ……………………………………………………… (75)
    一、商品结构 …………………………………………………………… (75)
    二、新商品引进与滞销商品淘汰管理 ………………………………… (77)
    三、畅销商品的培育 …………………………………………………… (79)
    四、商品价格管理 ……………………………………………………… (81)
  基本训练 ……………………………………………………………… (86)
  实训操作 ……………………………………………………………… (87)
  案例分析 ……………………………………………………………… (88)
项目四 员工管理 …………………………………………………………… (89)
  任务一 初步认识员工管理 ………………………………………………… (90)
    一、员工管理的内容 …………………………………………………… (90)
    二、员工管理的重要性 ………………………………………………… (91)
    三、员工管理的五原则 ………………………………………………… (91)
    四、员工管理的目标 …………………………………………………… (93)
  任务二 流程化的员工管理 ………………………………………………… (93)
    一、岗位分析和岗位评价 ……………………………………………… (93)
    二、招聘 ………………………………………………………………… (98)
    三、甄选 ………………………………………………………………… (101)
    四、录用 ………………………………………………………………… (105)
    五、培训 ………………………………………………………………… (106)
    六、绩效考核 …………………………………………………………… (110)
  任务三 员工管理的技巧 …………………………………………………… (113)
    一、提高员工士气 ……………………………………………………… (114)
    二、巧妙批评员工 ……………………………………………………… (115)

三、明辨是非 ··· (116)
　　四、留住优秀员工 ·· (116)
　基本训练 ··· (117)
　实训操作 ··· (119)
　案例分析 ··· (119)
项目五　商店销售与客户关系 ·· (122)
　任务一　销售管理 ··· (123)
　　一、销售计划的制订 ·· (123)
　　二、增加销售额的途径 ··· (128)
　　三、商品价格管理 ··· (131)
　　四、售后服务 ··· (133)
　任务二　促销管理 ··· (135)
　　一、促销计划的制订 ·· (135)
　　二、促销的基本概念 ·· (137)
　　三、常用的促销手段 ·· (138)
　　四、常见的促销工具 ·· (139)
　　五、常用的促销商品 ·· (139)
　　六、促销工作流程 ··· (140)
　　七、促销活动的评估 ·· (144)
　任务三　客户关系管理 ··· (147)
　　一、客户认知和选择 ·· (147)
　　二、客户信息的管理 ·· (150)
　　三、客户的流失与挽回 ··· (161)
　基本训练 ··· (163)
　实训操作 ··· (164)
　案例分析 ··· (164)
项目六　店面异常情况处理 ··· (166)
　任务一　顾客投诉处理 ··· (167)
　　一、投诉的原因 ·· (167)
　　二、处理顾客投诉的原则 ·· (169)
　　三、处理顾客投诉的技巧 ·· (170)
　任务二　退换货处理 ·· (173)
　　一、岗前培训注意事项 ··· (173)
　　二、处理退换货时应掌握的原则 ·· (174)
　　三、处理退换货的技巧 ··· (174)
　任务三　安全管理 ··· (176)
　　一、安全管理概述 ··· (176)
　　二、安全防盗 ··· (176)
　　三、消防安全 ··· (181)

四、防骗、防抢 …………………………………………………………（184）
　　五、安全防恐 ……………………………………………………………（185）
　基本训练 ……………………………………………………………………（186）
　实训操作 ……………………………………………………………………（188）
　案例分析 ……………………………………………………………………（188）
附录 A　模拟试题 ……………………………………………………………（190）
　模拟试题一 …………………………………………………………………（190）
　模拟试题二 …………………………………………………………………（195）
参考文献 ……………………………………………………………………（201）

项目一　店长概述

项目目标

- 了解店长的概念、角色定位和使命。
- 熟悉店长的工作职责和内容。
- 掌握店长应具备的能力与素质,加强店长的自我管理。

项目导入

每一家商场、每一间门店都是一个相对独立的经营实体,而这个经营实体如何良性发展,以及如何在商业大潮中竞争,立于不败之地,店长扮演着举足轻重的角色。

导入案例

沃尔玛的店长

沃尔玛的店长通常扮演着经验丰富、精明而又温和的教练角色。他们是店里最清楚规范的人,这里的规范成千上万,从货架布置到办公室墙上宣传画的张贴方法,全球基本都有统一规定,就连在洗手池边都贴有规范洗手、节约用水的四格漫画。除去看报表和检查库存,他们每天最重要的任务就是这样不断地巡视,现场纠正员工不规范的行为,帮助他们解决问题。这些巡视包括保持卖场清洁、关注空气温度、通道是否通畅等,也会在最小的细节如冷冻柜温度是否合格、货物的摆放是否合理上进行管理。

但是,仅仅根据表面的印象,就下结论说店长的工作等同于货架整理,那无异于大错特错。沃尔玛有自己的市场调研小组,每天在周边2千米以内的超市进行调研。得到对手的信息以后,只要店长签字,不低于总部对毛利的要求,他们可以根据商品位置的摆放情况、成本情况等来调低价格跟对手竞争。凡是消费者熟知而且经常要大量购买的东西,比如,日化用品、米、肉、油,都是沃尔玛需要保持敏感度和竞争力的产品。

◎ **引例分析**

店长是门店的管理者，处于众多关系者中间，应顺应当时的时间、场合、状况，有效利用总部授予使用的资源，发挥各个关系者的功用。大凡国外先进的连锁企业，店长对门店的管理是依据连锁企业总部制定的店长手册来进行的，这样能保证连锁企业属下的各门店管理的统一性及作业上的简便性和标准化。

◎ **任务实施**

任务一　店长的素质要求

一、店长的定义

顾名思义，店长就是门店的最高管理者，负责诸如员工调配、顾客接待和服务、商品的交易和买卖、货品货架的陈列、营业目标的完成、门店卫生的管理、突发情况的处理等所有问题。作为一家门店的核心，店长不仅要协调和激励员工做好营业工作，还需要负责员工技能的培训，以及同门店周围的商业群体建立良好的关系，同时还要将门店所在地区的情况和消费趋势反馈给企业，以便企业能够及时了解市场情况并做出相应的调整。

每天面对琳琅满目的商品，纷繁复杂的事情，摩肩接踵的顾客，忙忙碌碌的员工，如何抓住重点，保证门店有序运作，实现经营目标，最大限度地提高公司业绩，是每个店长必须具备的能力。

店长的工作是繁重的，大至商品规划、库存管理、成本控制，细至员工出勤、商场清洁，店长都必须身体力行、督促落实。店长的工作是全面的，一名成熟的店长，不仅要有销售、顾客服务、内外联络的能力，还应当掌握财务、计算机以及安保、防火等方面的专门知识。店长的职位要求决定了这是一个富于挑战的角色。可以毫不夸张地说，在这个岗位上成长起来的管理者，将有能力去面对各行业最苛刻的要求和挑剔。这个职位无疑会把店长铸造成一个管理行业中的强者。

例

从西游团队看人物性格与唐僧的用人之道

吴承恩老先生一部《西游记》享誉世界，无论从社会意义还是历史意义上讲都是一笔财富，让现代人不断揣摩，并得到不少启示……

唐僧在修行的过程中，经观音指点，毅然决定西行，从而制定了目标。这正是成功的第一步，如果没有西行的战略计划，那么一切都将化为乌有。一个团队要有一个团队的目标，否则这个团队很快就会解散，因为团队的凝聚力正是依托在团队目标之上的。

唐僧用人高明，团队分工明确。首先，唐僧是团队的一把手，既是目标的制定者，也是整个团队的领导者，当然要有绝对的权威。这里不得不提到孙悟空，孙悟空不愿受束缚，也曾经自立门户，过着无拘无束的日子，但是却远离了团队目标，这是他与唐僧都不想看到的。一路上，只要孙悟空触动了唐僧的权威，他便拿出其撒手锏——紧箍咒，既能把孙悟空治得服服帖帖，也让其他两个徒弟看到厉害。

　　孙悟空是整个团队的中坚力量——高层管理者，许多事务都是他来完成的，降妖化缘，领导两个师弟等。值得一提的是，唐僧的原则性非常强，一般交代任务的时候都是直接向孙悟空下达命令："悟空啊……"不越级领导正是唐僧的高明之处。另外，如果孙悟空不听话时唐僧是怎么处理的呢？一是前面提到的紧箍咒，二是用猪八戒来牵制孙悟空。一把手往往不需要掌握很多技术技能，擒妖降魔那是徒弟们的事情，如果这等小事也要唐僧来做，恐怕唐僧肉早就被妖怪们分了，唐僧师徒是这样，其他企业组织也是如此。

　　再看猪八戒，他在团队中是一个中层领导者，其作用也是不可忽略的。论本领，仅次于孙悟空，他的长处是善于走领导路线，善于与下属（当然是指沙僧了）进行沟通等。唐僧对他的定位可谓是非常准确，既实现了对孙悟空的牵制，也保证了整个团队的精诚团结。首先他调和了各种关系，如师傅和大师兄，使得团队始终围绕目标进行工作；另外，当孙悟空不在的时候，他又充当了大师兄的角色，虽然不是那么成功。

　　现在该说到沙僧了。沙僧是三徒弟中最为朴实的一个，也是职位最低的一个，可以算是普通员工了。挑着重重的担子赶路，一路上少言寡语，默默无闻，但是往往创造价值的就是那些普通员工（挑担子），简单而又明了，只需要掌握一些基本技能就可以了，另外，他也从不抱怨。唐僧在对沙僧的管理中，不断地对其进行激励，最终使他出色地完成了自己的使命。

　　唐僧在对三徒弟的管理中，充分考虑到了各自的长处，尽量将其优点发挥到极致，这是他做"老板"的最大亮点；另外，他根据各徒弟所做贡献的大小，分别进行嘉奖，体现了其绩效考核的公平公正，使众徒弟各得其所。正是唐僧出色的管理，才成就了唐僧成功的西行取经之路，成就了我们儿时对《西游记》的憧憬与快乐的时光……

　　资料来源：莫莫. 销售团队建设与管理. http://blog.sina.com.cn/u/2579513783.

二、店长的使命

　　无论门店大小，店长都是门店的核心人物。店长要时刻为顾客提供优质的商品和服务，努力为员工营造良好的工作氛围，最终给企业创造最大的利润。店长的使命包括：

　　（1）店长要根据门店情况，团结所有员工，认真贯彻和落实企业的经营目标，创造优异的销售业绩，并为顾客提供最好的服务和商品。

　　（2）店长需要领导、安排商店员工的日常工作，充分利用资源营造良好的工作环境，使用各种有效的手段激发员工的积极性和创造性，让其充满热情地对待顾客和工作，全身心地为企业创造价值。

　　（3）店长是企业文化的执行者，政策和规划最基层的捍卫者。店长应该发挥自身的能力，积极为企业服务。

阅读材料

做一名"好"店长

店长要善于发现问题的根源。当门店管理出现问题，店长应及时寻找问题的根源，从根本上解决问题，拿出具体整改方案，避免再次发生类似的问题。但现实中，店长更多的是抱怨员工不努力。店长要问一下自己：是否给员工指明了方向？与员工进行过沟通吗？了解过他们真正的问题吗？知道员工想要的是什么吗？

要做一名"好"店长，需要注意以下几点。

把握好店长的立场。店长就是夹心层，既要对总部负责又要对员工负责，这就需要店长能根据管理中的实际情况选择好立场，当员工触犯了店铺制度底线，此时店长就应该是一个公正的法官，站在店铺制度的立场按规定处理；当员工的正当利益受到侵害或在工作中遇到问题时，店长就应站在员工的立场，给予帮助和鼓励。

加强店铺团队建设。良好的店铺团队文化，可增强团队凝聚力，提高团队作战能力。21世纪，是一个团队协作的时代，任何个人英雄主义将一去不复返，团队的成功最终才能成就个人的梦想。

加强学习，提高自身的管理水平。面对市场激烈的竞争，作为一名店长，同样需要与时俱进，通过不断的学习与实践来提高自身的水平。学习好的管理，学习好的经验，全面提升自我素质。

良好的职业素养。作为一名店长，不仅是店铺形象的代表，也是员工的工作标杆。店长需以身作则，言传身教，以良好行为来感染下属。

资料来源：搜狐科技频道．

三、店长的角色

店长是门店运营的核心。一个优秀的店长应"身兼数职"，既要是企业政策和经营的有效执行者，又要是成功的门店经营管理者，能够带领自己的团队，为顾客提供满意的服务，为公司创造利润，起到承上启下的作用。店长在门店运营中主要扮演以下几个角色。

（一）门店的代表者

店长是门店的代表者，就连锁企业而言，店长是连接连锁企业与顾客、社会有关部门的纽带；就员工而言，店长是员工利益的代表者，是员工的代言人。

门店内不论多少员工，他们在不同的时间、不同的部门为顾客提供不同的服务。每个员工的表现可能有好坏之别，但门店的经营绩效及形象都必须由店长负起全责。所以店长对门店的营运必须了如指掌，才能在实际工作中做好安排与管理工作，发挥最大的作用。

（二）经营目标的执行者

连锁企业门店既要能满足顾客需求，同时又必须创造一定的经营利润。对于总部的一系列政策、经营标准、管理规范、经营目标，店长必须忠实地执行。因此，店长必须懂得善于运用所有资源，以达成兼顾顾客需求及企业需要的经营目标。即使店长对总部的某些决策尚存异议或有建设性意见，也应当通过正常的渠道向总部相关部门领导提出，切不可在下属员工面前表现出对总部决策的不满情绪或无能为力的态度。所以，店长在门店中必须成为重要的中间管理者，才能强化门店的营运与管理，确保门店经营目标的实现。

十二个字拯救一家海洋馆

北方的某个小城市里，一家海洋馆开张了，高额的票价令那些想去参观的人望而却步。海洋馆开馆一年，简直门可罗雀。

最后，急于用钱的投资商以"跳楼价"把海洋馆脱手，黯然回了南方。新主人接管海洋馆后，在电视和报纸上打广告，征求能使海洋馆起死回生的金点子。一天，一位女教师来到海洋馆，她对经理说，她可以让海洋馆的生意好起来。

按照她的做法，一个月后，来海洋馆参观的人天天爆满，这些人当中有1/3是儿童，2/3则是儿童的父母。三个月后，亏本的海洋馆开始盈利了。

海洋馆打出的新广告内容很简单，只有十二个字："儿童到海洋馆参观一律免费。"

资料来源：百度文库.

（三）门店经营的指挥者

店长必须负起总指挥的责任，安排好各部门、各班次员工的工作，严格依照总部下达的门店营运计划，对于门店的产品，督促员工运用合适的销售技巧，以刺激顾客的购买欲望，提升销售业绩，实现门店销售的既定目标。

（四）门店士气的激励者

关于工作欲望方面，有句话说：欲望是一股无形的巨大力量。因此，员工工作欲望的高低是一件不可忽视的事，它将直接影响到员工工作的质量。所以，店长要时时激励全店员工保持高昂的工作热情，形成良好的工作状态，让全店员工人人都具有强烈的使命感、责任心和进取心。

（五）员工的培训者

员工业务水平的高低是关系到门店经营好坏的重要因素之一。所以店长不仅要时时充实自己的实务经验及相关技能，更要不断地对所属员工进行岗位培训，以促进门店整体经营水平的提高。同时，店长工作繁忙，而且常有会务活动，当其不在店内时，各部门的主管及全体员工就应及时独立处理店内事务，以免延误工作。为此，店长还应适当授权，以此培养下属的独立工作能力，训练下属的工作技能，并在工作过程中及时、耐心地予以指导、指正与帮助。全体员工各方面的素质提高了，门店管理自然会越来越得心应手。由此可见，培训下属，就是提高工作效率，也是间接促成连锁企业顺利发展的保证。

（六）各种问题的协调者

店长应具有处理各种矛盾和问题的耐心与技巧，如与顾客沟通、与员工沟通、与总部沟通等，是店长万万不能忽视的。例如，店长对上级的工作汇报、对下属的指令传达都毫无瑕疵，但是与顾客沟通、与员工沟通、与总部沟通等方面却做得不够好，无形中就会恶化人际关系。因此，店长在上情下达、下情上传、内外沟通过程中，应尽量注意运用技巧和方法，以协调好各种关系。

（七）营运与管理业务的控制者

为了保证门店的实际作业与连锁企业总部的规范标准、营运计划和外部环境相统一，店长必须对门店日常营运与管理业务进行有力的、实质性的控制，其控制的重点是：人员控制、商品控制、现金控制、信息控制、地域控制等。

（八）工作成果的分析者

店长应具有计算与理解门店所统计数据的能力，以便及时掌握门店的业绩，进行合理的目标管理。同时店长应始终保持着理性，善于观察和收集与门店营运管理有关的情报，并进行有效分析及保持对可能发生的情况的预见。

案 例

制度先行处处率先垂范

刘伟军1983年进入家润多，目前已从事店长工作多年。2013年，他在家润多千喜店策划了周末新惊喜、会员大赠送、现金券满额大赠送、惊喜风暴、1元大换购、母亲节献礼·孝心大换购、欢乐儿童节、幸运大抽奖等营销活动，稳定了客源，使家润多千喜店完成了年初既定的目标。

刘伟军来到家润多千喜店后，根据实际情况对所有管理制度进行了调整或修订，如"值班干部管理制度""每日两个时间段的干部签到制度""管理干部考勤制度""管理干部休假制度""消防检查日"等。新制度试行时，部分员工难免有抵触情绪，刘伟军率先垂范，要求别人做到的自己首先做到，要求别人不做的自己肯定不做，在员工中树立了良好的榜样。此后，这些管理制度一直得到了很好的落实。

家润多千喜店以前经常出现商品排面不丰满甚至空空荡荡的情况，有时还会发生商品与标价不符的情况，导致顾客的投诉接连不断。刘伟军了解这一情况后，立即加强了对商品质量的抽检，要求值班店长和值班经理每天要在卖场分别抽查20支单品。这项制度落实后，顾客投诉大大减少。

资料来源：徐辉．金牌店长——每个人的故事都很精彩．长沙晚报．

四、店长的主要工作职责与范围

（一）总部各项指令和规定的宣布与执行

这包括以下两方面。
(1) 传达、执行总部的各项指令和规定。
(2) 负责解释各项规定、营运管理手册的条文。

（二）完成总部下达的各项经营指标

各项经营指标包括以下几方面。
(1) 营业目标。
(2) 毛利率目标。
(3) 费用率目标。
(4) 利益率目标。

根据总部下达的各项经营指标，各门店的店长应结合本店的实际状况，制订自己门店完成月度销售计划的执行计划（包括产品、销售、培训、人员等项目的计划），可具体细分为周计划、日计划和时段计划等。

（三）门店职工的安排与管理

这包括考勤簿的记录、报告，依据工作情况分配人员，对门店职工考勤，对职工仪容、仪表和服务规范执行情况进行监督与管理。

（四）监督和改善门店原材料损耗管理

不同性质的门店，其原材料损耗的类别会有所差异，店长应针对本门店的主要损耗品进行重点管理，将损耗降到最低。

（五）监督和审核门店的会计、收银等作业

店长要做好各种报表的管理，例如，店内的顾客意见表、盘点记录表、商品损耗记录表和原料进销单据凭证等，以加强监督和审核门店的会计、收银等作业。

（六）掌握门店销售动态，向总部建议新产品的引进和滞销产品的淘汰

店长要掌握每日、每周、每月的销售指标的完成情况，并按时向总部汇报门店销售动态、库存情况以及新产品引进销售状况，并对门店的滞销商品淘汰情况提出对策和建议，帮助总部制订和修改销售计划。

（七）维护门店的清洁卫生与安全

这包括以下三个方面。
(1) 店内设备完好率的保持，设备出现故障的修理与更换，冷冻柜、冷藏柜、收银机等主力设备的维护等。

（2）门店大厅与厨房的环境卫生。一般按区域安排责任到人，由店长检查落实。

（3）在营业结束后，店长应指定人员对店内的封闭情况、消防设施摆放情况等主要环节做最后的核实，确保安全保卫工作万无一失。

（八）教育、指导工作的开展

培训、指导员工自觉遵守公司制定的各项规范。针对员工实际情况、积极开展细致的培训工作，协调人际关系，使员工有一个融洽的工作环境，增强门店的凝聚力。

（九）员工人事考核、提升、降级和调动的建议

店长要按时评估门店员工的表现，实事求是地向连锁企业总部人力资源部提交有关员工的人事考核、提升、降级和调动的建议。

（十）顾客投诉与意见处理

要满足和适应消费者不断增长和变化的市场需求，方法之一就是正确对待、恰当地处理顾客的各种各样的投诉和意见。同时，保持与顾客经常性的沟通与交流，深入顾客中倾听他们的意见与要求，随时改进门店的工作，这也是门店店长的工作职责之一。

（十一）其他非固定模式的作业管理

店长面对门店各种突发的意外事件，如火灾、停电、盗窃、抢劫等，应凭自己的经验和判断迅速处理。

（十二）各种信息的书面汇报

有关竞争对手的情况、顾客的意向、商品的信息、员工的思想等各种信息，应及时用书面形式向连锁企业总部营运部汇报。

阅读材料

某连锁门店店长的岗位责任制

直属部门：营运部

直属上级：地区营运部总监

适用范围：店长

岗位职责：

1. 维持店内良好的销售业绩；
2. 严格控制店内的损耗；
3. 维持店内商品整齐生动的陈列；
4. 合理控制人事成本，保持员工工作的高效率；
5. 维持门店良好的顾客服务；
6. 加强防火、防盗、防工伤等安全保卫的工作；

7. 审核店内预算和店内支出。

主要工作：
1. 全面负责门店管理及运作；
2. 制订卖场销售、毛利计划，并指导落实；
3. 传达并执行营运部的工作计划；
4. 负责与地区总部及其他业务部门的联系沟通；
5. 负责门店各部门管理人员的选拔和考评；
6. 指导各部门的业务工作，努力提高销售、服务业绩；
7. 倡导并督促实行"顾客第一、服务第一"的经营观念，营造热情、礼貌、整洁、舒适的购物环境；
8. 严格控制损耗率、人事成本、营运成本，树立"低成本"的经营观念；
9. 进行库存管理，保证充足的货品、准确的存货及订单的及时发放；
10. 督促卖场的促销活动；
11. 保障营运安全，严格清洁、防火、防盗的日常管理和设备的日常维修、保养；
12. 负责全店人员的培训；
13. 授权值班店长处理店内事务；
14. 负责店内其他日常事务。

辅助工作：
1. 指导其他人员的在职培训；
2. 协助总部有关公共事务的处理；
3. 向总公司反馈有关营运的信息。

资料来源：华夏超市猎人. 超市店长营运手册. 百度百科.

五、店长的能力与素质要求

作为一店之长，为了完成各项工作，店长需要经过长期的经验积累和系统的培训。因此，店长需要具备一定的能力和素质，同时还要用规范的礼仪促进工作的高效完成。

亲情服务赢得回头客

在世人眼中，美丽的女人宛如一个摆设的花瓶，中看不中用。通程电器长沙西城旗舰店店长张娟却以自己的行动扭转了世人的观念：中看的美女，其实也有中用的时候。她领导下的通程电器长沙西城旗舰店，无论是经营管理、活动策划还是团队合作，都有着不俗的表现。

2017年5月，张娟调至通程电器西城旗舰店任店长。上任伊始，她便做出了"通过特色营销宣传活动，采取灵活多变的促销手段，达到吸引广大顾客的目的"的营销思路。随后，她与安居乐建材市场联合举办了两场大型活动，现场销售收入3万多元，办理会员卡

80多张，门店3天内销售额达60余万元。她还联手创维彩电，在中联重科工业园进行外展，实现销售收入近50万元，办理会员卡20张，实现了顾客、门店和厂家的"多赢"。

电器市场竞争异常激烈，为了赢得更多的客户，张娟提出要让顾客感受到亲情化的服务。她安排员工对所有顾客逐一进行亲情回访，让顾客从心底里感到满意。张娟还在店里设置了会员生日礼品区，凡会员生日时均可领取到精美的生日礼物。这种亲情式的服务，为通程电器长沙西城旗舰店赢得了不少回头客。

作为门店管理者，张娟非常注重人才培养和团队凝聚力。她建立了系统的激励体系，号召员工争先赶优争创一流业绩。此外，店里还定期开展各种有益身心健康和团队凝聚力培养的集体活动，如有奖知识抢答赛、户外拓展活动、服务演讲比赛等。

资料来源：徐辉. 金牌店长——每个人的故事都很精彩. 长沙晚报.

（一）店长应具备的能力

1. 实干技能

店长应能拓展员工的视野，高瞻远瞩，使员工人尽其才。店长作为门店的管理者，要指挥全体员工，要让员工心服口服地接受指挥，就必须样样都能干，样样都会干，样样都比别人干得好，具有实干技能。

2. 培训能力

按已有的规范管理培训员工，传授可行的方法、步骤和技艺，使其能尽其责、胜其任。同时要查漏补缺，帮助员工尽快改正并迅速成长。

3. 信息分析能力

门店是信息的收集和反馈中心。在日常的运营工作中，门店会不断地收到来自总部、竞争品牌、目标顾客、消费市场的各种信息。同时，门店还会在接受信息的过程中不断地对收集到的信息进行分析并将相关重要信息反馈到相关部门，如商品信息、销售信息、竞争品牌信息、促销效果信息等。因此，店长在工作中应该有较强的信息分析能力，时刻留意会对销售产生影响的信息并及时反馈。

4. 人员组织能力

店长应具备较强的员工组织管理能力，了解员工的特质，能够合理地组织和安排员工。对现有员工的控制、未来员工组织的计划等都是店长应该掌握的。同时，人与人相处会产生一定的情感关系，它是人对客观事物（包括人）好恶倾向的内在反映，建立了良好的情感关系，便能产生亲切感，在有了亲切感的人际关系中，人们相互之间的吸引力就大，彼此的影响力也就大。因此，店长要十分注意自己与员工的关系，并应当具有强烈的团队意识。

阅读材料

如何对待想"跳槽"的员工

俗话说："人往高处走，水往低处流。"在您的店铺里可能就有一两名"身在曹营心在汉"的员工。对待他们的态度，不仅仅是您店长个人的喜恶问题，它还可能直接影响到您店铺的其他员工的工作情绪。

要想正确地应对这些想跳槽的员工，首先，您要对"跳槽"有个正确的理解。"跳槽"本身本无可厚非，要正确面对。当您发现某位员工有跳槽的"动向"的时候，您首先做的就是自检。冷静而客观地分析一下是不是因为您工作上的失误才导致了员工的跳槽呢？尤其是仔细回想一下是不是自己曾经给过他一些承诺而至今没有兑现？是不是他对店铺提出的意见您没有十分重视？是不是他没有得到与他的工作相符合的回报？总之，不要认为大局已定而随便放弃了他，或许您的补救工作的成果会出乎您的意料，更重要的是不要让其他员工感觉自己的同事是因为受到不公正的待遇，才会迫不得已走掉的。所以实际上这种自检工作应该在您的日常工作中就当作一项定期工作来做，至少可以避免一些失误的出现。

其次，您应该及时地做出一些主动出击的行为，在员工仍犹豫不决之际，将他留住——这也许是您挽回人心的最后一个机会。必要时和员工谈一谈，在不与他谈及"跳槽"问题的前提下，和他畅所欲言。您可以讲公司的长期和短期的发展目标给他听，您可以讲讲他所在店铺今后将要面临的变革，您甚至可以果断地向他肯定他为店铺所做的工作和成绩，然后让他知道他在您心目中的位置到底如何。在这样的循循劝导之下，燃起他的希望之火，让他清楚地看到自己的未来。您还可以与他一同回忆你们曾经度过的快乐时光，或许告诉他一些您不曾透露给他的公司为他制订的培养计划。

最后，如果结局不像我们设想的那么圆满——他的离去已成定局，那么您也只有大方地预祝他的新工作顺利，来个善始善终。

另外，为了预防由于"跳槽"带来的对店铺的一系列危害，您最好在日常就做好一些法律方面的工作，减少店铺的损失。

资料来源：范范的小窝.21天训练营.

5. 正确的判断能力

对问题、事件要客观地评判、正确地分析，并快速地解决。只有店长自身拥有优秀的商品销售技巧，才能对门店销售过程中出现的各种问题做出正确的判断和处理，才能不断提高门店的销售业绩。

6. 专业技能

这是指经营门店的必备技巧和使顾客满意的能力。店长应熟悉门店的各项流程及业务，敢于吃苦，乐于奉献，以身作则，无论从思想上还是业务上都能成为门店的核心。

7. 专业知识的不断学习和更新能力

要学会自我学习，不断从实际的工作中积累经验，充实自己。

8. 策划能力

策划即有计划地组织人力、物力、财力，合理调配时间。面对零散的门店工作，出色的规划能力会帮助店长在纷乱的工作项目中建立清晰的处理架构，并可以有目的地排列事情轻重缓急，在阶段控制和评估的帮助下完成各项工作。

9. 自我提高、自我完善的能力

在企业发展过程中，店长应跟上时代的步伐与企业一起成长，不断充实自己，完善自己。

10. 诚信的职业道德

店长只有拥有良好操守和高尚的道德才能显示出其人格魅力，才能有上行下效的效果。

11. 榜样和承担责任的能力

店长是整个门店、整个团队的领导。有什么样的店长就有什么样的员工。店长要遇事不推诿，分清责任，勇于承担。

12. 沟通能力

美国曾经对500个成功的企业家进行测试，其结果表明，能力的因素只占20%，80%的因素取决他们的个性，以及个性中能否成功地与人相处与沟通。美国人的理由很简单，在当今经济一体化社会中，任何个人的能力都是很渺小的，依靠个人的能力去完成企业的目标是不可能的。一个店长要完成企业的目标，必须善于调动与借助他人的积极性。于是，沟通是店长必须掌握的管理技巧。主动的沟通可以发现问题与隐患，可以让店长将处理危机和问题的主动权把握在自己手中，可以增强店长在员工中的威信。良好的沟通技巧可以化解不必要的矛盾，可以将问题向好的方向引导，还可以帮助店长树立良好的形象。

 案例

三家水果店的不同

一条街上有三家水果店。一天，有位老太太要买李子，她到了第一家店，问："有李子卖吗？"店主马上迎上前说："我这里的李子又大又甜，新鲜得很呢！"没想到老太太一听，竟扭头就走了，店主很纳闷：奇怪啊，我哪里得罪老太太了？

老太太来到第二家水果店。店主马上迎上前说："老太太，买李子啊？我这里的李子有酸的也有甜的，您想买哪一种？""酸的。"于是，老太太买了一斤酸李子回去了。

第二天，老太太又来买李子，第三家的水果店店主看见了，主动迎了过去："老太太，又要买酸李子吗？我这里有又酸又大的，您要多少？""我想要一斤。"老太太说。一切似乎和前一天的情形一样，但第三位店主一边称酸李子，一边搭讪道："一般人都喜欢甜李子，可您为什么要买酸的呢？"老太太回答说："儿媳妇怀上小孙子啦，特别喜欢吃酸的。""恭喜您老人家了！您儿媳妇有这样的好婆婆真是有福气。不过孕期的营养很关键，经常补充些猕猴桃等维生素丰富的水果，对宝宝会更好！"

这样，老太太不仅买了李子，还买了一斤进口的猕猴桃，而且此后经常来这家店里买各种水果。

在这则小故事中，第一位店主一味地告诉顾客自己的产品如何好，却不了解顾客的需求是什么；第二位店主懂得通过简单的提问来满足顾客的一般需求；而第三位店主不仅了解和满足顾客的一般需求，还挖掘和创造了顾客的新需求，引导顾客产生持久的购买兴趣。

资料来源：百度文库.

（二）职业素质要求

职业素质是劳动者对社会职业了解与适应能力的一种综合体现，主要表现在职业兴趣、职业能力、职业个性及职业情况等方面。影响和制约职业素质的因素很多，主要包括受教育程度、实践经验、社会环境、工作经历及自身的一些基本情况（如身体状况等）。一般来说，劳动者能否顺利就业并取得成就，在很大程度上取决于本人的职业素质，职业素质越高，获得成功的机会就越多。职业素质是人才选用的第一标准，是职场制胜、事业成功的第一法宝。

1. 健康的身体和良好的心理素质

一个人要完成一项工作，健康的身体是基础。只有身心健康才有能力把事情做得更好。一名优秀的店长面对烦琐的事务并将其顺利地完成，就要具备健康的身体、健全的心态、较强的心理承受能力。

2. 人格魅力

1）拥有积极的心态

拥有积极的心态是指无论什么事情都会积极地处理，无论什么时候都能应对挑战而不会逃避困难。

有位秀才第三次进京赶考，途中住在一个经常住的旅店里。考试前两天他做了两个梦，第一个梦是梦到自己在墙上种白菜，第二个梦是下雨天，他戴了斗笠还打伞。

这两个梦似乎有些深意，秀才第二天就赶紧去找算命先生解梦。算命先生一听，连拍大腿说："你还是回家吧。你想想，墙上种菜不是白费劲吗？戴斗笠打雨伞不是多此一举吗？"

秀才一听，心灰意冷，回店收拾包袱准备回家。店老板非常奇怪，问："不是明天才考试吗？你怎么今天就回乡了？"

秀才将算命先生的话告诉了店老板，店老板乐了："哟，我也会解梦。我倒认为你这次一定要留下来。你想想，墙上种菜不是"高中"吗？戴斗笠打伞不是说明你这次有备无患吗？"秀才一听，觉得很有道理，于是精神振奋地去参加考试，最后中了探花。

积极的人像太阳，照到哪里哪里亮，消极的人像月亮，初一十五不一样。想法决定生活，有什么样的想法，就有什么样的未来。

资料来源：冬雪. 秀才赶考. 百度文库.

2）拥有忍耐力

进行门店管理时，顺利的时候往往很少，辛苦、枯燥的时候却很多。所以对店长来说，拥有忍耐力是极其重要的。

案例

一位农场主在巡视谷仓时不慎将一只名贵的金表遗失在谷仓里,遍寻不获,便在门口贴了一张告示要人们帮忙,谁能找到便赠送100美元。人们面对重赏的诱惑,卖力四处翻找。奈何谷仓内谷粒成山,还有成捆成捆的稻草,要在其中找寻金表如同大海捞针。人们找到太阳下山仍没找到,不是抱怨金表太小,就是抱怨谷仓太大、稻草太多。他们一个个舍弃了100美元的诱惑,只有一个穷人家的孩子在人们离开之后仍不死心,仍努力寻找。他已整整一天没吃饭,他希望在天黑之前找到金表,得到100美元,解决一家人的吃饭问题。天越来越黑,孩子在谷仓内不停地摸索着,当一切喧闹停下来之后,他突然听到一种奇特的声音,"滴答、滴答"不停地响着,小孩停止寻找,谷仓内更加安静,滴答声显得十分清晰。于是孩子循声找到了金表,最后得到了100美元。

成功的法则其实很简单,而成功者之所以稀有,是因为大多数人认为法则太简单了,不屑于去做,这个法则叫"执着"。成功如同谷仓里的金表,早已存在于人们心中,散布于人生的某个角落,只要执着地去找,专注而冷静地思考,你就会听到清晰的滴答声。

资料来源:莫名. 遗失在谷仓里名贵的金表. 经典励志小故事.

3)拥有明朗的个性

在日常的工作中,店长常常会面临处理很多问题的情况。店长处理问题时不应优柔寡断,拖泥带水。

4)拥有包容心

对同事和下属的失败或错误要教育和批评,但不可常挂嘴边。为了提醒他们,店长可以给他们一些时间或进行劝告,但不可骄纵。而关怀员工是激发员工工作热情、维护店长权威的最有效手段。

3. 科学文化素质

科学文化素质指人们在科学文化方面所具有的较稳定的、内在的基本品质。企业并不要求店长都是全才,但是面对日益激烈的竞争,店长应具备一定的学习能力和科学文化素质,运用更新的管理理念和手段指导实际工作。

(三)工作态度要求

人们常说"态度决定一切",好的态度产生好的驱动力,注定会产生好的结果。

1. 主动热情的态度

主动热情的态度也是实现自己价值的前提。主动就是"没有人告诉你而你正做着恰当的事情"。在竞争异常激烈的时代,被动就会挨打,主动就可以占据优势地位。

两位推销员都到非洲某地推销鞋,眼见当地人都赤脚,一位推销员立即向国内公司发电报:"这里没人穿鞋,根本不存在市场!"而另一位推销员却说:"好极了!这里的人全没穿鞋,有极大的市场。"

2. 专业务实的态度

专业务实就是利用专业知识切实搞好销售管理工作，建立一支稳定的员工队伍和忠诚的顾客群，为企业创造稳定的销售业绩。

3. 空杯学习的态度

广博的专业知识不但可以随时指正员工的错误，还可以在关键时刻获得顾客的信心和领导的赏识。空杯学习的态度可以使店长不断自觉提升自我，补充新鲜的知识和主动掌握工作技巧。

一个人向高僧问道，高僧请他坐下后便一言不发，开始给他倒水，水慢慢充满了杯子。高僧视若无睹，继续倒水。水已经溢出杯子，高僧照倒不误。这个人心里不由哀叹：到底岁月不饶人，高僧也会耳聋眼花。高僧依然一言不发，继续往杯中倒水。最后，这个人站起来，向高僧道了谢便告辞而去。他已经明白了他所要问的道：装满水的杯子是不可以再装新水的，只有拥有空杯心态，才能够接受新的东西。一个人只有真正打开心胸，打开头脑，才能够接受新的知识。

资料来源：西域王子. 空杯论. 新浪博客.

4. 老板心态

为什么你还在为老板打工？那是因为你没有像老板一样去思考问题！店长只有具备了老板的心态，才会尽心尽力地去工作，才会去考虑商店的成长，才会意识到商店的事情就是自己的事情。

5. 创新心态

面对激烈的市场竞争，企业保持旺盛的生命力和竞争优势的源泉是创新和学习，店长保持自身竞争优势的源泉也是创新和学习。所以，店长应不断推进门店管理体制的创新型和学习型组织的建设，切实抓好培训工作。

临近春节的一天下午，某服装专卖店店长徐小姐接待了一位从外地来的陈女士。陈女士看中了一款西装，她急切需要买一套最大码的送给父亲作为生日礼物，而且她次日中午就要乘火车离开。当时店里没有这个码，徐店长没有用"没有了""售完了"等简单的回答回绝顾客，而是急顾客所急，立即联系总公司，最后得知公司仓库里尚有一套。

于是她又打电话和仓库联系，得到落实后，她对陈女士说："您明天上午来拿吧。"这一句承诺真是落地有声！陈女士道谢后走了。徐店长却犯难了：这套西装如何从仓库送到专卖店呢？亲自跑一趟吧，路途遥远且不说，店里人手少走不开。于是她想到她爱人，让她爱人下班后到仓库将西服取回家。

第二天上午，当陈女士从徐店长手中接到她所需要的那套西装时，感动之情溢于言表。

资料来源：范范的小窝.21天训练营.

讨论：哪些训练可以培养店长应具备的能力和素质？

（四）树立权威

店长是门店的最高管理者。但是，很多店长常常抱怨老板不给管理的权限，而员工对自己的管理又不服。店长不具备个人权威，上级下达的工作指示就无法传达到员工当中，而店长所做的决策也无法施展。那么，店长如何才能树立个人权威呢？

1. 被赋予店长的权力

在日常的门店管理过程中，品牌公司的主管或加盟商认为自己的能力强于店长，所以总喜欢牵制店长，总是担心店长做不好。而门店的管理是个系统性工作，如果店长在管理过程中受到牵制，门店管理的系统性就可能受到破坏。所以，作为门店的经营管理者，最重要的是培训、审核和监督，具体方案的提出和实施应该完全交给店长。

2. 主动争取管理权限

有些店长常常抱怨老板不给自己管理权限，大事小事自己一手抓，所以其工作难以开展。其实管理权限不是老板给的，而是自己争取的。一般来讲，店长刚上任的时候，老板都会给予最基本的管理权限，随着工作的开展，其管理权限可能会发生变化，而变化的原因都在于店长自身。例如，如果店长在生意非常繁忙的时候批准了一位员工的请假，那么老板就可能会收回店长批准请假的管理权限；如果店长多次在合适的时候对滞销产品进行合理的促销建议，并取得了良好的效果，而且在后期加以总结和汇报，那么老板就可能给予店长直接的降价促销的管理权限……从某种意义上来说，从店长管理权限的范围中可以看出其工作的主动性、对事物的判断能力和决策能力、敢于承担责任的胆识等。因此，如果店长想获得合理的管理权限并让员工认为是好店长的话，就必须自己主动去争取。

3. 领先的专业技能

在很多时候，员工不服店长的管理是因为店长的专业技能不强，甚至还不及员工。店长从事着一定的决策性工作和管理工作，同时拿着比其他员工都高的薪水，所以在老板和其他员工的眼里，对店长的要求就会更高一些。如果店长的货品陈列水平不及员工，安排员工调整卖场的陈列时就会显得很无力；如果店长的销售能力不及员工，跟员工讲销售技巧时就很难让人接受；如果店长的协调能力不强，跟员工说站位安排问题时就难以让人心悦诚服。因此，店长必须具备强于其他员工的专业技能，特别是在综合能力方面，否则就难以服众。

4. 提高个人魅力

1）做到事事领先

作为店长，如果自己经常迟到，就无法批评其他员工的迟到；如果自己经常谈论老板的不好，就无法批评其他员工在背后说别人坏话；如果自己从来不擦玻璃，就无法批评其他员工卫生搞不好；如果自己天天工作很懒散，就无法批评其他员工工作积极性不高……因此，作为店长，要做到在规章制度方面领先，做到在公司忠诚度方面领先，做到在工作积极性方面领先……做到事事领先。

2)宽大的胸怀

有些门店的员工都是年轻的女孩子,同时由于工资制度的竞争机制,员工之间难免产生一些小的矛盾。如果店长不具备宽大的胸怀,非但不能调节好其他员工之间的关系,甚至还跟她们一样小肚鸡肠,就难以树立个人权威。同时,店长在与人相处时要懂得谦虚,不摆出一副高高在上的架子,在工作中不论取得多大的成绩,都不到处张扬。

3)敢于面对和承担责任

店长应该把商店当作自己的店来管理,负起责任。遇到错误,积极面对;遇到挫折和困难,不去躲避;遇到问题,不去推诿。只有这样,才能树立起自己的威信。

4)真诚地关心员工

一些店长(包括老板)把关心员工只停留在口头上,这样并不能得到员工的忠诚,作为店长,应真诚一些,发自内心地关心员工。例如,如果员工感冒了,店长主动给他买感冒药,而不是仅仅提醒他多穿点衣服;员工在门店很忙时有急事要请假,店长帮他顶班;员工出现经济困难时店长主动帮助他,就会让员工感动……如果能够做到真诚地关心员工,店长就能在员工心目中树立威信。

任务二　店长的自我管理

作为门店的带头人和领导者,店长担负着领导员工和完成业绩的重任。一名优秀的店长不仅是一位优秀的管理者,同时还需要学会对自身进行要求和管理。

像一台永不知疲倦的发电机

经常来沃尔玛雨花亭分店购物的顾客,总能看到一个忙碌的身影,她不时出现在商场的各个角落,耐心地指导员工工作,同时热情帮助需要帮助的顾客。她就像一台永不知疲倦的发电机,时刻为身边的员工与顾客提供能量。她就是沃尔玛长沙雨花亭分店总经理黄晓磊。

近年来,黄晓磊先后在沃尔玛黄兴南路分店、高桥分店、雨花亭分店任总经理。每到一处,她都将"服务好顾客"作为工作中的第一准则。沃尔玛时任全球总裁李斯阁、中国区总裁Edchan都对她管理的商场予以高度评价。

2008年年初,黄晓磊所在的高桥店刚开业便遭遇巨大挑战:由于百年一遇的冰雪灾害突袭长沙,导致商场不能开放空调且经常停电。为了给顾客提供良好的购物环境并保证充足的商品供应,黄晓磊与工作人员一起外出购买柴油发电,并带领员工每天去店外扫雪。同时,她亲自和员工一起去马王堆蔬菜市场采购蔬菜,并保证店内的蔬菜低于市场价格。

为了提升员工的服务水平,2009年,黄晓磊在雨花亭分店策划了江西、湖南、湖北三省的鲜食技能大比拼,评出了"肉类第一分割师""第一面包师""第一蛋糕师""熟食第一炒"等一批优秀的鲜食技工,推动了鲜食部门整体技术水平的提高。

资料来源:徐辉.金牌店长——每个人的故事都很精彩.长沙晚报.

一、心态和压力管理

店长是企业中最重要的资源，压力是店长工作的动力源泉，忧愁、悲伤、愤怒、紧张、焦虑、痛苦、恐惧、憎恨……是店长在日常工作中最常见的消极心理，它们都可能使店长产生工作倦怠、工作积极性降低、工作效率下降等不良后果。良好的压力管理可以促使店长精神愉悦，互相激励，使企业低耗高效。店长的心态和情绪也会影响员工的工作热情，因此，店长更需要坚韧、自信、抗压能力强，做好自身的心态和压力管理。

（一）店长面临的压力

1. 资源有限，责任无限

店长承担着门店经营管理的全部责任，手中的资源却十分有限。如果店长热爱这份工作，就会始终面临巨大的心理压力和身体压力，甚至会因为工作而远离家庭和朋友，从而承受来自家庭和朋友的压力。可见，这是一个"六亲不认"的行业。

2. 执行多于创造

店长无法完全按照自己的思路去经营一个门店，总部对门店有一系列的控制要求，店长的创造性思路常常会受到连锁经营体制的限制。

3. 付出与回报不一致

有些门店轻松经营就有好的回报，有些门店不管如何经营，业绩始终难以有大的提高。因为一家门店的成败往往取决于多种因素，甚至有些门店从一开始就注定是没有希望的，如选址失误的门店等。但问题在于：当一个人接收这样的"烂店"时，他仍然有责任让门店"咸鱼翻身"。

4. 优势是暂时的，挑战是永恒的

即便你管理的是一家大型门店，目前的业绩还不错，在不久的将来，你仍然会面对"强势"的竞争店，这是无法避免的事实。因此，仅仅依靠地段优势或想独占市场，是不可能的事情，只有通过踏踏实实地做好细节经营，才能提升业绩。

（二）如何缓解压力

1. 工作区分对待

将事情根据重要性分出轻重缓急，重要的工作马上完成，次要的和不那么重要的工作可以先放一放，待时间充裕时完成。

2. 改变对待压力的态度

实际上人们对事物的态度决定了压力的大小。在碰到一些问题时，只要不停地提醒自己，从长远的角度来看，类似事件将使自己离目标更近一步，就能控制住自己，感觉压力其实没有那么大。当然这种方法并不能消除压力，但至少能使压力变得更容易接受。

3. 80分标准

不要事事追求十全十美，事实上，并不是所有的工作都必须尽善尽美。当你发现有数不清的事情需要你集中精力时，不妨排出先后顺序。不那么重要的工作达到 80 分就够了，把 100 分留给最重要的工作。

4. 尝试做不同的事情

例如，尝试早到办公室几分钟，尝试新的工作方法，尝试交几个新的朋友，尝试与上司聊聊天，这些都能帮你减轻压力。

（三）如何管理情绪

1. 体察自己的情绪

时时提醒自己注意："我现在的情绪怎么样？"例如，因为朋友约会迟到而对他冷言冷语时，问问自己："我为什么这么做？我现在有什么感觉？我应该怎样调整自己的负面情绪？"有许多人认为"人不应该有负面情绪"，所以不肯承认自己有负面情绪。要知道，人一定会有负面情绪的，压抑反而带来更不好的结果。学着体察自己的情绪，是情绪管理的第一步。

2. 适当表达自己的情绪

再以朋友约会迟到为例，你之所以生气可能是因为他让你担心。在这种情况下，你可以婉转地告诉他："你过了约定的时间还没到，我很担心你在路上发生意外。"试着把"我很担心"的感觉传达给他，让他了解他的迟到会带给你什么感受。什么是不适当的表达呢？例如，你指责他："每次约会都迟到，你为什么都不考虑我的感受？"当你指责对方时，也会引起他的负面情绪，他会变成一只刺猬，忙着防御外来攻击，没有办法站在你的立场为你着想，他的反应可能是："路上塞车嘛！有什么办法？你以为我不想准时吗？"如此一来，两人开始吵架，别提什么愉快的约会了。如何适当地表达情绪是一门艺术，需要用心体会。

3. 以合适的方式舒解情绪

舒解情绪的方式很多，有人会痛哭一场，有人会找好友诉苦，有人会逛街、听音乐、散步或逼自己做别的事情以免老想起不愉快的事情。舒解情绪的目的在于给自己一个理清想法的机会，让自己好过一点，也让自己更有能量去面对未来。

二、职业生涯规划与管理

（一）职业生涯规划的意义

（1）以既有的成就为基础，确立人生的方向，确定奋斗的目标。
（2）突破生活的既定路线，塑造充实的自我。
（3）准确评价个人特点和强项。
（4）评估个人目标和现状的差距。
（5）准确定位职业方向。
（6）重新认识自己的价值并使其增值。
（7）发现新的职业机遇。
（8）增强职业竞争力。
（9）将个人、事业与家庭联系起来。

（二）正确的心理认知

（1）认清人生价值。人生价值包括经济价值、权力价值、审美价值、理论价值等，要认清自己的人生价值，这样才能树立正确的目标。

（2）超越既有的得失。人生如运动场上的竞技，当下难以断输赢，要超越既有的得失，就要站在更高、更远的角度看待现状。

（三）剖析自我的现状

剖析自我现状包括个人现状、事业现状和家庭现状。

（四）人生发展的环境条件

（1）朋友条件：朋友要多样化且有能力。
（2）生存条件：要有储蓄、发展基金、不动产。
（3）配偶条件：个性要相投，社会态度要相同，要有共同的家庭目标。
（4）行业条件：注意社会当前及未来需要的行业，注意市场占有率。
（5）企业条件：了解企业有无改革计划，需要什么人才。
（6）地区条件：视行业和企业而定。
（7）国家（社会）条件：政治、法律、经济、社会与文化及教育等条件。
（8）世界条件：全球正在发展的行业，用"世界观"来发展事业。

（五）人生发展的三大资源

（1）人脉：家族关系、姻亲关系、同事（同学）关系、社会关系。
（2）金脉：薪资所得、有价证券、基金、外币、定期存款、财产、信用。
（3）知脉：知识力、技术力、咨询力、策划力、预测（洞察）力、敏锐力。

（六）制订人生目标和执行计划

（1）制订目标的原则：先制订大目标，再补充小目标；也可先制订小目标，再规划大目标。
（2）执行计划：人生计划—五年计划—年度计划—月计划—周计划—日计划。
（3）注意"轻重缓急"的原则。
（4）实施"目标管理"。
（5）每年配合环境变化，随时修改计划。

（七）职业生涯描绘

（1）自我评价。多问问自己：我的人生价值是什么？我的人格特质是什么？我这一生最感兴趣的是什么？我现有的技能和条件怎样？
（2）自我探索：让自己从以上评价中找出可行的生涯方向，不要受人影响。
（3）锁定特定目标：设定一个旨在让自己值得愿意花时间去努力的目标。
（4）可行性计划。多问问自己：为什么这个目标对我而言是最可能的目标？我将如何达成这一特定目标？我将分别在何时执行上述行动计划？有哪些人将会加入这一行动计划？对我而言还有什么不能解决的问题？

（八）职业生涯定位

（1）给自己一个职业定位。
（2）拟订职业发展策略。
（3）规划短期可行方案。
（4）检讨与修改。

讨论：你如何规划你的职业生涯？

三、不同晋升渠道的店长易犯的错误

一个人当上店长一般有4种方式：从基层员工中选拔出来的，从其他门店跳槽过来的，由（猎头）公司挖过来的，和老板一起创业的。不同来历的店长在工作中所遇到的障碍和困难及他所使用的解决方法是不同的。

（一）从基层员工中选拔出来的店长易犯的错误

从基层员工中选拔出来的店长，必须对自己的岗位职责及在工作岗位上所要发挥的作用有一个正确的认识，否则容易犯以下几个错误。

（1）喜欢开会，显示他的权力。
（2）轻易承诺，特别是对熟人承诺。承诺一旦说出就应兑现，但如果兑现不了就会让人感到店长没有诚信。
（3）只要求别人不要求自己。有些店长刚刚从基层岗位选拔上来，感觉自己的权力在店里是至高无上的，要求员工做事情，开始放松自己，这种放松源于对权力的张扬。
（4）失去了沟通对象。原来大家都是平级，在一起可以自由地沟通。但是，当上店长以后，原来关系好的人都与自己有点疏远了。
（5）因为沟通不畅，把责任推给下属。
（6）轻易改变生活方式。由于职位提升，薪水提高，生活水平有所提升，有些店长会忘乎所以，过起奢侈的生活，改变了之前良好的生活方式。

（二）从其他门店跳槽过来的店长易犯的错误

跳槽是指通过一个单位的锻炼和积累，到下一个单位争取更高的职位。当一个人跳槽到新公司，容易犯以下几个错误。

（1）对新的企业文化没有正确理解。到了新的企业，可以通过学习一些企业资料来了解企业文化。但是，仍有很多企业没有业已成形的资料，这时店长必须深入基层员工，了解他们的文化行为，否则就容易发生冲突。
（2）把原来的工作作风带到新的岗位。每个工作单位的作风都不一样，要注意适应新的工作环境。
（3）过分看中老板对自己的评价。
（4）往自己身边拉人，会让员工觉得店长做事不公平。

（5）立功心切，急功近利。

（6）贬低原来的领导。有很多跳槽的人说自己原来的领导不好，其实这是对自己的一种贬低。切忌说原来领导的坏话。

（三）由（猎头）公司挖过来的店长易犯的错误

由（猎头）公司挖过来的店长一般容易犯以下几个错误。

（1）与新的企业文化发生冲突。把原来企业的一些做法照搬到新企业，这是不科学的。

（2）把原来的工作作风带到新的岗位。

（3）极力把自己原来的部下带进来。为了尽快展开工作，有些店长想把原来工作岗位上的一些得力助手带过来。这是最大的错误，因为这样会导致公司员工出现两个派系。

（4）推翻新企业的制度，生搬自己原来企业的制度。

（5）立功心切，急功近利。这与跳槽的人是同样的心态，极力想得到现任老板的认可。

（6）把原来的企业挂在嘴边，这是一种让人很不舒服的做法。

（7）只关注自己现在新企业的领导，而不尊重其他员工。

（四）和老板一起创业的店长易犯的错误

和老板一起创业的员工，如果公司发展规模大了，老板会根据个人能力，给他们一片天地而使其成为一店之长，这些人一般容易犯以下几个错误。

（1）角色转换太慢，拉不开与老板之间的关系。有些店长总是有意无意地跟员工说一些自己和老板曾经做过的事情。其实这些事情都已经过去了，当了店长，就一定转换角色，投身新的工作。

（2）抵制创新，拒绝改变。有些创业元老型的店长年龄较大，不能够接受创新的东西，总觉得自己原来的东西好。

（3）难容新人，拒绝学习。

（4）态度消极，效率低下。

（5）对公司的制度不屑一顾。有些创业元老型的店长对公司的制度不重视，不能够严格地按照公司的制度去处理问题，处理事情时讲关系，讲人情。

（6）缺乏危机意识。

◎ 项目总结

店长是门店的最高管理者，是门店运营的核心。一名优秀的店长"身兼数职"，既要是一名有效的企业政策和经营的执行者，又要是一名成功的门店经营管理者，能够带领自己的团队，为顾客提供满意的服务，给企业创造最大的利润。

店长的工作职责有主要和辅助之分：作为一店之长，一定要做好本职工作，才能起到以身作则的模范作用。不同门店的营业时间会有差异，但营业流程都分为营业前、营业中和营业后三大部分。因此，店长每天的工作都必须严格按照规定的工作流程进行，以把握好门店运营和人员管理的重点。店长作为一店之长，为了完成各项工作，需要经过长期的经验积累及系统的培训。

店长作为门店的带头人和领导者,担负着领导员工和完成业绩的重任。一名优秀的店长不仅是一名优秀的管理者,同时还需要学会对自身进行要求和管理。

基本训练

一、选择题

1. 店长是门店的（   ）。
   A. 管理者   B. 最高管理者   C. 服务型人员   D. 领导
2. 店长必须具备的资质条件包括（   ）。
   A. 拥有积极的性格   B. 拥有忍耐力   C. 拥有开朗的性格   D. 拥有包容力
3. 连锁店成功的关键是（   ）。
   A. 商品有特色   B. 价格低   C. 适销对路   D. 总部功能强
4. 创业元老型店长跟着老板创业,容易犯（   ）的错误。
   A. 角色转换太慢   B. 难容新人   C. 态度消极   D. 抵制创新
5. 营业员应忠于职守,维护公司及门店的统一形象,以身作则,严格遵守公司及门店的一切制度,日常工作中（   ）接受上级的督导。
   A. 有条件   B. 无条件   C. 有区别   D. 有限度
6. 现代商战中的关键问题是（   ）。
   A. 市场覆盖面   B. 竞争对手多   C. 进货难   D. 购买力低
7. 为保证店铺的正常运转,各方面工作都不能有疏漏和问题。以下各项活动中,（   ）不属于店长在人事和培训方面的管理工作。
   A. 选拔和使用计时工   B. 店员出勤管理
   C. 合理调配使用员工   D. 做好与顾客的沟通
8. 店长必须具备的资质条件包括（   ）。
   A. 拥有积极的性格   B. 拥有忍耐力
   C. 拥有开朗的性格   D. 拥有包容力
9. 为了保证门店的实际作业与（   ）的规范标准、营运计划和外部环境相统一,店长必须对门店日常营运与管理业务进行有力的、实质性的控制。
   A. 外部   B. 内、外部
   C. 连锁企业总部   D. 政府
10. 零售业的任何一种经营形式,其生产之初与其成熟后的形态都有一定的差异。目前超级市场发展趋势为（   ）。
    A. 营业面积越来越大   B. 经营品种越来越多
    C. 经营组织越来越集团化   D. 经营场所向郊区购物中心转移

二、判断题

1. 店长只需执行总部的经营目标,而不需要激励商店的员工,也不需要对员工进行培训。 （   ）
2. 门店的竞争优势不是来源于规模,而是来源于其能力。 （   ）
3. 一名成熟的店长,不仅要有销售、顾客服务、内外联络的能力,还应当掌握财务、

计算机以及保安、防火等方面的专门知识。　　　　　　　　　　　　（　　）
　　4. 店长必须要把所有的工作都做到尽善尽美。　　　　　　　　　　（　　）
　　5. 店长是企业文化的执行者，企业政策和规划最基层的捍卫者。　　（　　）
　　6. 根据近几年的统计数据来看，中国的百货商店正在从成熟期走向衰落期。（　　）
　　7. 店长每天的工作可以不严格按照规定的工作流程进行。　　　　　（　　）
　　8. 大量统计资料表明，"20/80法则"也同样适用于零售店经营活动中，即卖场里80%商品的销售额只占总销售额的20%，而20%的小部分商品的销售额却占总销售额的80%。
　　　　　　　　　　　　　　　　　　　　　　　　　　　　　　　　（　　）
　　9. 如果店长是由基层员工中选拔出来的，必须对自己的岗位职责及在工作岗位上所要发挥的作用有一个正确的认识。　　　　　　　　　　　　　　　　（　　）
　　10. 店长在缓解压力方面，如果无法控制压力源，那就改变对待压力源的态度。（　　）

三、思考题

1. 参观一些大型的超市，请店长讲述自己的日常管理工作，思考店长管理工作的重点是什么。
2. 说说自己理解的店长的岗位职责。
3. 针对员工之间、员工和顾客之间常出现的一些纠纷，讨论店长应该如何解决。

实训操作

角色扮演：开晨会

1. 实训目的：通过角色演练，了解店长在一天或一周工作开始的时候是如何进行晨会设计，并鼓舞员工士气的。
2. 实训组织：每组进行讨论，设计一个晨会激励的过程，时间为10～15分钟。每组轮流表演晨会激励过程。

晨会流程：开场白—晨操或晨歌—晨会训导词—新闻报道—业绩通报（包括昨天业绩、累计业绩、业绩达标人员）—表扬先进—重要通知、产品知识—今日目标—工作分派—专题分享讨论—结束口号。

3. 实训考核：针对晨会的激励效果和晨会的完整性，请其他同学评分。

案例分析

店长的困扰

某专卖店的老板刚给某分店的王店长打电话，希望他抓紧做好员工的工作时间管理。王店长在接到这一指示后，开始思考：老板推行这项政策的原因是什么？工作时间控制对员工带来的正面影响和负面影响是什么？要采取什么方式才能提高员工的工作效率？

思考：如果你是王店长，你将如何解决以上问题？

项目二　店面规划设计与管理

项目目标

- ❖ 了解店面形象的概念、店面形象的设计内容。
- ❖ 熟悉购物环境布局管理的相关内容。
- ❖ 掌握商品陈列、店面热销气氛设计的方法。

项目导入

店面如同人的面孔，可以说，"店面是脸面"，是顾客在瞬间断定一家商店形象的依据。店面设计如何直接关系到顾客对商店的第一印象，同时会影响顾客购物过程中心理活动的变化。因此，店长在管理过程中应掌握店面设计和规划管理的技巧。

◎ 导入案例

"自主，自助购物在宜家　我们一起保持低价。"宜家的品牌定位如此清晰，店里的每个角落、每个产品、每个细节，顾客都能体会到这句话的内涵。

复杂的橱柜产品最能说明宜家的"自主和自助"：有人人都能从宜家网站下载的厨房设计软件——让你像设计师一样轻松绘制自己的梦想厨房；橱柜内部五金配件（踢脚和支脚、柜身、门板、台面、水槽和水龙头）实行一站式"所看即所得式"的产品陈列和产品选购流程，轻松惬意，一气呵成，明明白白消费，实实在在优惠。

在宜家，不管卖场多大，地形多复杂，顾客都不用担心迷路，醒目的黄色指示箱和指示牌会让你应对自如。

资料来源：钟文莉. 消费空间的展示与设计：以屈臣氏、宜家为例. 文艺争鸣，2010，14：139-140.

◎ 引例分析

宜家的店面设计都是从顾客便利角度出发，细节做得非常到位，因此顾客都能体会到它的高效、优质服务。店面的设计关系到顾客的直接感受，顾客的评价会因此受到很大的影响，店长应该掌握这方面的技巧，在此方面多下功夫，达到一个良好的设计效果。

◎ 任务实施

任务一　店面形象设计与管理

一、店面形象的设计

(一) 店面形象的概念

形象是指人们对事物总体的、全面的印象，这不仅包含人们对事物外在属性的评价，也包含对事物内在属性的判定。

Martineau 在 1958 年首次将"形象"的概念应用到商业零售领域，随后"店面形象"被越来越多的顾客关注，并在很大程度上影响着他们的购买意愿。有人综合了一些学者的理论后，给出了"店面形象"的定义。店面形象由功能和心理两个要素组成，顾客对这两个要素加以组合后，纳入其知觉框架，就形成了顾客对某商店整体的期望。顾客的态度会随着属性特征的改变而改变，而一家商店的形象却会在顾客头脑中长期稳定地保留下来。

树立并保持良好的店面形象是抓住顾客的首要任务。调查显示，经过专业设计的店面，会引起顾客购物的冲动，使生意额增加 18%～30%。例如，大多数女性购物时，如果她认为某家商店衣服的档次、装修的风格，正好与她的身份地位相当，服务又非常周到，那么她就会在不知不觉中养成到这家商店购买衣服的习惯。相反，如果她认为某家商店的形象特别糟糕，会直接影响自己购物的心情，她就再也不愿踏进这家商店，甚至都不想从该商店门口经过。

(二) 店面形象的设计内容

店面形象设计的内容主要包括 3 个方面：店面外观、橱窗布置和店内装潢。

1. 店面外观

店面外观又分为门面、店门、招牌、出入口和顾客通道 5 部分。

1) 门面

门面是指商店房屋及沿街的部分，它是商店的外表。按照门面的开放程度，可将门面分为 4 种类型：封闭型门面、半封闭型门面、开放型门面和自由型门面。

(1) 封闭型门面，即整个商店外表基本上没有窗，或者用窗帘和茶色玻璃遮蔽起来，商店内部不直接对外公开，顾客进入商店可以安静落脚，不受外界的干扰。这种类型的门面往往给人以高贵、稳重、神秘的感觉。许多奢侈品专卖店经常采用这种类型的门面，如 LV、GUCCI 等。

(2) 半封闭型门面，即商店外面窗户不多，但不遮蔽，或者半遮蔽，顾客在店里可以欣赏外面的风景，外面的人也可以看到店内的大概情况，但又不能完全看清楚，"犹抱琵琶半遮面"的神秘感更能吸引顾客入店选购。这种类型的门面通常适合产品种类少、空间相对狭小的商店。

（3）开放型门面，即透过橱窗，路上的行人基本上可以看清楚店内的产品、装修、氛围，进入商店的顾客基本上都是潜在的消费群体。这种类型的门面自我宣传的能力较强，适合顾客流动性大的商店。

（4）自由型门面，即只有一个吧台或只有一面墙，顾客可以自由来往，具有完全的开放空间。此类门面一般适合档次较低的服饰商店。

2）店门

店门的作用是诱导顾客的视线，使之产生兴趣，激发人们进入店内看一看的意识。怎么进去，从哪儿进去，需要员工加以正确的引导，告诉顾客，使顾客一目了然。

在设计店门时，需要考虑以下3个方面的因素：

（1）店门的位置。一般大型商店的大门会安置在中央，小型商店因店内空间狭小，为防止影响店内实际使用面积和顾客的自由流通，店门经常放在侧边。店门位置设置的总体原则是让顾客感到明快、通畅。

（2）采光与噪声。店门位置的确定还要综合考虑商店外部的情况，尽量避免店门外有影响店面形象或店内采光的物体和建筑，避免店门直接对着产生很大噪声的物体，还要考虑店外的道路是否平坦等。

（3）店门的材料。铝合金材料店门，因为铝合金的金属质感、轻便耐用等性质深受人们的喜爱；木质店门很有特色，极具古典韵味，是一些茶庄、书店的首选；玻璃店门看起来高档，而且透光性好，常用于高档的首饰店、化妆品店等。

3）招牌

招牌的种类虽然各异，在设计上又追求独特性，但是却有共同的要求，这就是"四易"原则：易见、易读、易明、易记。如果缺少其中一项，便会减少招牌的宣传效果。因此在制作招牌时，必须考虑到以下一些要点：第一，以顾客最容易看见的角度来安置招牌，并以顾客看的位置来决定招牌的大小；第二，店名、商品、商标等文字内容应准确，尤其是店名的选择以独特新颖为佳；第三，字形、图案、造型要适合店铺的经营内容和形象；第四，设计与色彩要符合时代潮流；第五，夜间营业的店铺，招牌应配上灯光或霓虹灯设备。

按照放置位置的不同，可将招牌分为屋顶招牌、标志杆招牌、栏架招牌和壁上招牌。

（1）屋顶招牌。商店大楼的顶部树立着各种各样的招牌，非常醒目，这个位置是商店宣传最好的选择。

（2）标志杆招牌。这种招牌一般位于公路或铁路两旁，用水泥杆或长钢管将招牌树立起来，醒目、简洁地表明商店的名字和服务，以达到宣传的目的。

（3）栏架招牌。栏架招牌一般适用于临街商店，招牌位于店门的正上方，再配合使用投射光等辅助设备，夜间效果更好，更能吸引顾客的注意，使顾客快速记住商店的名字、商品及商店的特色等。

（4）壁上招牌。位于拐角处的商店受地理位置影响，比较难以引起顾客的注意。但可以选择在靠近街边的墙壁上挂放商品招牌，标注店名、服务项目等，以弥补商店地理位置的不足。

不管最后选用哪种类型的商店招牌，一定要控制好招牌的高度，根据实际情况，尽量提高招牌的可见度。确定好了招牌摆放的位置，接下来要思考的是招牌的颜色、内容和招牌所要传达的信息。

心理学研究表明，顾客往往是先识别招牌的色彩，再识别招牌上的店标、店徽。醒目诱人的色彩能产生强大的视觉冲击力，如交通指挥灯所用的红、黄、绿三色，穿透力最强，很容易集中人们的注意力，因此在商店招牌中使用的也很多。从视觉上感受色彩之后，顾客的注意力才会过渡到内容上。招牌的内容要简洁突出，不但要令顾客过目不忘，而且要达到交流的目的。因此，招牌上的字的大小应适度，要考虑中、远距离的传达效果，使其具有良好的可视性和传播效果。

4）出入口

在设计商店出入口时，必须考虑商店营业面积、客流量、地理位置、商品特点及安全管理等因素。如果设计不合理，就会造成人流拥挤或顾客没看完商品便到了出口，从而影响销售。

如果是规则店面，出入口一般在同侧，这样可以防止路面太宽顾客走不完，留下死角。不规则的店面则要考虑内部的许多条件，设计难度相对较大。店门的设计应当是开放型的，设计时应当考虑不要让顾客产生"幽闭""阴暗"等不佳心理。

5）顾客通道

良好的通道路线设置，可以引导顾客按设计的方向，走向商店的每个角落，接触所有商品，使空间得到最有效的利用。以下是设置顾客通道时所要遵循的原则。

（1）足够宽。所谓足够宽，是要保证两位顾客能并肩而行或顺利地擦肩而过。

（2）通透。要尽可能避免迷宫式通道，尽可能地选择笔直的、单向的通道设计。

（3）少拐角。通道上可拐弯的地方和拐的方向要尽可能少。大多数商店都是以十字线路来设计通道的，商品货架笔直整齐地排列于主通道的两端。

（4）没有障碍物。通道应避免死角，以免阻断卖场的通道，影响商店的形象。

商店形象检查的内容与标准见表2-1。

表2-1 商店形象检查的内容与标准

项目	检查内容与标准	是	否	现象	解决方法
店外整体布局	商店招牌醒目，无遮挡				
	店外POP、灯箱摆放规范				
	无自行车、垃圾桶等阻碍顾客进店				
	店门开放迎客				
店内整体布局	货柜高度适宜，无压迫感				
	店内整体布局合理				
	整体布局无擅自变动				
	顾客走动方便				
	路线设计合理				
	所有硬件设施配置齐全				
商店设施	所有硬件设施放置规范、无移位				
	所有硬件设施正常稳定				
	所有硬件设施外观整洁、无污垢				
	所有硬件设施定期维护与保养				
	重要硬件设施有指定保管人与使用人				

2. 橱窗布置

橱窗既是一种重要的广告形式，也是装饰店面的重要手段。一个构思新颖、主题鲜明、风格独特、装饰美观、色调和谐的商店橱窗，能与整个商店建筑结构和内外环境构成的立体画面，起到美化商店和市容的作用。

1）橱窗展示的构思

（1）综合式橱窗。这是指将许多不相关的商品综合陈列在同一个橱窗展示区域中，没有特定的主题与场景限制。由于商品之间差异较大，设计时一定要谨慎，要注意突出商品间的条理性和主次关系，否则就会给人一种"什锦粥"的感觉。

综合式陈列方法主要有以下几种：

① 横向陈列：将商品分组横向陈列，引导顾客从左向右或从右向左观赏。

② 纵向陈列：将商品按照橱窗容量大小，纵向分割成几个部分，错落有致，便于顾客从上而下依次观赏。

③ 单元陈列：用分格支架将商品分别集中陈列，便于顾客分类观赏，多用于小商品。

（2）系统式橱窗。这是指按照商品的类别、颜色、材料、用途等分别将商品组合陈列在一个橱窗内，适用于橱窗面积较大的大中型商店。系统式橱窗又可具体分为以下几种：

① 同质同类商品橱窗，即同一类型同一质料制成的商品组合陈列，如各种品牌的皮包橱窗。

② 同质不同类商品橱窗，即同一质料不同类别的商品组合陈列，如羊皮鞋、羊皮箱包等组合的羊皮制品橱窗。

③ 同类不同质商品橱窗，即同一类别不同原料制成的商品组合陈列，如口红、香水等组成的化妆品橱窗。

④ 不同质不同类商品橱窗，即把不同类别、不同质地却有相同用途的商品组合陈列，如网球、乒乓球、排球、棒球组成的运动器材橱窗。

（3）专题式橱窗。这是指以一个特定环境或特定事件为中心，组织不同零售店或同一零售店不同类型的商品进行陈列，向顾客传达一个主题，如节日陈列、事件陈列、场景陈列等。

① 节日陈列，即以庆祝某个节日为主题组成节日橱窗专题。例如，中秋节以各式月饼、黄酒等组成的节日橱窗；圣诞节以圣诞礼品组成的节日橱窗。节日陈列既可以突出商品，又可以渲染节日的气氛。

② 事件陈列，即以社会上某项活动为主题，将关联商品组合成橱窗，如奥运会期间的体育用品橱窗。

③ 场景陈列，即根据商品用途，把有关联性的多种商品在橱窗中设置成特定场景，以诱发顾客的购买行为。例如，将有关旅游用品设置成一处特定的旅游景点，吸引过往顾客的注意力。

（4）特写式橱窗。这是指运用不同的艺术形式和处理方法，在一个橱窗内集中介绍某一种或几种产品。这类陈列适用于新产品、特色商品的广告宣传。特写式橱窗的种类如下。

① 单一商品特写陈列，即为了重点推销某一商品，只在橱窗内陈列该商品，如只陈列一台当季主打的电冰箱。

②商品模型特写陈列，即利用商品的模型代替实物陈列在橱窗内。多适用于体积过大或过小的商品，如汽车、手机等；也适用于容易变质腐烂的商品，如水果、鲜花等。

（5）季节式橱窗。这是指根据季节变化把应季商品集中进行陈列，如春末夏初的夏装、凉鞋、草帽展示，秋末冬初的棉衣、羽绒服展示。季节式橱窗满足了顾客顺时而变的购物心理，有利于提高销售额。

2）橱窗展示的规格

橱窗多采用封闭式，以便充分利用背景装饰、管理陈列商品、方便顾客观赏。因此，橱窗的规格应与商店整体建筑和店面相适应。

橱窗底部的高度，一般以成人眼睛能看见的高度为参考，离地面80～130厘米，所以大部分商品可从离地面60厘米的地方进行陈列。小型商品从离地面100厘米以上的高度进行陈列。电冰箱、洗衣机、自行车等大件商品可陈列在离地面5厘米高的位置。

3）橱窗展示的要求

（1）选择理想的陈列商品，以满足商店促销和顾客的选购需求。

（2）橱窗构思新颖、主题明确，富有时代气息，满足顾客的精神需求。

（3）橱窗构图优美完整，具有强烈的艺术感染力，满足顾客的审美需求。

（4）橱窗展示要有一定的变换性，不能永远是一副老面孔。

3. 店内装潢

1）壁面照明

通过合理地组合照明，可以吸引顾客上门，凸显商品形象优势，营造与商品气质相符的环境气氛。

2）店内装潢色彩

心理学研究表明，红色或橘黄色等亮色的装潢环境可以使人心情愉悦、兴奋，会让人感觉时间漫长。如果在这样的环境下待一段时间，人会越来越烦躁，从而不愿意在店内久留。而咖啡色、灰色等冷色调的装潢风格，会让人心情比较平静，可以使顾客在店内待得久一些。

阅读材料

不同颜色对情绪的影响

1. 绿色

绿色是一种令人感到稳重和舒适的色彩，具有镇静神经、降低眼压、解除眼疲劳、改善肌肉运动能力等作用，自然的绿色还对晕厥、疲劳、恶心与消极情绪有一定的舒缓作用。但长时间在绿色的环境中，易使人感到冷清，影响胃液的分泌，食欲减退。

2. 蓝色

蓝色是一种令人产生遐想的色彩，另外，它也是相当严肃的色彩，具有调节神经、镇静安神的作用。蓝色的灯光在治疗失眠、降低血压和预防感冒中有明显作用。有人戴蓝色眼镜旅行，可以减轻晕车、晕船的症状。但患有精神衰弱、忧郁病的人不宜接触蓝色，否则会加重病情。

3. 黄色

黄色是人出生最先看到的颜色，是一种象征健康的颜色，它之所以显得健康明亮，因为它是光谱中最易被吸收的颜色。它的双重功能表现为对健康者稳定情绪、增进食欲的作用；对情绪压抑、悲观失望者会加重这种不良情绪。

4. 黑色

黑色具有清热、镇静、安定的作用，对激动、烦躁、失眠、惊恐的患者起恢复安定的作用。

5. 白色

白色能反射全部的光线，具有洁净和膨胀感。空间较小时，白色对易动怒的人可起调节作用，这样有助于保持血压正常。但对于患孤独症、精神抑郁症的患者则不宜在白色环境中久住。

6. 粉色

粉色是温柔的最佳诠释。经实验，让发怒的人观看粉色，情绪会很快冷静下来，因粉色能使人的肾上腺激素分泌减少，从而使情绪趋于稳定。孤独症、精神压抑者不妨经常接触粉色。

7. 灰色

灰色是一种极为随和的色彩，具有与任何颜色搭配的多样性。所以在色彩搭配不合适时，可以用灰色来调和，对健康没有影响。

8. 红色

红色是一种较具刺激性的颜色，它给人以燃烧和热情感。但不宜接触过多，过多凝视红色，不仅会影响视力，而且易产生头晕目眩之感。心脑病患者一般是禁忌红色的。

9. 橙色

橙色能产生活力，诱发食欲，也是暖色系中的代表色彩，同样也是代表健康的色彩，它也含有成熟与幸福之意。

资料来源：百度文库.

二、店面形象的管理

（一）店内环境管理

1. 地面

商店的地面多为木质或大理石材质，应随时保持干净整洁，及时清除杂物、垃圾等，不得有明显的污迹、积水。要为顾客提供一个干净卫生的购物环境。

2. 墙面

无论商店墙体表面如何装饰，原则上不得裸露。可以选择有色彩的涂料粉刷墙面，或者使用与商店整体装修风格相同的壁纸贴于墙面。

3. 天花板

店内的天花板也不容忽视。商店的用电线路、空调管道等常常置于商店的顶部，如果天花板不加以装饰掩盖，会使商店显得杂乱、危险，这样会导致顾客产生不安全感，不愿再踏进这家商店。

4. 楼梯、楼道

较大规模的商店，常常会占据几个楼层的地方。在任何情况下，都不能在楼道放置商品、赠品或杂物，阻碍顾客的通行；必须时刻保持楼梯和楼道的畅通、整洁和安全；还要保证楼梯或楼道的日常照明，特别是拐弯处，有必要加装应急照明设备，从而进一步确保顾客的安全。

（二）店外环境管理

1. 广场

广场的主要用途是进行户外活动和疏散人群。因此，要随时保持广场的清洁卫生及行道通畅，有盲道设施的要保证盲道不被占用，还要保证旗杆、护栏等设施能正常使用。遇到雨雪天气要及时清扫积水或积雪，并在行道上铺设纸板、地毯等防滑设施。

2. 停车场

在实际情况允许的条件下，有必要设置机动车停车位，并画出停车位标线（白色或黄色）。停车位宽度至少240厘米，进深至少480厘米。附近有收费停车场的，要主动与收费停车场的管理方协调有关顾客停车事宜，并配合停车场做好顾客停车的管理工作。

店外区域不宜停车或有关部门明令禁止停车的，要在门前树立警示牌提示顾客，以免顾客蒙受损失，给顾客带来不快。

在不影响门前人流和车流的区域设置必要的自行车存车区，存车区须设立明显的标志牌，并画出存车区域标线。自行车存放一般是免费或委托自行车存车管理机构代收代管，并主动做好协调工作。

3. 人行道及台阶

对政府规定的"门前三包"范围，即店门前的人行道和台阶，要到相应部门办理"门前三包"手续（或与物业协调有关卫生保洁事宜）。

4. 门头

1）灯箱

灯箱是露天的，要定期清理，保持干净整洁。灯箱开灯时间一般为18—24点。

2）户外广告

根据国家的相关规定，所有户外广告必须获得市政管理部门和工商行政管理部门的批准方可发布。户外广告主要由各供应商指定的合法的广告公司负责制做安装。商店如发现户外广告外观污损，要及时通知有关供应商。

任务二　店面布局与陈列

商店的购物环境直接影响着顾客的消费心理和消费行为。良好的购物环境不仅可以提升商店的档次，还可以为顾客带来美好的购物体验。良好的购物环境需要精心的布局设计，它像一块磁石一样，将顾客吸引到店中，让顾客喜欢逛这家店，打心底爱上这家店。

一、设计店面布局时须考虑的因素

设计店面布局时须考虑以下因素：
(1) 商店的氛围必须与商店的形象及总体战略协调一致。
(2) 购物环境必须有助于增强顾客的购买动机。据调查，在超市购物时，75%～80%的顾客都在悠闲、自在的环境中不由自主地选购了商品。
(3) 权衡设计的成本与未来有可能提高的销售额、利润额的比例。店内最好的位置要留给哪些商品？这需要考虑很多因素，如商品的销售量、商品的市场占有率及该商店人流的情况等。

二、店面布局的原则

整个商店的布局设计要以人为本，以顾客第一为总原则。商品的摆放和过道的位置等设置应符合顾客的购物习惯，还要合理设置顾客休息区。

（一）安全便利原则

安全包括顾客的安全、商店的安全、商品的安全。便利包括交通及停车方便，设有公共设施，出入口的设计便于顾客进出，商品陈列清晰、方便购买，收银机的数量与客流相适应等。

（二）促进销售原则

商店内部的布局应具有一定的引导性，引导顾客按照某种特定的路线自然行走，即"动线"规划。良好的"动线规划"可诱导顾客在店内顺畅地选购商品，避免产生死角。对于那些易引起顾客购买冲动、交易次数频繁、色彩造型艳丽美观的商品，可以摆放在店内显眼的位置，以便吸引顾客，提高商品销售量。

（三）高效利用原则

店内空间有限，商店设计应充分利用空间，提高单位面积效益，缩小办公、仓储面积，最大限度地扩大营业面积。

（四）关联原则

关联原则体现在货物摆放时，相关种类商品应靠近摆放，相互促进，以提高商品的销售量。例如，高利润商品与低利润销量大商品搭配，购买频率高的商品与购买频率低的商品搭配布局，顾客本人购买商品与顾客家庭购买商品搭配。

三、店内面积分配和店面布局形成

（一）店内面积分配

店内面积可分为营业面积、仓库面积和附属面积3部分。商店的规模、客流量和商品种类等因素影响着店内面积的划分比例。合理分配上述3部分的面积，保证商店的顺利经营，对各零售企业来说都是至关重要的。

通常情况下，店内面积的分配比例如下。

（1）营业面积（占60%~70%），包括陈列、销售商品面积，顾客占用面积（顾客更衣室、服务设施、卫生间、用餐厅、茶室等）。

（2）仓库面积（占15%~20%），包括店内仓库面积、店内散仓面积、店内销售场所面积。

（3）附属面积（占15%~20%），包括办公室、休息室、更衣室、存车处、楼梯、电梯、安全设施等占用面积。

（二）店面布局形成

店面布局通常采用以下3种形式。

1. 线条式

线条式是指将货架、柜台等物品依墙而置，呈直线状。这是一种传统的布局形式，超市大多选用这种类型的布局。

1）线条式布局的优点

（1）不受场所大小和形状的限制，可以陈列较多的商品。

（2）商品摆放清晰明了，便于顾客选择购买。

（3）形式可以变化多样，如平行线形、三角形等。

（4）易于采用标准化货架，可节省成本。

（5）有利于营业员与顾客的愉快交流，简化商品整理及安全保卫工作。

2）线条式布局的缺点

（1）货架靠墙摆放，会影响光线。

（2）商店气氛比较冷清、单调。

（3）当客流拥挤时，易使顾客产生被催促的不良感觉。

2. 岛屿式

岛屿式是指把柜台围成一个小岛，中间设货架。还可根据商店的具体情况，摆设成圆形、长方形等形状。这种形式一般用于百货商店或专卖店，主要陈列体积较小的商品。

1）岛屿式布局的优点

（1）可充分利用营业面积，在顾客行走畅通的情况下，利用建筑物特点布置更多的商品货架。

（2）采取不同形状的岛屿设计，可以装饰和美化营业场所。

（3）环境富于变化性，使顾客增加购物的兴趣。

（4）满足顾客对某一品牌商品的全方位需求，对品牌供应商具有较强的吸引力。

2）岛屿式布局的缺点

（1）由于营业场所与辅助场所隔离，不便于在营业时间内临时补充商品。

（2）存货面积有限，不能储存较多的备用商品。

（3）现场用人较多，不便于柜组营业员的相互协作。

（4）岛屿两端不能得到很好的利用，会影响营业面积的有效使用。

3. 自由流动式

自由流动式是指顾客通道呈不规则路线，货位灵活布局，这种布局既采用线条式，又采用岛屿式，顾客通道呈不规则分布。陈列商品的货架可以具有不规则的形状，如半圆形、圆形等。

1）自由流动式布局的优点

（1）货位布局十分灵活，顾客可以随意穿行于各个货架或柜台之间。

（2）卖场气氛较为融洽、休闲，可促进顾客的购买欲望。

（3）便于顾客自由浏览，不会产生急切感，增加顾客的滞留时间和购物机会。

2）自由流动式布局的缺点

（1）顾客拥挤在某一柜台前，不利于分散客流。

（2）不能充分利用卖场，浪费场地面积。

（3）这种布局方便了顾客，但对商店的管理要求很高，尤其要注意商品安全问题。

四、购物心理与购物顺序

（一）顾客的购物心理

有个人免费得到了一双袜子，他很高兴。正当他决定穿的时候发现自己的鞋太脏、太旧了，和袜子不搭配，于是他买了一双新鞋，穿上之后他又觉得裤子不合适，于是又买了条新裤子，问题是上衣也得换了……这个人因为得到了一双袜子，结果从头到脚花了不少钱。如果一开始就让他买这么多，那么他不一定同意，但是由于免费得到了一双袜子，一切都改变了。

为什么会这样呢？其实顾客在购物时，刚开始都对商品存有戒心，等买了一两件商品之后，就会解除这种顾虑，转而沉浸在购物的快乐中，钱袋子就被打开了。因此，在进行店内布局时，尽量在顾客最先经过的地方，陈列价格便宜或日常生活中常用的商品，依次打开顾客的钱袋子，充分挖掘顾客的购买潜力。

（二）顾客的购物顺序

再换一个角度思考一下顾客购物的顺序，不难发现，这是有一定的规律可循的。例如，去超市的顾客通常的购物顺序是这样的：蔬菜水果—畜产水产—冷冻食品—调味品—面包牛奶—饮料—休闲食品—百货日用品。所以，最理想的环境布局应将顾客必须购买的商品、购买频率高的商品放在最里面，以扩大客流的纵深度。

五、店面布局的磁石点理论

所谓磁石，是指卖场中最能吸引顾客注意力的地方，磁石点就是顾客的注意点，这种吸引力是依靠商品的配置技巧来完成的。商品配置中磁石理论运用的意义，是在卖场中最能吸引顾客注意力的地方配置合适的商品以促进销售，并且这种配置能引导顾客逛完整个卖场，达到增加顾客冲动性购买概率的目的。

卖场磁石点通常为5个，即第一磁石点、第二磁石点、第三磁石点、第四磁石点及第五磁石点。在卖场中应该按不同的磁石点来配置相应的商品。

(一)第一磁石点：主道路两侧

进入店内的绝大多数顾客都要通过店内的主道路，因此主道路两侧的位置为店内的第一磁石点，用来展示销售量大的商品、购买频率高的商品、主力商品、进货能力强的商品。特别注意保持主道路有一定的宽度，这样才能使顾客在挑选商品时不妨碍其他顾客通过。两侧陈列的商品切忌过多、过密，以保证店内良好的通透性。

(二)第二磁石点：道路入口处、电梯出口、主道路拐角等

这些能诱导顾客在店内通行的位置，可以称为店内的第二磁石点，用来展示前沿商品、引人注目的商品、季节性商品、观感强的商品。经验表明，凡是重视卖场第二磁石点的商家，其经营效果大都是非常出色的。

(三)第三磁石点：店面的出口位置

在店面出口位置布置商品的目的在于尽可能地延长顾客在店内的滞留时间，刺激顾客的购买冲动。此处主要展示特价品、大众化品牌及自有品牌商品、时令商品、促销的新产品。出口处的商品陈列要考虑商品的有机组合。例如，特价商品是毛利率很低的商品，而时令商品、自有品牌商品是相对毛利率较高的商品。因此，第三磁石点商品的最佳组合需要较高的经营技巧。

(四)第四磁石点：店面的中部

在第四磁石点摆放商品的目的是诱导顾客向商店中部商品密集区流动，此处主要展示廉价的商品、大量陈列的商品、贴有醒目标志的促销商品、大规模广告宣传的商品。在摆放时注意突出商品位置标牌，在道路两侧设置特价商品POP广告（购买点广告）。

(五)第五磁石点：收银区前面的中间位置

此处主要展示低价商品、非主流商品，抓住顾客在店内消费的最后机会。

阅读材料

屈臣氏的陈列布局模式

从19世纪初发展至今，屈臣氏在中国200多个城市拥有超过1000家店铺和3000万会员，屈臣氏的发展扩大创造了化妆品零售业的一个奇迹，成为个人护理用品的标杆。如今的屈臣氏在中国各级城市都能看到它的身影，本文遵循屈臣氏的成功案例，从它商品陈设的角度出发，为你详解屈臣氏店铺各大结构布局。

一、发现式店铺布局

走进任意一家屈臣氏，你会发现它的布局与其他店铺不同，清晰明了的结构分布，可以说是其特色之一。为业内人士熟知的是，屈臣氏在中国平均的租赁成本是每天10~20元/平方米，而现在日益增长的租金成本成为困扰很多专营店店主的难题。如何利用好有限的店铺空

间，使之发挥到最大能量？事实证明，屈臣氏的发现式店铺布局是一个值得借鉴的成功案例。

首先是清晰的店铺布局。研究屈臣氏的专家白云虎认为，屈臣氏把店铺划分为四个大的区域，即"想要区域""服务区域""必要区域""冲动与推动区域"。屈臣氏店铺是敞开式设计，没有门和橱窗，这样能把有限的店铺空间利用至最大。最靠近入口的地方是"想要区域"，陈列的是顾客最想要的商品，当然什么是顾客最想要的商品也是屈臣氏根据科学调查、综合各种因素得出的，并且会不断变化。通过顾客最想要的商品把他们吸引进店，接下来往里走是"冲动和推动区域"，主要通过花样翻新的各式促销活动，如"sale 周年庆""加1元多一件""全线八折""买一送一""免费加量33%不加价"等，调动顾客的消费情绪。再往里走就是"必要区域"了，即一些生活必需品，如洗护用品等，也就是只要顾客需要就会有高购买率的商品。可能很多店主认为，必要的商品应当放在橱窗，吸引顾客入店。而屈臣氏反其道而行之，取得了很好的业绩。

收银台是顾客付款交易的地方，也是顾客在商店最后停留的地方，这里给顾客留下的印象好坏，决定顾客是否会第二次光临，对于任何一家零售卖场来说，收银台的重要性都是不言而喻的。很多专卖店习惯于把收银台设置在店铺门口或是店铺的入口靠墙的地方，事实证明，把收银台设置在店铺门口会给顾客造成压力，不愿意进入店铺；设置在店铺的入口靠墙的地方，方便顾客付款，但对客流会造成阻碍。屈臣氏的选择是把收银台放在店铺的中间，这样就避免了以上两种做法的弊端。

此外，记者观察到屈臣氏还通过颜色分割店铺，一个个的色彩代码犹如隐形的导购，告诉顾客各类商品的位置。屈臣氏最常用的颜色是代表健康的粉色、绿色、蓝色和黄色。

二、独特的货架陈列方式

据了解，为了方便顾客，以女性为目标客户的屈臣氏将货架的高度从1.65米降低到1.40米，并且主销产品在货架的陈列高度一般为1.3～1.5米，同时货架设计也足够人性化。在商品的陈列方面，屈臣氏注重其内在的联系和逻辑性，按化妆品—护肤品—美容用品—护发用品—时尚用品—药品—饰品、化妆工具—女性日用品的分类顺序摆放。据统计，在屈臣氏销售的产品中，药品占15%，化妆品及护肤用品占35%，个人护理品占30%，剩余的20%是食品、美容产品以及衣饰品等。

屈臣氏在对店铺的商品陈列有非常严格的要求，每个固定货架上的商品陈列都是按总部的要求来执行的。如可供陈列的正常货架、促销货架、收银台、网架、挂链、堆头、胶箱等各类陈列都会受到不同标准的指导，有着专门的陈列图。独特的货架设计与作用还包括屈臣氏自创了九格图、四方格等陈列道具。用于陈列当期促销货品或租给供应商作促销的，屈臣氏一般选定正常货架的顶层，当然这也是由总部安排位置，规定要插上显示当期促销主题的色带长条。靠墙的货架，离地面1 540毫米起，规定顶上的一层必须统一从上面第6孔开始放第一层货架层板，同样用于陈列促销商品，但必须是体积较大，顾客容易看见，有吸引力的商品。

屈臣氏的收银台的货架陈列也颇有学问。在收银台前面摆放有三类商品，第一，当顾客在付款的时候，收银员会在适当的时候向顾客推介优惠的促销商品，让顾客充分感受到实惠；第二，在屈臣氏经常举行商品的销售比赛活动，这是一种非常成功的促销方式，这些商品也会在收银台进行销售；第三，在付款处范围内，我们还可以发现一些轻便货品如糖果、口香糖、电池等一些可以刺激顾客即时购买欲的商品；第四，在收银台的背后靠墙位置，主要陈列一些贵重、高价值的商品，或者是销售排名前10名的商品。

屈臣氏的成功是因为它站在了消费者的角度，每一步举措每一个细节都极致人性化，同时它的空间布局反映了其绝佳的营销策略，每一立方都没有被浪费掉，所以才能在化妆品店层出不穷的市场上存活，才能一再地创造业界奇迹。

资料来源：中国店网.

六、商品陈列管理

法国有句很有名的经商谚语，即使是水果，也要像一幅静物写生画那样艺术地排列，因为商品的美感能激起顾客的购买欲望。美观的商品陈列对商品销售的促进作用是十分明显的。门头、橱窗的设计是为了吸引顾客走进商店，而店内商品陈列、灯光运用、海报吊旗等则是为了留住顾客，刺激他们的购买行为。陈列就是沉默的推销。

案例

一位女高中生在一家商店打工，由于粗心大意，她在一次酸奶订货中多写了一个零，使原本每天清晨只需3瓶酸奶变成了30瓶。按规定应由那位女高中生自己承担损失，这意味着她一周的打工收入将付之东流，这就逼着她想方设法地争取将这些酸奶赶快卖出去。这位高中生灵机一动，把装酸奶的冷藏柜移到盒饭销售柜旁边，并制作了一个POP，写上"酸奶有助于健康"。令她喜出望外的是，第二天早晨，30瓶酸奶不仅全部销售一空，而且出现了断货。谁也没有料到这个小女孩戏剧性的实践带来了这家店新的销售增长点。从此，这家店中的酸奶冷藏柜便与盒饭销售柜摆在一起。

资料来源：沙洲. 店面陈列技巧. 网易博客.

（一）商品陈列的含义

商品陈列是指以商品为主体，运用一定的艺术方法和技巧，借助一定的道具，将商品按销售者的经营思想及要求，有规律地摆设、展示，以方便顾客购买、提高销售效率的重要的宣传手段，是销售行业广告的主要形式。

合理地陈列商品可以起到展示商品、刺激销售、方便购买、节约空间、美化购物环境等重要作用。据统计，店面如能正确运用商品配置和陈列技术，销售额可以在原有基础上提高10%。管理者必须深入地研究商品特性、市场动态，人们的消费习惯和审美观，探索顾客的心理需求，从而进行布置构思，使商品的每个部分都能给顾客以正面的心理感受。

成功的商品陈列是最直接的广告宣传，有着不可忽视的特殊内涵和重要意义。

（二）商品陈列的构成要素

1. 商品

只有满足顾客需求的商品，才能刺激顾客购买。所以，在决定陈列什么商品前，应先考虑此时此地顾客所需商品的功能和特点，即商品适销性。要根据地域、季节、消费习惯的变化，不断调整陈列商品的品牌和品种，以适应顾客消费趋势的变化。因为即使将商品陈列做得很好，但如果不是顾客所需要的商品，也无法获得顾客的青睐。

商店在保证商品适销性的前提下，根据销售现场的实际情况，兼顾商品的流转速度灵活处理，尽量做到全品牌陈列、全品种陈列，以增加销售的机会。

2. 陈列空间

陈列空间的利用，一般依商品所创造的利润大小分配。为确保利润最大化，就要实现陈列空间组合最优化，即销量好的商品占据较大的陈列空间，而销量差、流转慢的商品，则占据较小的陈列空间。如此一来，商店的商品将随着时间的推移呈现最优化组合。为了充分发挥此方法，首先应调查各商品的销售数量并计算出它们销售数量的构成比例，然后按此比例分配陈列空间。陈列空间的分配要依据利润最大化原则，根据地域、季节、顾客消费习惯的不同而有不同的陈列空间组合。例如，元旦、春节等季节礼品需求量很大，应该增加陈列空间做出较大的调整，销售季节过后礼品的需求量急剧下滑，可大大压缩陈列空间。

3. 陈列面

陈列面是指商品的品牌、品种如何搭配组合，能给顾客更好的视觉美感，并带来更大的销售量。增加陈列面的数量将强化视觉冲击力，营造商品丰富感，增加销量。

4. 陈列高度

在有效的陈列范围内，所谓的黄金陈列带，是指货架上销售最好的区域，此黄金带一般是以视线下降20°的地方为中心，在这之上10°到之下20°，一般为90~180厘米。而顾客胸部至眼睛的高度是最佳陈列处，在此高度内陈列的商品最容易被顾客看到。陈列的高度过低不易看到，过高则不易拿取。

5. 陈列位置

根据研究显示，主要的陈列位置是位于高流动线区域和视线良好的位置。举例来说，在小规模商店中，端架是最佳陈列位置；在大型超市中，中央通道、通道的前后端与邻近冰柜的陈列架是最好的陈列位置。一般而言，这些地方的销售情况也是最佳的。

6. 陈列形态

陈列形态是指商品在卖场中展示在顾客面前的形状、造型、情景。陈列形态可以影响顾客的购物兴趣，甚至可以直接激发顾客的购买欲望。

（三）商品陈列的原则

1. 商品陈列重点突出

商品是卖给顾客的，只有让顾客找到自己需要的商品才能实现销售，所以管理者要从顾客的角度考虑商品的布局和陈列。在陈列中把握的首要原则就是一定要有重点，如果每件商品都当成是重点陈列的话，那么最终的结果就是没有重点，让顾客面对琳琅满目的商品感到茫然而无法下决心购买。

颜色是进行产品陈列时必须考虑的因素，服装销售人员一定会根据季节的变化将主陈列区的颜色进行更换，瓷砖销售人员是根据瓷砖的颜色进行搭配陈列。颜色是吸引顾客注意的第一法则，如果颜色搭配不好的话，常常会赶跑顾客。灯光是吸引顾客的第二法则，想要突出哪件商品就对它进行重点照明，这件商品的灯光亮度要远远高于其他商品，由于人都有趋光的本性，所以亮的地方常常会吸引人走近。

2. 方便顾客看清商品

商品种类繁多，顾客不可能好奇到把每种商品都拿到手中仔细看，如果把商品放到顾客看不到的地方或被其他商品挡住，或者商品正面不朝外，就不会引起顾客的注意，也就无法产生销售。所以给商品一个表现的机会，让每种商品正面朝外，增加"露脸"机会，就能增加销售机会；让商品各就其位，每种商品都不被其他商品挡住视线，酒香也怕巷子深，不"露脸"的商品没人会关注；货架底层看不清的商品，可考虑倾斜式陈列以突出商品；货架太高时，上层陈列的商品可考虑重复陈列。

3. 方便顾客拿取

商品陈列只有做到了方便顾客挑选、方便顾客拿取，同时又方便顾客放回去，才能增加顾客的购买机会。例如，鲜肉、鲜鱼等生鲜商品，顾客喜欢挑选，但又容易脏手，如果附近没有简单的拿取工具或供顾客洗手的设施，顾客因担心弄脏手而不能自由挑选，对商品易持怀疑态度或干脆放弃购买。设置洗手池或摆放一次性手套、夹子等，可以减少顾客的犹豫。

商品陈列得不能过高，因为顾客会因不容易拿到或放回去而放弃，比较适合顾客拿取的货架空间高度是60～150厘米，如上所述，高处商品尽可能重复陈列，既能保持高层的美观，又能方便顾客拿取。对易碎商品要有防护措施，打消顾客拿放顾虑，可以增加销售机会。货架隔板之间缝隙的理想状态是商品与上层隔板之间保证手掌能自由出入。如果缝隙过小，商品不好拿取；过大，顾客又很容易看到背板，既不美观，又浪费货架空间。为顾客想得越周到，回报就越多。

4. 丰满陈列

俗话说货卖堆山，货架、地堆、端头上的商品必须丰满陈列。商品陈列不丰满，会降低货架空间利用率，导致仓库库存压力增大，容易给顾客留下"这些是卖剩下来的商品"的不好印象，影响商品表现力从而影响销售。但是，即便商品放满了货架，如果摆放得东倒西歪、凌乱不堪，仍然给顾客留下不好的印象。如果没有仓库库存，不能保证货架放满，就要把商品前进陈列，以保证商品丰满，整齐。如果没有库存，有两种处理方法：一种是在空缺的地方放置"此货暂缺"标志；另一种是把其他关联性的同时销售比较好的商品填补上，这种操作一定要做好记录，跟踪要货。

5. 关联性陈列

商品陈列特别强调商品之间的关联性。这种关联不是简单地把相关商品归类集中在一个区域陈列，而是以一个主题（如"情人节""火锅节"等）来组合商品陈列。关联性陈列要求在可能的情况下，端头陈列的商品与相邻货架的商品有关联，让端头发挥一定的导购作用。好的关联性陈列很容易在激发顾客购买某种商品的同时，又让顾客购买了计划外的另一种商品。

某顾客买了一瓶啤酒，看见旁边有开瓶器，就顺带买了一个开瓶器，然后想起来过几天要请客，所以当他看到陈列的精致的玻璃杯时，又挑选了一组玻璃杯。本来顾客只是要买一瓶啤酒，结果因为买啤酒，而买了开瓶器，买了玻璃杯，甚至连杯垫也一起买了。

6. 同类商品垂直陈列

产品按不同小分类价格由低到高从左向右横向陈列，按同一小分类价格由低到高从上往下纵向陈列。按与主通道距离由近到远，同一侧货架，从端架起，由外往里，同类产品按畅销程度由高到低横向陈列。两类以上的商品，从货架两端，由外往里，同类产品按畅销程度由高到低横向陈列。

7. 安全

商品摆放要考虑货架的承重能力，注意安全，较轻、较小的商品放在货架的上方，较重、较大的商品放在货架的下方。货架高处的商品、易碎的商品，要注意检查，并采取防护措施，地堆商品要注意不要超高超大，以不超过1.4米为宜，地堆、货架附近不要堆放库存，这样一是卖场环境显得杂乱；二是存在容易绊倒顾客等安全隐患。

总之，商品陈列没有不变的原则，它的组合要以顾客需求为中心。当然，好的销售气氛也不是靠懂一些陈列原则和技巧就能做出来的，它需要整合很多资源和各部门的相互配合才可能营造出来，但如果不了解一些基本陈列原则和技巧，陈列组合创新也就无从谈起，商品也很难畅销。

（四）商品陈列的基本方法

1. 分层陈列法

分层陈列法是指陈列时按柜台或货架已有的分层，依一定顺序展示商品。这种方法主要用于柜台陈列和柜橱陈列。分层摆放时一般是根据商品本身特点、售货操作的方便程度、顾客的视觉习惯及销售管理的具体要求而定，可分为柜台陈列和柜橱陈列。

1）柜台陈列

从顾客购买的角度讲，柜台陈列属于低视角陈列，即顾客一般要向下看才能看到柜台中的陈列商品。柜台陈列必须以适应近距离观看为主。柜台一般分为2～3层，只适宜陈列小型商品。上层和中下层靠外陈列的商品是顾客注视的重点部位。

2）柜橱陈列

在这里柜橱主要是指非敞开售货时，在柜台和售货员后面用于陈列和储存商品的柜橱。柜橱一般较为高大，使用时下部多储存随时销售的商品，中上部分一般以展示陈列为主，兼作储存使用。下部因作储存使用，在商品摆放时主要考虑售货人员拿取方便，大多无陈列展示的要求。

2. 悬挂陈列法

悬挂陈列法是指将商品展开悬挂，使顾客从不同角度直接看到商品全貌或触摸到商品。该方法主要用于纺织物、服装类商品或一些小商品，以及扁平形、细长形等没有立体感的商品陈列。悬挂陈列法的使用一般分为两种。

1）高处悬挂

高处悬挂是指在柜橱上方安放各种支架或展示网悬挂商品，这些陈列法大多属于固定陈列的一种，较少用于直接销售。其目的是使顾客进店后从较远的位置就能清楚地看到商品，起到吸引顾客、烘托购物环境的作用。

2）销售悬挂

销售悬挂主要用于敞开售货，悬挂的高度一般以1.5米为中心上下波动，是我国顾客选购、平视浏览和触摸商品的正常高度。

3. 组合陈列法

组合陈列法是按照顾客日常生活的某些习惯，将商品组合成套陈列展示，往往能给顾客以真实、熟悉和贴切的心理感觉。在具体购买时，顾客既可成套购买，也可单件购买。这类商品有些在使用上相互关联和相互补充，或者共同满足类似需求，这种组合陈列法对顾客其实也是一种提醒和心理暗示，让顾客在一目了然之余，回想自己是否还缺少什么，以增加其购买欲望。

4. 岛式陈列法

商店卖场的入口处、中部或底部有时不设计中央陈列架而配置以特殊陈列用的展台，这种陈列方法就称为岛式陈列法。

岛式陈列法运用陈列柜、展台、货柜等陈列工具，在卖场的适当位置展示陈列商品，可以使顾客从4个角度看到和取到商品，因此效果非常好。这种陈列能强调季节感、廉价感、时尚感和丰富感，诱发顾客的购买欲望。

5. 几何图形陈列法

几何图形陈列法是将商品排列成几何图形进行陈列的方法，一般适用于小商品。几何图形陈列法具体可分为两大类。

（1）用于柜台内平摆的陈列装饰，将精制的小商品摆放成不同的图形，形成近距离观赏的优美小环境。但是，对购买频率高的通用小商品不可采用此法；体形稍大的小商品也不能适用此法，因为近距离的视觉形象效果较差，一般使人感觉散乱不整。

（2）用于柜橱、墙壁、橱窗的立式陈列装饰，实质上是悬挂陈列法的发展和变形。它是把小商品或顾客熟悉的小商品的内包装固定在展示壁上，组成几何图形或文字，主要考虑装饰的中远距离效果。这种装饰多是为了单一的陈列，而不是为了销售。

6. 季节陈列法

季节陈列法是随季节变化不断调整陈列方式和色调，尽量减少店内环境与自然环境的反差，促进季节性商品销售的一种陈列方法。

季节性强的商品，应随着季节的变化不断调整陈列方式和色调，这样不仅可以促进应季商品的销售，而且可以使顾客产生与自然环境和谐一致、愉悦顺畅的心理感受。

7. 主题陈列法

主题陈列法即结合某一事件或节日，集中陈列有关的系列商品，以渲染气氛，营造一种特定的环境，以利于某类商品的销售。

主题选择有很多，如各种节日、庆典活动、重大事件都可以融入商品陈列中，营造一种特殊的气氛，吸引顾客注意。例如，在"六一"儿童节来临之际，可将各种儿童用品集中陈列在一个陈列台上，再加上鲜花等装饰品，渲染出一种活泼、热烈的氛围。

利用主题陈列法进行商品陈列时应采用各种艺术手段、宣传手段、陈列用具，并利用色彩突出商品。对于一些新产品，或者某一时期的流行产品，以及由于各种原因需要大量推销的商品，可以在陈列时利用特定的展台、平台、陈列道具等突出宣传。必要时，可配上几束照明的灯光，使大多数顾客能够注意到，从而产生宣传推广的效果。

利用主题陈列法陈列的商品可以是一种商品，如某一品牌的某一型号的电视、某一品牌的服装等，也可以是一类商品，如系列化妆品。

（五）商品陈列的技巧

1. 左右结合，吸引顾客

一般来说，顾客进入商店后，眼睛会不由自主地首先转向左侧，然后转向右侧。这是因为人们看东西是从左侧向右侧的，即印象性地看左边的东西，安定性地看右边的东西。在国外已有许多商店注意到人类工程学的这个特点。利用这个购物习惯，将引人注目的物品摆放在商店左侧，迫使顾客停留，以此吸引顾客的目光，充分发挥商店左侧的作用，变不利因素为有利因素，促使商品销售成功。这个方法在国外应用比较普遍，然而在国内的一些商店，摆放商品大多是无意识的，缺少科学根据，较少考虑顾客的购物特点。其实，中国人的这个特点在其他方面表现得也比较突出，如走路朝右边走，有一种安定感；吃饭用右手，形成固定姿势……在人们的心目中，右方是安全的、稳定的。所以，商店的经营者可充分利用这一特征，借商品摆放的不同位置，给顾客以不同效果，最大限度地吸引顾客的注意力。

2. 相对固定，定期变动

从顾客的角度讲，大多数人喜欢商品摆放得相对固定，这样当其再次光顾商店时，可减少寻找商品的时间，提高顾客购物效率。针对顾客的这个心理特点，商店可以将商品放在固定的地方，方便顾客选购。但长此以往，又易失去顾客对其他商品的注意，且使顾客产生一种商店陈旧呆板的感觉，因此也可在商品摆放一段时间后，调整货架上的货物，使顾客在重新寻找所需商品时，受到其他商品的吸引，同时对商店的变化产生耳目一新的感觉。不过这种变化如果过于频繁，会导致顾客的反感，认为商店缺乏科学化的安排，混乱不堪，整日调整货物，继而产生烦躁不安的心理。因此，商品的固定与变动应是相对的、适当的。

3. 售货区和交款处之间拉开距离

商店采取售货区和收款处分开的方式，便于财务管理，同时具有重要的意义。顾客进入商店购物总比原来预计要买的多，这是商品刻意摆放对顾客心理造成影响的缘故。商店可设计多种长长的购物通道，避免从捷径通往交款处和出口。当顾客走走看看或寻找交款处时，便可能看到其他一些引起购买欲的商品，所以商店的各交款处位置可有意识地设在离商品稍远的地方，促使顾客交款的同时，再被其他商品吸引，产生购买欲。

 读材料

如何针对女性购物习惯进行陈列

1. 将物美价廉的商品摆在显眼位置

女性多有喜欢购买物美价廉商品的心理，即使不是她们最需要的，也照买不误。所以，商店在进行商品陈列时就应该将价格低廉的商品展示在最显眼的位置，以引起女性消费者的注意。

2. 将商品进行捆绑陈列

如果能将几种女性非常喜爱的小商品捆绑到一块儿展示与陈列，常常能让女性消费者把这些捆绑的商品一股脑儿都买回家去。

3. 突出商品的美感

女性消费者购物的随意性很强，如果陈列的商品能给女性带来美的感受，就会加深该商品在其脑海中的记忆，有了这良好的第一印象，得到女性选购的可能性就比较大。

4. 以明亮度高低来排列

女性天生对色彩很敏感，如果同色商品中有明亮度高低之分时，可把明亮度高的商品放在女性看起来最舒服的上方，明亮度低的商品放在下方，这样可以增加商品的稳定感，同时也很适合女性的欣赏习惯。这会增加该商品被女性顾客相中的可能性。

资料来源：中国店网．

任务三　店面购物氛围设计

购物氛围，可以理解为商店的"软环境"。它是指由色调、气味、声音、温度、促销员等共同营造的，并能对顾客购物的心情、节奏、欲望产生影响的环境因素。

氛围设计需要店长充分理解各种元素的使用效果及特点，并将其与销售商品的要求、目标客户群的偏好联系起来，是艺术与科学的结合。

一、店面色彩设计

（一）色彩的分类和属性

色彩主要分为两大类，即无彩色和有彩色。无彩色包括黑、白、灰等颜色；有彩色包括红、橙、黄、绿、青、蓝、紫等颜色，其中又可以有不同的明度和纯度。色相、明度和纯度共同构成了色彩的属性。了解色彩属性的基本意义，有助于人们选择和搭配颜色。

1. 色相

表示色彩的特质，是区别色彩的必要名称，如红、橙、黄、绿、青、蓝、紫等。色相和色彩的强弱及明暗没有关系，只是纯粹表示色彩相貌的差异。在色相环上相对的颜色互为补色，两种颜色相搭配，会起到互相衬托的效果，使颜色显得更加鲜艳。

2. 纯度

表示色彩的纯净程度，即饱和度。具体来说，纯度就是表明一种颜色中是否含有白或黑的成分。假如某颜色不含有白或黑的成分，就是纯色，纯度最高；含有越多白或黑的成分，它的纯度就越低。

3. 明度

表示色彩的明亮程度，即明暗度。不同的颜色，反射的光量强弱不一，因而会产生不同程度的明暗。例如，黄色明度最高，蓝色、紫色明度最低，红色、绿色明度中等。

（二）色彩带给人的感觉

色彩本身除了能给人带来不同的印象外，还会产生空间、质量等其他感官上的效果。不少案例和研究证明，人们在看到各种色彩时，会产生相应的心理反应。许多商店正是利用这一点来安排色彩的使用，以达到展示和促销的作用。

1. 温度感

色彩能够带给人温度感，因此可以把色相中的颜色分为暖色系和冷色系。商店布置中的主色可以根据季节的变化加以调整。例如，在夏天时多用白色、蓝色等明快、清凉的颜色，而在冬季新年、圣诞时节可以使用红色、金色等温暖、喜庆的颜色来调动顾客的购物热情。

2. 空间感

不同的色彩能够产生空间上进退、远近或凹凸的感觉。在需要吸引顾客走近的地方，可以使用明度较高的色彩，利用其产生轻松的氛围招徕顾客。对于空间较小的商店，可以使用冷色调的颜色，以此产生后退感，增大空间，减少狭小空间带给人的压抑感。

3. 轻重感

物体表面的色彩不同，看上去有轻重不同的感觉，这种与实际质量不相符的视觉效果，称为色彩的轻重感。感觉轻的色彩称为轻感色，如白、浅绿、浅蓝、浅黄等颜色；感觉重的色彩称重感色，如藏蓝、黑、深红、土黄等颜色。根据这一点，在一些本身比较笨重的商品销售区域可以使用明度较高的色彩，如家电销售区中的白色、蓝色。对于一些需要显示高贵、稳重特性的商品销售区，多采用明度较暗的深色作为基色，配合一些明艳的浅色让气氛变得轻松。

4. 膨胀感与收缩感

色彩的膨胀感与收缩感是一种错觉，明度的不同是形成色彩胀缩感的主要因素。颜色的明度越高，膨胀感越强；明度越低，则收缩感越强。在商店中，采用暖色来布置陈列环境，可以使顾客产生商品数量多、品种丰富的感觉；使用冷色作为购物环境时，会使顾客产生高贵、脱俗的感觉。利用色彩的膨胀感与收缩感处理好商店环境，会让顾客觉得商品更加接近自己从而产生购买行为。

（三）店面色彩设计技巧

在商店中，涉及的色彩主要分为4个层次，即背景色彩、展具色彩、商品色彩和促销色彩。店长应对这些色彩灵活搭配，营造出舒适的购物氛围。

1. 背景色彩

商店中的背景色彩是指由墙面、地面、天花板及其间的商品、展具、促销用品等构成的综合性环境色彩。背景色彩是商店中各种界面所营造的主色调，色彩面积大，具有传递卖场定位和文化主题的作用。一般比较常用的界面材料都采用近似白色的明亮色调，这符合大部分商店的色彩需求，但也应当根据经营的需求使用更加丰富的色彩。例如，在定位复古、经典的服装卖场，可以采用黑色、深色来装饰部分墙面，以体现厚重感；在面向年轻女性顾客的精品店中，可以使用明快的淡粉色来营造青春的气息。

2. 展具色彩

商店中的展具色彩是指货架等多种陈列用具的颜色。这些展具可以把环境分割为各个局部空间，把顾客的视线引导到陈列的商品上。展具的色彩选用应当侧重于过渡作用，即由环境色过渡到商品色。展具可以使用红色、绿色等较为鲜艳、醒目的色彩，以吸引顾客的注意力。

3. 商品色彩

商品色彩是指商品包装或其本身所固有的色彩。现代的商品包装颜色越来越丰富，虽然商品本身或其他包装的颜色是固有的，但对店长来说，通过合理的搭配与陈列来优化色彩组合，更能调动顾客的购物情绪。

黄色、橙色等颜色具有膨胀感，容易引起人们的视觉注意，因而可以被称为"诱目色"，店长在商店中应善于使用诱目色。具有诱目色包装或外观的商品可以陈列在入口处，招徕顾客进店购物；货架区域中不容易引起顾客注意的底层也可摆放诱目色包装产品；而在货架中部等容易引起顾客注意的位置，可以使用诱目色的对比色加以衬托。

4. 促销色彩

促销色彩包括商店中的广告、促销道具和促销员着装等所形成的色彩氛围。在不同的季节，可以使用不同冷暖色的促销色彩；不同的商品开展促销活动时，也需要选择适当的促销色彩。通常来讲，促销色彩一般采用暖色调，如红色、橙色、金色等。

二、店面 POP 广告设计

（一）POP 广告的起源

POP 广告是广告形式的一种，它是英文 point of purchase 的缩写，意为购买点广告，简称 POP 广告。POP 广告起源于美国超级市场和自助商店中的店面广告。1939 年，美国 POP 广告协会正式成立，自此 POP 广告获得正式地位。20 世纪 30 年代以后，POP 广告在超级市场、连锁店等应用日益增多，逐渐被商界所重视。20 世纪 60 年代以后，超级市场由美国逐渐扩展到世界各地，POP 广告也随之走向世界各地。

（二）POP 广告的分类

POP 广告分为室外广告和室内广告两大系统。室外 POP 广告包括购物场所外的一切广告形式，如条幅、灯箱、招贴、海报、门面装饰、橱窗布置等。室内 POP 广告包括购物场所内的一切广告形式，如柜台广告、空中悬挂广告、模特广告等。POP 广告的目的主要是刺激顾客的现场消费，因为销售现场的广告既有助于唤起顾客对商品的记忆，也有助于营造现场的购买气氛，刺激顾客的购买欲望。需要注意的是，利用 POP 广告时需要注意与周围气氛是否协调，如果周围的环境嘈杂拥挤，反倒会弄巧成拙，得不偿失。

根据陈列位置和陈列方式不同，可把 POP 广告分为店面 POP、地面 POP、壁面 POP、悬挂 POP、货架 POP、指示 POP 和视听 POP 7 个种类。

1. 店面 POP 广告

店面 POP 广告是商店的"面部表情",包括招牌、橱窗、标志物等,常常以商品实物或象征物传达零售店的个性特色及季节感等。

2. 地面 POP 广告

地面 POP 广告是利用店内有效视觉效应空间设置的商品陈列台、展示架、立体形象板、商品资料台等。地面 POP 广告的摆放位置大致与顾客视线水平,是吸引顾客注意力的焦点。

3. 壁面 POP 广告

壁面 POP 广告是利用墙壁、玻璃门窗、柜台等可应用的壁面粘贴的商品海报、招贴传单等。壁面 POP 以美化壁面、商品告知为主要功能,重视装饰效果和气氛渲染。

4. 悬挂 POP 广告

悬挂 POP 广告是从天花板垂吊下的、高度适中的商品标志旗、服务承诺语、吉祥物、吊旗等。悬挂 POP 广告可以营造各种动感,从各个角度吸引顾客注意。

5. 货架 POP 广告

货架 POP 广告是利用商品货架的有效空隙,设置小巧的 POP 广告,如价目卡、商品宣传册、精致传单、小吉祥物等。货架 POP 的特点是只能近距离阅读,"强制"顾客接收商品信息。

6. 指示 POP 广告

指示 POP 广告是含有引发注意、指示方向、诱导等含义的视觉传达要素,如标识商品销售位置的指示牌,还有服务咨询台、导购图示等,指示 POP 广告以方便顾客购买为主要目的。

7. 视听 POP 广告

视听 POP 广告是在店内视野较为开阔的领域放置电视或大型彩色屏幕,播放商品广告、店面形象广告、本店商品介绍等,或者利用店内广播系统传达商品信息。视听 POP 广告以动态画面和听觉来抓住顾客的注意力。

全方位的 POP 广告可以为销售现场营造系统、完整的立体服务态势和销售的最佳环境氛围,能有效地刺激顾客的潜在购买欲,引发最终购买。

(三)POP 广告的主要功能

1. 新产品告知

大部分的 POP 广告都属于新产品告知广告。当新产品出售时,配合其他大众宣传媒体,在销售场所使用 POP 广告进行促销活动,可以吸引顾客视线,刺激其购买欲望。

2. 吸引顾客进店

在实际购买中,有 2/3 的人是临时做出购买决定的。很显然,零售店的销售与其顾客流量成正比。因此 POP 广告促销的首要目的就是引人入店。

3. 引顾客驻足

POP 广告可以凭借其新颖的图案、绚丽的色彩、独特的构思等引起顾客注意,使之驻足停留进而对广告中的商品产生兴趣，极大地调动顾客的兴趣，诱发购买动机。

4. 促使最终购买

激发顾客最终购买是 POP 广告的核心功效。为此，POP 广告必须抓住顾客的关心点和兴奋点。其实前面的诱导工作是促使顾客最终购买的基础，顾客的购买决定是经过一个过程的，只要做足了过程中的促进工作，结果也就自然产生了。

5. 营造销售气氛

利用 POP 广告强烈的色彩、美丽的图案、突出的造型、幽默、准确而生动的广告语言，可以创造热烈的销售气氛，吸引顾客的视线，使其产生购买冲动。

三、店面气氛照明设计

气氛照明是店内外环境的重要组成部分。科学地配置灯光，能够突出商品，增强购物气氛，吸引并引导顾客选购。店长应重视店面照明设施的配置，使其起到增加商品销售量的作用。

（一）气氛照明的含义

气氛照明也被称为装饰照明，主要目的在于丰富店内空间的层次和色彩，刺激顾客的感官，烘托热烈的购物气氛。气氛照明可以看作卖场照明的点缀，可以使用不同的色彩、亮度，使用的灯具也十分丰富。需要注意的是，气氛照明可以用在某些商品区域，但"用量"比较有限。它不是针对具体商品的照明，如果用来替代商品照明，反倒会使顾客眼花缭乱而看不清商品本身。

（二）气氛照明的设置

1. 顶光

顶光是设置在商品上面的荧光灯灯光或射灯灯光，在设置时应根据陈列商品的位置和装饰结构，调整灯光光束照射商品的范围，达到对商品主体部位的突出显示。

2. 边光

边光是设置在商品陈列位置两侧的小功率射灯（15～20 瓦）灯光，主要目的是显示商品两侧的结构、形状和款式，其次是烘托商品两侧的照明氛围。

3. 脚光

脚光是设置在地面或地板上的一种柔和的灯光，是为调节商品底部光线不足而采用的，在商品陈列位置前方设置，并要求与地面或地板平齐。

4. 环境灯光

环境灯光主要是指为了调节人们在购物过程中的视觉疲劳而设置的一般照明灯光。位置在购物环境活动空间的上面，方格式或透光结构吊顶内部，使光线柔和均匀地洒下，避免灯光的直接照射，起到缓和视觉的作用。

（三）气氛照明设计的技巧

气氛照明设计的一个重要原则是适应经营定位和商品销售的要求。根据不同的照明要求，气氛照明设计会存在一定的差异。

1. 适应商店的风格

适应经营定位和整体氛围是店面设计各部分的共同要求，而气氛照明设计对气氛营造、整体感官有着非常重要的影响，因而显得特别突出。不同商店为适应其风格要求，在处理光线的明暗、颜色，选择照明用具，甚至确定光源数量等方面都会存在一定的差异。

2. 照明色彩与商品特征的结合

在商店中，通常都使用自然光光色进行基本照明。对一些商品进行展示照明时，尽量选择不影响顾客观察商品固有色彩的光色。例如，在时装店、精品店中，使用白炽灯等橙色灯源，能很好地起到烘托气氛的作用；在销售床上用品的区域，可以使用柔和的灯光来衬托温馨的气氛。

3. 保证必要的亮度

亮度是照明的基本要求，不论采用整体照明的方式营造明亮的购物环境，还是在暗淡幽雅的背景中突出照射的展示中心，都要保证顾客能够很好地观察商品（查看商品的细节信息和必要的文字说明）。如果照明缺乏必要的亮度，顾客有可能产生不信任的情绪，认为商家试图掩盖商品的瑕疵。可见，设计气氛照明时，在使用各种艺术表现手法的同时，也不能忽视照明的基本亮度要求。

4. 照明布置和界面设计材料相结合

在设计气氛照明时应当尽量避免眩光的产生。如果使用了玻璃镜面、金属等比较光滑的材料，空间就会因为反射作用较强而显得明亮，这时就应当适当减少照明灯光，避免反射眩光或照明过量给顾客带来不适。

四、店面其他布局设计

音乐是点缀销售气氛、为顾客带来享受的重要元素。富有个性化特点的商店音乐还能够给顾客留下深刻的印象。

1. 音乐的选择

播放曲目的选择是音乐气氛塑造的基础，通常有3个选择：

一是根据不同销售区域的商品和客户群特点，播放相应的背景音乐；二是根据节日促销的需要，播放特定的代表曲，如在圣诞节播放《圣诞欢乐颂》等；三是播放通用的背景音乐。

2. 音量的控制

商店中音乐的音量控制具有较强的技巧性。一般来说，音乐的音量应既可以掩盖令人烦恼的杂音，又不影响人们之间的语言交流。

3. 温度

店内的温度会对顾客的购物过程产生明显的影响。一般来说，不同季节的温度应当遵循以下原则。

冬季温度宜凉不宜热。商店作为一个相对封闭的空间，由于人员流动、室内灯光照明等多种原因，室内温度不会很低。冬季商店室内温度设定在 10～15 ℃，加上"人气"带来的热度，足以让顾客活动自在。夏季的室内温度应尽量保持在 23 ℃ 左右，可以适当开窗通风或使用换气设备，以保证室内空气清新，同时也可节约能源。

店内的湿度也会影响人们对温度的感觉，湿度一般应控制在 40%～50% 比较适宜。

任务四　卫 生 管 理

不论从重视顾客的感受，还是从关心员工的健康来讲，店长都有责任督促有关人员时刻保持店面周边及内部环境的清洁与卫生，并制定相应的环境卫生与个人卫生管理制度与执行标准。

一、店面卫生执行标准

（一）店内食品区环境卫生执行标准

1. 设置员工更衣室

设置员工更衣室，可以让所有员工在作业前更换工作服，以及存放衣物、配饰。更衣室内应设置储衣柜及鞋架，室内需配置镜子以方便员工整理仪容。

2. 设置消毒室

（1）消毒室的墙面须贴白瓷砖以利清洁。

（2）入口处设刷鞋池，并备有鞋刷。

（3）入口处两边的墙壁钉有清洁液架，以放置清洁液或肥皂。

（4）设置洗手台，并采用感应式水龙头，旁边放置毛刷。

（5）洗手台的下方设置消毒池，池深约可淹及鞋面，消毒池内加消毒剂。每日须更换或补充消毒剂，以维持消毒效果。

（6）洗手台后侧墙面设置纸巾架或毛巾架。

（7）设置手肘或脚踏式的门，防止手部再被污染。

3. 食品加工、销售场地设施要求

（1）地面须以磨石或金刚砂等不透水材料铺设，也须有适当的斜度，以利于排水，并防止地面积水滋生细菌或湿滑。地面在每天作业前、后及午休前应冲洗，以维持场地卫生。

（2）墙面须贴一定高度的白瓷砖或粉刷白色漆，天花板应完整，无破损、尘土、蜘蛛网或凝水的现象。干燥清洁的环境，可防止细菌生长和繁殖。

（3）要有完善的排水设施。

（4）店内不得堆放无关的物品，否则不仅将影响作业，还会造成卫生管理上的死角，容易发生意外事件。

(5) 店内应有良好的照明及空气调节设施。
(6) 店内须有消毒杀菌设备。

（二）店外环境卫生执行标准

(1) 灯箱保持清洁、明亮、无裂缝、无破损。霓虹灯灯管无损坏。
(2) 幕墙内外玻璃每月清洗一次，保持光洁、明亮，无污渍、水迹。
(3) 旗杆、旗台应每天清洁，保持光洁无尘。
(4) 商店外升挂的国旗每半个月清洗一次，每三个月更换一次，如有破损应立即更换。
(5) 商店外挂旗、横幅、灯笼、促销车、阳伞等促销展示物品应保持整洁，完好无损。

（三）办公区环境卫生执行标准

(1) 新进人员必须了解店面卫生的重要性与相关知识。
(2) 各工作场所内均须保持整洁，不得堆积垃圾、污物或碎屑。
(3) 各工作场所内的走道及阶梯至少每天清扫一次，并采用适当方法以减少灰尘飞扬。
(4) 各工作场所内应严禁随地吐痰。
(5) 排水沟应经常清除污秽，保持清洁畅通。
(6) 凡可能寄生病菌的原料，应于使用前予以消毒。
(7) 各工作场所的采光，应依下列规定：
① 各工作部门有充分的光线；
② 光线须有适宜的分布；
③ 须防止光线的眩目及闪动。
(8) 各工作场所门窗及照明器具的透光部分，均须保持清洁，勿使其有所掩蔽。
(9) 对于阶梯、升降机上下处及机械的危险部分，须有适度的光线。
(10) 各工作场所保持适当的温度，可采用暖气、冷气或通风等方法调节温度。
(11) 保持工作场所的空气流通。
(12) 食堂及厨房的一切用具及环境均须保持清洁卫生。
(13) 垃圾、污物、废弃物等的处理，必须符合卫生要求，放置于规定的场所或箱子内，不得任意乱倒堆积。
(14) 将急救药品、设备并存放于小箱子或小橱柜内，置于明显之处便于取用。

（四）员工卫生执行标准

1. 健康管理

员工在被正式聘用前，应先经卫生医疗机构检查合格后才可聘用，聘用后每年应主动进行健康检查，并取得健康证明。

2. 卫生管理

员工应懂得基本的健康知识，注意保持个人身体健康，精神饱满，睡眠充足。如感不适，及时向主管部门报告。凡患有病毒性肝炎、活动性肺结核等病症者，应立即脱离工作岗位，待查明原因，治愈后方可重新上岗。

员工要养成良好的卫生习惯，注意个人清洁卫生，做到个人仪表整洁。上岗时须穿戴统一的工作服，并应经常换洗，保持清洁，在工作岗位上不能嚼口香糖、进食、吸烟，私人物品须放在指定的区域或更衣室内，不可放置在工作区内。

3. 卫生教育

（1）定期举办员工卫生知识培训，培训完后要考核。

（2）举办卫生知识竞赛，对成绩优秀者予以鼓励。

（3）分发小册子或宣传单，让员工经常学习，时刻注意个人卫生。

（4）可以放映幻灯片或影片，对员工进行最直观的教育。

（5）个别机会教育，让员工清楚地认识到注重卫生的重要性，自觉遵守商店制定的各项卫生准则。

二、卫生管理制度及规定

（一）卫生管理制度

（1）制定卫生管理制度的目的是确保员工与顾客的身体健康，提高工作质量和服务质量，使卫生工作制度化。

（2）卫生管理工作统一由行政部门负责。

（3）商店外要保持清洁，各种车辆按规定地点停放整齐。

（4）保持店内购物区域的清洁，做到无灰尘、无异味。

（5）保持厕所洁净、无蚊蝇。

（6）各部门办公室内要保持整齐，窗明几净，不得将室内垃圾扫出门外。

（7）垃圾分类后倒入指定地点，不得倒在垃圾道或垃圾桶外，倒完垃圾后要及时盖好盖子。

（8）爱护和正确使用厕所设备。手纸等要扔入篓内，严禁将茶根、杂物倒入洗手池。

（9）店内的办公室、库房等场所，由在其间工作的员工负责打扫，做到日扫日清、定期大扫除。

（10）公共卫生区域由保洁员打扫，对商店实行卫生质量责任制。

（11）店长每半年组织一次卫生大检查。此外，重大节日前也要进行检查，并对卫生工作进行讲评。

（二）专柜卫生管理规定

（1）不得超高超长摆放商品。

（2）专柜员工要爱护商店的一切卫生设施和设备，损坏者照价赔偿。

（3）不得随地吐痰、乱扔杂物等。

（4）各专柜的员工必须保持自己铺位所辖区域的卫生。

（5）专柜经营者不能在禁烟区内吸烟。

（6）晚上清场时要将本铺位的垃圾放到指定位置，以便于清理。

（三）公共区域卫生管理规定

（1）商店要树立良好的形象，为员工提供健康舒适的工作环境，就必须建立科学合理的清洁卫生管理制度，做好清洁卫生工作。

（2）商店地面清洁包括扫地、拖地、擦抹墙角、清洁卫生死角等。

（3）商店走廊卫生工作包括走廊地毯、走廊地面的清洁和走廊两侧防火器材、报警器的擦拭等。

（4）电梯间卫生工作主要指保持电梯间的清洁、明亮、整洁。

（5）楼层服务台卫生工作主要包括服务台的擦拭，整理好各种用具，保持整个服务台周围的清洁整齐等。

（6）工作间各种物品要分类摆放，保持整齐、安全。

（7）防火楼梯要保持畅通且干净。

（8）消毒间的卫生包括地面卫生、橱柜卫生和清洗池内外卫生，以及热水器卫生等。

（9）更衣室卫生工作包括地面、墙壁、衣柜的清洁，另外，如捡到物品，及时登记并上交店长。

（10）卫生间的卫生工作包括地面、墙壁、镜面、洗手台、门、便池等的消毒清洁。

（四）日常清洁管理制度

（1）每日上班前将各自负责的地段清扫一遍。

（2）要根据天气的变化进行合理清扫，台风、大雨前要及时疏通各排水沟，清除门前面的积水。

（3）商店每月喷水清洗一次，如有重大节日及重大接待任务等特殊情况则根据需要增加清洗次数。

（五）卫生管理表单

卫生管理涉及的表单见表 2-2~表 2-4。

表 2-2 环境卫生检查表

部门：　　　　　　　　　　检查者：

序号	时间	检查项目	地点	责任者	检查结果				备注
					整理	整顿	清洁	指示	

表 2-3 清洁卫生工作安排表（一）

序号	姓名	时间	清洁项目	检查时间	核查人	核查结果	备注

表 2-4　清洁卫生工作安排表（二）

序号	清洁项目	每天清洁工作内容	每周清洁工作内容	每月清洁工作内容	清洁质量标准

◎ 项目总结

本项目阐述了整个店面外在形象设计的要点和技巧，重点从购物环境布局、商品陈列、购物气氛设计方面分析了整个店面的设计与管理规划。

从店面外观、橱窗布置、店内装潢 3 个方面说明店面形象设计，根据店面的具体大小及商品的特点，确定关键位置将要摆设的商品类别，合理布局，用心进行动线设计。在进行商品陈列时，应遵循一些基本原则，使用一定的陈列方法和陈列技巧，同时，应当留心店内顾客的行为特点，以顾客需求为前提，调整商店商品的陈列。

店内购物气氛的设计，主要包括色彩、POP 广告、照明等多种元素的使用，同时要制定相应的环境卫生与个人卫生管理制度与执行标准，提高卫生管理工作质量，为顾客提供清新、整洁、卫生的消费环境。

基本训练

一、选择题

1. 店铺的商业价值是店铺房地产价值之外的价值，构成店铺商业价值的因素主要有（　　）。
   A. 区域因素　　　B. 商圈因素　　　C. 商业企业因素　　　D. 购买力因素

2. 店址选择时应考虑（　　）因素。
   A. 店址的停车设施
   B. 店址是否接近主要公路
   C. 交通管理的状况
   D. 商品运输是否方便

3. 从国内外零售店的实践经验归纳起来，店铺布局主要原则有（　　）。
   A. 让顾客想进来
   B. 让顾客容易进来
   C. 让顾客在店内能够方便地接触到所有商品
   D. 让顾客在店内停留时间更长一些

4. 进入店内的绝大多数顾客都要通过店内的主道路，因此主道路两侧的主要位置为店内的（　　）。
   A. 第一磁石点　　　　　　　　　B. 第二磁石点
   C. 第三磁石点　　　　　　　　　D. 第四磁石点

5. 如果某地区整个市场不景气，会造成购买力不足，商品过剩，商业企业的营业收入锐减，导致店铺租金负担过重，部分店铺承租人就会退租，形成店铺供求关系变化而造成店铺租金下降，使一段时间内店铺贬值。这属于店铺投资的（　　）。
   A. 自然风险　　　　B. 社会风险　　　　C. 经济风险　　　　D. 经营风险
6. 调查显示，经过专业设计的店面，会引起顾客购物的冲动，使生意额增加（　　）。
   A. 10%～20%　　　B. 18%～30%　　　C. 40%～50%　　　D. 58%～70%
7. 科学地配置（　　），能够突出商品，增强购物气氛，吸引并引导顾客选购。
   A. 人员　　　　　　B. 资金　　　　　　C. 场地　　　　　　D. 灯光
8. 门店当以（　　）为前提，调整商店商品的陈列。
   A. 顾客需求　　　　B. 商店需要　　　　C. 场地需要　　　　D. 人员需要
9. 不论从重视顾客的感受，还是从关心员工的健康来讲，（　　）都有责任督促有关人员时刻保持店面周边及内部环境的清洁与卫生。
   A. 监督员　　　　　B. 店长　　　　　　C. 总部　　　　　　D. 政府有关部门

二、判断题

1. 树立并保持良好的店面形象是抓住顾客的首要任务。　　　　　　　　（　　）
2. 陈列就是沉默的推销。　　　　　　　　　　　　　　　　　　　　　（　　）
3. 商品陈列展示是间接的广告宣传，有着不可忽视的特殊内涵和重要意义。（　　）
4. 消费者走进商店，经常会无意识地环视陈列商品，通常无意的展望高度是1.7～2.7米。
　　　　　　　　　　　　　　　　　　　　　　　　　　　　　　　　　（　　）
5. 开放式销售方式的货架布局能有效刺激消费者的购买欲望，提高销售效益。（　　）
6. 设计气氛照明时，在使用各种艺术表现手法的同时，不必太重视照明的基本亮度要求。
　　　　　　　　　　　　　　　　　　　　　　　　　　　　　　　　　（　　）
7. 商品是卖给顾客的，只有让顾客找到自己需要的商品才能实现销售，所以管理者要从顾客的角度考虑商品的布局和陈列。　　　　　　　　　　　　　　　　（　　）
8. 如果是规则店面，出入口一般在两侧，这样可以防止路面太宽使顾客不能走完，留下死角。　　　　　　　　　　　　　　　　　　　　　　　　　　　　（　　）
9. 购物环境必须有助于影响顾客的购买决策。　　　　　　　　　　　　（　　）
10. 分层陈列法主要用于纺织物、服装类商品或一些小商品，以及扁平形、细长形等没有立体感的商品陈列。　　　　　　　　　　　　　　　　　　　　　　（　　）

三、思考题

1. 结合校园超市思考店面形象的设计是否能进一步改进？小组调查、讨论，发表看法。
2. 参观市内超市，谈谈商品陈列的方法和技巧。
3. 店面卫生如何管理？

实训操作

1. 实训目的：
（1）掌握货架陈列的基本原则。
（2）了解卖场客流走向。
（3）了解市场占有率不同的产品品牌应该占领货架的端头位置。

2. 实训地点：校园超市。
3. 实训内容：
（1）商品陈列的基本方法。
（2）店内销售气氛设计。
4. 实训资源：使用校内便利商店或超市实际设施和设备，学生选定或指定某区域货柜的日用品。
5. 实训要求：
（1）每位上岗学生都对所要销售的商品有一定程度的了解，并能说出其特色。
（2）要能够掌握商品摆放的基本原则，并正确处理各商品相互影响。
（3）事前要对本地顾客偏好有较全面的了解，由此选定商品并摆放在相应位置，并不断和特定人群沟通，随时改进陈列形式。
（4）对店内销售气氛进行设计。
（5）对销售结果进行评价，并进行教师点评。

案例分析

1. 商店氛围的控制

如果进入一家商店，商店氛围很冷清，你该如何着手解决？

2. 北京卜蜂莲花成府路店，令人费解的大卖场

费解一：看不懂的设计

成府路地处商务区和居住区交界处，街面上以服装店、餐饮店居多，缺少物资齐全的日用生活类大型超市。卜蜂莲花一楼销售休闲装、化妆品，二楼销售家电、文具、日化用品，而生鲜食品、果蔬米面等每日必需、分量沉重的商品却被安排在三楼。此外不少葡萄酒、大豆油之类的食品也在二楼日化区亮相，但基本上是一两个品牌或自有品牌产品。

费解二：没头绪的布局

新开张的卜蜂莲花给人的感觉很明亮，也没有排队交钱的现象，但总体感觉货品不够充实，货架设置无序，甚至牙白素、棉签、面膜、吸油面纸竟会放在一起，火热的熟食柜台旁居然在卖散装糖果和巧克力。最让人摸不着头脑的是三楼电梯旁，烤鸭、鲜花、奶制品冷柜围绕着茶叶柜台，成堆的"台湾乌龙""西湖龙井"敞开售卖。而二楼日化超市的出口处，衣领净、卫生纸、巧克力威化饼干、啤酒赫然紧挨着摆在同一货架出售，营业员的理由是它们全属于自有品牌产品。

思考：

（1）卜蜂莲花出现这种情况，店长的问题出在哪里？公司在商品陈列方面应如何改进？
（2）商店在规划布局设计中应该遵从哪些原则？

项目三 商品管理

▶ **项目目标**

❖ 了解商品的进货管理、存货管理、销售管理的主要内容。
❖ 熟悉商品品类管理的要点和商品品类管理的业务流程。
❖ 熟悉商品结构优化的指标,掌握商品结构优化的实施技巧。

▶ **项目导入**

商品管理是指零售商从分析顾客的需求入手,对商品的进、销、存,商品组合,定价方法,促销活动,以及资金使用等经营性指标作出全面的分析和计划,通过高效的运营系统,保证在最佳的时间、将最合适的数量、按正确的价格向顾客提供商品,同时达到既定的经济效益指标。所以,商品管理是商店经营中一项非常重要的工作,也是店长管理工作的重要内容之一。

一家经营成功的商店不仅销售的商品符合顾客的需求,而且商品的库存要适量,以使商品不致因缺货而影响销售机会,也不因库存量过大而占有资金;同时还要严格控制进货成本,有效防止损耗,以保证足够的利润。

在商品管理中店长如何对商品进行有效的管理显得尤为重要。有效的商品管理可以在确保满足顾客需求的前提下,达到控制成本,提供经济效益的目的。

本项目就店长必须掌握的商品进、销、存管理,商品经营范围的选择,商品组合管理,定价管理等内容及相关作业进行介绍。

◎ **导入案例**

安科公司库存管理 ABC 分类法的应用

安科公司是一家专门经营进口医疗用品的公司,2001年该公司经营的产品有26个品种,共有69个客户购买其产品,年营业额为5 800万元人民币。对于安科公司这样的贸易公司而言,因其进口产品交货期较长、库存占用资金大,库存管理显得尤为重要。

安科公司按销售额的大小，将其经营的26种产品排序，划分为A、B、C类。排序在前3位的产品占到总销售额的97%，因此，把它们归为A类产品；排序在第4、第5、第6、第7位的产品每种产品占总销售额的0.1%~0.5%，把它们归为B类；其余的19种产品（共占总销售额的1%），将其归为C类。在此基础上，安科公司对A类的3种产品实行连续性检查策略，即每天检查其库存情况。但由于该公司每月的销售量不稳定，所以每次订货的数量不相同，另外，为了防止预测的不准确及工厂交货的不准确，该公司还设定了一个安全库存量，根据案例资料显示，该类产品的订货提前期为2个月，即如果预测在6月份销售的产品，应该在4月1日下订单给供应商，才能保证产品在6月1日出库。该公司对A类产品的库存管理方案如下。

安全库存=下一个月预测销量的1/3

订货时间：当实际的存货数量+在途产品数量=下两个月的销售预测数量+安全库存时，就下订单。

订货数量=第三个月的预测数量

安科公司对B类产品的库存管理，采用周期性检查策略。每个月检查库存并订货一次，目标是每月检查时应有以后两个月的销售数量在库里（其中一个月的用量视为安全库存），另外在途还有一个月的预测量。每月订货时，再根据当时剩余的实际库存数量，决定需要订货的数量，这样就会使B类产品的库存周转率低于A类。

对于C类产品，该公司则采用了定量订货的方法。根据历史销售数据，得到产品的半年销售量，为该种产品的最高库存量，并将其两个月的销售量作为最低库存。一旦库存达到最低库存时，就订货，将其补充到最低库存量。A、B、C分类以后，安科公司降低了库存管理成本，减少了库存占用资金，提高了主要产品的库存周转率。另外还避免了缺货损失、过度超储等情况。

资料来源：孤独的散步者.安科公司ABC分类法的应用.网易博客.

◎ 引例分析

现今的企业环境，零库存只不过是一种理想状态，对于零售业来说，这是不可能做到的。所以，必须对库存实施控制与管理，应用定量和定性相结合的分析方法对商品进、销、存作全面的分析，采用适当的管理方法，使管理成本降至最低。

◎ 任务实施

任务一　商品进销存管理

一、商品的进货管理

商品的进货管理包括订货、进货、退换货等多项业务。

（一）订货业务

订货业务是指在所确定的厂商及商品范围内，依据订货计划而进行的叫货或添货的活动。订货业务应注意以下问题。

1. 订货要有计划

订货要注意适时与适量，各类别商品的订货周期、最小订货量等都必须有事前计划。这样，一方面可以提高工作效率，另一方面可确保货源供应正常。

2. 订货方式要规范化

订货方式可采用电话、传真、电子订货系统等多种形式，发展的趋势是采用电子订货系统。

（二）进货业务

进货是根据订货作业，由厂商或配送中心将商品送达门店的活动。进货业务应注意以下事项。

（1）进货要遵守时间。进货时间的确定应考虑厂商作业时间、交通状况、营业需要及内部员工工作时间。

（2）验收单、发票要齐备。

（3）商品整理分类要清楚，在指定区域进行验收。

（4）先退货再进货，以免退货商品占用店内仓位。

（5）验收后有些商品直接进入卖场，有些商品则进仓库或进行再加工。

（6）对变质、过保质期或已接近保质期的商品要拒收。

（三）退换货业务

退换货是根据检查、验收的结果，对不符合进货标准和要求的商品采取退货或换货的业务活动。退换货业务可与进货业务相配合，利用进货回程顺便将退换货带回。退换货业务应注意以下事项。

（1）确认厂家，即先查明待退换商品所属的厂家或送货单位。

（2）填写退货申请单，注明其数量、品名及退货原因。

（3）退换商品应注意保存。

（4）及时联络各厂商办理退换货。

（5）退货时应确认扣款方式、时间及金额。

二、商品的存货管理

商品存货是流通的停滞和资金的占用，但又是必不可少的环节。市场变化莫测，生产又需要一定的周期，为避免出现缺货现象，要进行商品存货。由于库存要占用资金和场地，会带来成本费用的增加，因此，科学的存货管理十分必要。

存货管理主要包括：存货数量管理、存货结构管理和存货时间管理。

（一）存货数量管理

存货数量与商品流转要相适应，找出最佳效益点。存货量过大，会造成商品积压；存货量过小，会造成商品脱销。商品存货数量管理一般采用两种方法：一种是适量订货，当库存数量到订货点以下时为订货日，并视当时情况定量订货；另一种是定时订货，设定每月中有一两次订货日，对标准数量不足部分加以补充。

（二）存货结构管理

无论是仓库空间还是资金都是有限的。如何使这些有限的空间和资金取得更大的效益，加强商品库存结构管理是非常重要的。商品库存结构管理的最常用方法是 ABC 管理法。

（三）存货时间管理

加快商品周转等于加快资金周转，自然会提高资金运作效率，这是能否获得利润的关键，所以应加强存货时间管理。

三、商品的销售管理

商品销售管理的内容包括：标价业务、补货上架业务、商品陈列业务、促销业务、销货退回业务、变价业务、自用品管理业务、赠品处理业务、防止缺货业务等方面，其中商品陈列和促销方面的内容会在相关的部分进行详细讲述。

（一）标价业务

标价业务是指将商品代码和价格用标价机打在商品包装上，这项业务活动操作起来比较简单，但标价业务管理却比较复杂。

标价业务管理的内容主要包括如下内容。

（1）标价位置要一致，让顾客容易看到，且不可压住商品说明文字。一般商品的标签均贴在商品的正面右下角，罐装商品标于罐盖上方，瓶装商品标于瓶肚上，礼盒不要直接在包装盒上标价。

（2）标价时要核对进货发票及陈列处的价格卡，不可同样商品有两种价格。

（3）标价业务最好不要在卖场进行，以免影响顾客流动线路，为此也可以要求厂商代为标价。

（4）标价纸要妥善保管，以免给行为不轨者有可乘之机。

（5）为防止顾客调换标签，可使用一次性的、有折线的标签。

（6）变价时，若是调高价格，宜将原标签去除；若是降低价格，则可将新标签压在原标签上；每项商品不可同时有两个不同的价格标签。

（二）补货上架业务

补货上架业务是指将商品依照既定的陈列位置，定时或不定时补充到货架上，以保证顾客顺利实现购买。定时补充是每隔一定时段对货架商品进行补充；不定时补充是随销随补，只要货架上的商品即将售完就立即补充。

补货上架业务的内容如下。

（1）要事先根据商品陈列图表，做好商品陈列定位化工作。

（2）补货时先将原有商品取下，清洁货架及原有商品，接着将准备补充的新货放置货架的后段，再将原货放在前段。

（3）整理商品排面，以呈现商品的丰富感。

（4）生鲜食品为加强鲜度管理，应采取三段式补货陈列。即在早上开店时，应陈列全部品项，但数量保持在当日预定销售量的40%，中午再补充30%的陈列量，下午营业高峰再补充30%的陈列量。

（三）销货退回业务

销货退回业务是指已经售出的商品，由于质量、价格等因素致使顾客不满意而退货的业务处理。这项业务必须谨慎处理，要认真对待顾客的意见和要求，应尽量从消费者的角度处理问题，以此赢得顾客的理解和信任，达到使顾客满意的目的。这项业务效果的好坏，直接影响到商店的商誉，必须充分重视才行。

销货退回业务包括如下内容。

（1）如当月退回，可开列内部管理用的"开支证明单"，退回现金，并将原发票作废，若发票内含其他未退货的商品，则此部分需另行开列新发票。

（2）如隔月退回，因发票已入账，所以最好能说服顾客换货，但如果顾客坚持要退货，也应给予退货。

（3）如果已发生因食用或使用该商品使消费者受伤害的情况，应主动承担责任。

（4）如果因顾客自身原因而退货，则应根据有关规定办理。

（四）变价业务

变价业务是指由于经营、商品自身及市场等因素的变化而调整商品原销售价格的业务，具体包括商品价格调低和商品价格调高两种形式。

变价业务包括如下内容。

（1）在变价之前应确定变价幅度、期限、责权单位、变价范围（是所有门店变价，还是部分门店变价）、供货商支持等问题。

（2）变价过程中应检查变价商品的销售状况，听取消费者及竞争店的意见，并及时做好商品短缺或过剩的处理工作。

（3）变价后要检查POP广告、商品标签是否进行相应改变，并根据销售情况做好变价分析工作。

（五）自用品管理业务

自用品管理业务是指将经营的商品用于非经营用途的管理活动，如清洗公用衣物所需的洗衣粉、清扫店面用的洗涤剂等的使用管理。自用品如不严加管理，会直接影响到企业的经营业绩。

自用品管理业务包括如下内容。

（1）因非经营用途产生"自用品"需求时，由需求部门向主管部门提出口头申请，不能私自领用。

（2）若获允许，则由相关人员（商品主管和验收人员）陪同取货，不能单独前往取货。

（3）需求部门取得所需商品后，必须进行相应的记录，并经收银台结账，作为引用支出。

（六）赠品处理业务

为了达到促销的目的，厂家常会采用赠送的方式来吸引顾客，赠品处理业务大致可分为以下3种情况。

1. 厂商对商家的赠品处理

厂商对商家的赠品一般是当进货量达到一定数量时，则赠送一定比例的该商品，如进100箱赠送5箱。这种情况的赠品处理是将赠品数量计为进货的增加，其进货价为零，即可相对降低商品的平均进价成本。

2. 厂商对消费者的赠品处理

厂商对消费者的赠品有两种：一种是赠送店内销售的商品，另一种是赠送店内不销售的商品。不管采取何种方式，赠送品均作为进货量的增加，销售时赠品以售价为零的方式送出。

3. 商家对消费者的赠品处理

即使没有供货厂的赞助，商家也会向消费者提供赠品，其目的是促销。被作为赠品的商品，赠出时按售价为零处理。

（七）防止缺货业务

顾客到店内购买商品，如果遇到缺货，不满意是理所当然的。顾客的满意度与缺货率成反比，即缺货次数越多，顾客越不满意。因此，防止缺货十分重要。商店的经营者应树立"缺货要付出代价""缺货会影响形象""缺货会导致顾客流失"等观念。防止缺货业务包括如下内容。

1. 事先预防缺货

根据不同的缺货原因采取相应的预防措施。

（1）有库存但未陈列：应在营业高峰前补货。

（2）没有订货：应加强卖场巡视，掌握存货动态，订货周期尽量与商品销售相适应。

（3）订货而未到：应建立厂商配送时间表，确保安全库存；应要求厂家有固定的配送周期；寻找其他货源或替代品。

（4）订货量不足：应建立重点商品安全库存量表；依据滞销商品实际情况，扩大畅销品陈列空间；扩大重点商品陈列空间。

（5）销售量急剧扩大：做好促销前准备工作，每日检查销售情况，据此补充订货；通过对营业情况和消费趋势分析，调整订货量。

（6）广告商品未引进：商品采购人员应积极采购宣传广泛的商品，采购人员应与卖场人员保持密切联系，采购人员应掌握市场商品信息。

2. 事后及时补救

缺货的事先预防固然重要，但无论怎样防止，缺货的发生往往是不可避免的。因此，事后补救工作也非常重要，应通过"查明原因，分清责任，及时上报，及时补救"等措施做好防止缺货业务的管理工作。

缺 货 成 本

缺货成本是由于无法满足用户的需求而产生的损失。一般由两部分组成，一是生产系统为处理延迟任务而付出的额外费用，如加班费、加急运输产生的额外运费等；二是延迟交货或缺货对企业收入的影响，如延迟交货的罚款、未能实现的销售收入等。

缺货成本将包括停工损失、拖欠发货损失、丧失销售机会的损失、商誉损失。不同物品的缺货成本随用户或组织内部策略的不同而不同。

如果发生外部缺货，将导致以下情况的发生：（1）延期交货。延期交货可以有两种形式：一是缺货商品可以在下次规则订货时得到补充，二是利用快递延期交货。（2）失销。由于缺货，可能造成一些用户会转向其他供应商，也就是说，许多公司都有生产替代产品的竞争者，当一个供应商没有客户所需的商品时，客户就会从其他供应商那里订货，在这种情况下，缺货导致失销，对于企业来说，直接损失就是这种商品的利润损失。因此，可以通过计算这批商品的利润来确定直接损失。（3）失去客户。由于缺货而失去客户，也就是说，客户永远转向另一个供应商。

资料来源：百度百科.

任务二　商品经营范围的确定

商家经营的商品品种必须是目标消费者可能购买的。商品经营的宽度和深度以及质量共同组成商品的结构。例如，大型超市从食品、药品、日用品、玩具、衣物、运动器材直至家电一应俱全，娱乐、餐饮、修理等服务也应有尽有，鼓励消费者一次性完全购物；设在居民区内的中小型超市，经营商品的宽度及深度比便利店宽且深，主要满足居民区内普通家庭的日常消费需求。

一、商品定位

商品定位是指商家针对目标消费者和生产商的实际情况，动态地确定商品的经营结构，实现商品配置的最优化状态。商品定位包括对商品品种、档次、价格、服务等方面的定位。商品定位既是企业决策者对市场判断分析的结果，同时又是企业经营理念的体现，同时商家通过商品定位树立企业在消费者心目中的良好形象。

不同业态有不同的消费群体和不同的商品定位：超市以经营生鲜食品为主，百货商店重视对时尚商品的经营，专营店则经营同一专业用途的商品，专卖店以经营一种精品品牌为主。

（一）商品定位的依据

1. 按消费者的消费收入对商品定位

消费收入是多层次的，不同收入的家庭形成不同的商品购买层次。零售商品定位既要面对广大消费者基本需要的大众化商品，也要满足中高收入消费群体对中高档商品的消费需求。

2. 按商店所处区域对商品定位

购物中心、商业中心和交通便利的繁华区域一般地租贵、成本高，要有较大的利润空间，多经营适应时尚需求的中高档商品，而处于街头巷尾的零星小店，则经营价格低廉的生活必需品。

3. 按地区经济发展水平对商品定位

在一般情况下，按经济发展水平不同，商品层次可分为温饱型、小康型和富裕型等。虽然它们之间在一个区域内交叉存在，但不同地区有不同的商品主体，商品定位必须适应不同区域的经济条件对商品的不同需要。

（二）商品定位的要点

1. 业态决定商品构成

业态是以经营商品重点的不同而划分的营业形态。业态的不同，实质上就是商品构成的不同。但也有特殊情况，就是相同的业态由于企业所处地理位置不同，目标消费群不同，其商品构成也是不同的。

2. 分析顾客的构成

业态一经确定，其基本的目标顾客就明确了，但还要根据店铺服务商圈的情况具体分析顾客的构成。

3. 分析顾客的需求

根据顾客的需求，进一步确定商品品种、档次。只有摸清服务对象的情况，才能有针对性地组织商品服务，做好商品定位。分析的项目主要包括年龄、性别、民族、婚姻情况、文化程度、职业、收入情况以及行动特征、消费习惯、生活特点、对商品服务的要求等。对消费者的轮廓有了初步的认识后，接下来进行如下的分析。

（1）一个家庭每天的购物者是谁。

（2）平均购物频率。

（3）在什么时间购物。

（4）每次购买的是什么商品，哪些商品购买频率高？

（5）平均每次购买多少钱的商品。

（6）确定合适的价格带，制作商品构成图。

价格带指在商店内销售同一类产品，其销售额上限到下限的范围。顾客层次不同，对商品的要求也不同。所以要根据商圈的特点、竞争店的价格、销售时机、顾客消费动向制订商品合适的价格带。

二、商品分类

一般来讲，商品划分成大分类、中分类、小分类和单品 4 个层次。

（一）大分类

大分类是最粗线条的分类，通常按商品的特性来划分，如水产品、畜产品、果蔬、日配加工食品、一般食品、日用百货、家用电器等。大分类的划分最好不要超过 10 种，这样比较容易管理。

（二）中分类

中分类是大分类中细分出来的类别，分类标准有 3 种。

1. 按照商品功能与用途划分

如在日配加工食品这个大分类下，按照商品功能与用途可以分为牛奶、豆制品、冷冻食品等中分类。

2. 按照制造方法划分

如在畜产品这个大分类下，按照制造方法可以有熟肉制品这一中分类，包括香肠、火腿、熏肉、腊肉等。

3. 按照商品的产地划分

如家用电器这个大分类下，可以有进口家电与国产家电的中分类。

（三）小分类

小分类是中分类中进一步细分出来的类别，主要分类的标准如下。

1. 按照功能用途划分

如在畜产品大分类的猪肉中分类下，可进一步细分出排骨、里脊肉、肉馅、棒骨等小分类。

2. 按照规格包装划分

如在一般食品大分类的饮料中分类下，可进一步细分出瓶装饮料、听装饮料、盒装饮料等小分类。

3. 按照商品的成分划分

如在日用百货大分类的水杯中分类下，可进一步细分出不锈钢水杯、瓷水杯、玻璃水杯等小分类。

4. 按照商品的口味划分

如在一般食品大分类中的饼干中分类下，可进一步细分出咸味饼干、甜味饼干、果味饼干等小分类。

(四)单品

单品是商品分类中不能进一步细分的、完整独立的商品品项,如 400 毫升飘柔洗发水、200 毫升沙宣洗发水、750 毫升潘婷洗发水就是 3 个不同的单品。

卡斯美超市的商品分类管理

卡斯美超市始终根据当地的消费水平、消费习惯来确定商品分类。由于各地区生活习惯的差别,各地超市的商品分类也不相同,如南方地区由于天气炎热,饮料可作为一个大类来经营。而在商品的经营和管理上,卡斯美超市有一套根据自家的理解而设定的分类框架。通常的做法是,按照使用者的生活方式、商品的用途等设定商品分类。分类框架设定好后,再筛选、找寻应备齐的具体商品品种,最后建立起自己的 MD 体系(商品体系)。卡斯美超市的商品分类框架一般设定为 5 个梯度(五段分位法),即部门、品群、小分类、品种、品目。根据当地实际编制出的商品分类表是推行标准化的内容之一(见表 3-1),其作用表现在以下方面。

(1) 便于界定所经营的商品范围。

(2) 便于对经营业绩按商品结构进行分析。进行商品分类后,计算机系统也同时对卖场进行分类管理,分析销售额、毛利率、损耗率、费用额、客单价、卖场销售效率、周转天数的变化等。

表 3-1 卡斯美超市商品分类表

部门	大分类名称	中分类名称	小分类名称	定编数	价格带/元	60%低档商品数	30%中档商品数	10%高档商品数	计划合作供应商数量	单品名称
食品	酒	白酒	低度酒	35	2.5~138	20	10	5		
			高度酒	6	3~227	3	2	1		
		果酒	红葡萄酒	25	9.9~126	17	5	3		
			白葡萄酒	5	8.9~38	3	2	1		
			香槟酒	3	19~48	2	1	0		
		米酒	加饭酒	7	3.5~5.8	4	2	1		
		黄酒	黄酒	3	4.2~22.2	2	1	0		
		洋酒	洋酒	7	9.8~228	4	2	1		
		滋补酒	滋补酒	20	3~36	12	6	2		
	保健品	简装	补虚	7	32.5~112	4	2	1		
			补血	6	42~112	3	2	1		
			抗疲劳	2	49~119.5	1	1	0		
			补钙	3	5.8~19.5	2	1	0		

续表

部门	大分类名称	中分类名称	小分类名称	定编数	价格带/元	60%低档商品数	30%中档商品数	10%高档商品数	计划合作供应商数量	单品名称
食品	冲饮	咖啡奶茶	即溶咖啡	6	5.9~25.9	3	2	1		
			二合一咖啡	3	9.8~29.8	2	1	0		
			奶茶	10	9.8~13.5	6	3	1		
		固饮	营养冲剂	27	9.9~39.9	16	8	3		
			凉茶	8	3.5~19.5	5	2	1		
		蜂产品	蜂蜜	6	2.8~29.8	3	2	1		
		茶叶	中国茶	18	2.5~55.9	11	5	2		
			袋泡茶	6	3.8~16.8	3	2	1		
		麦片	袋装	17	1.3~26	10	5	2		
			礼盒装	3	6.8~68.9	2	1	0		
		糊类	婴儿食品	20	4.6~26	12	6	2		
			冲调食品	16	4.2~19.8	9	5	2		
			营养品	8	4.2~22.2	5	2	1		

资料来源：商品分类管理，豆丁网．

三、商品组合

商品组合又称商品经营结构。商品组合一般由若干个商品系列组成，所谓商品系列是指密切相关的一组商品。此组商品所能形成的商品系列，有一定的规定性。有的商品系列，是由于其中的商品均能满足消费者某种需求，如替代性商品（牛肉和羊肉）；有的是由于其中的商品需要配套在一起使用，如互补性商品（手电筒与电池）；有的是由于同属一定价格范围之内，如特价商品。商品系列又由若干个商品项目组成，商品项目是指企业商品销售目录上的具体品名和型号。

商品组合可以采取广度性和深度性相结合的方法。所谓广度性就是增加商品系列的数量，商品组合的广度越宽，其综合化程度就越高。所谓深度性，就是增加商品系列内所包含的各种商品项目的数量，商品组合的深度越深，其专业化程度和商品之间的关联性越强。商品组合的广度性和深度性必须适度，必须根据商家的性质和所处商圈的条件来加以确定。

商品群是根据商家的经营观念，用一定的方法来集结商品，将这些商品组合成一个战略经营单位，来吸引顾客以促进销售。商品群并不代表具体的商品，而是商品经营分类上的一个概念，商品群可以是商品结构中的大分类、中分类、小分类，也可以是一种新的组合。在经营中之所以把商品群提高到经营和战略地位高度，是因为顾客对某家商店的印象，不是来自所有的商品，而是来自某个商品群。例如，某家超市的速冻小包装畜产品，品种多，新鲜度高；某家超市星期六特价商品最实惠等。商品群给了消费者最初最直接的印象，所以商店的经营者必须树立起"商品群是商品竞争的战略单位"的观念,根据消费者的需求变化,组合成有创意的商品群,这种商品群可以打破商品的原来分类,成为新的商品部门。一般可采用的商品群的组合方法如下。

(一)按消费季节的组合法

例如,在夏季可组合灭蚊蝇药品的商品群,辟出一个区域设立专柜销售;在冬季可组合滋补品的商品群、火锅料的商品群;在旅游季节可组合旅游食品和用品的商品群等。

(二)按节庆日的组合法

例如,在中秋节推出各式月饼的商品群,在重阳节推出老年人补品和用品的商品群,也可以根据每个节庆日的特点,组合推出各式礼品的商品群等。

(三)按消费便利性的组合法

例如,根据城市居民生活节奏加快,追求便利性的特点,可推出微波炉食品系列、熟肉制品系列等商品群,并可设专柜供应。

(四)按商品用途的组合法

例如,在家庭生活中许多用品在超市中可能分属于不同的部门和类别,但在使用中往往就没有这种区分,如厨房系列用品、卫生间系列用品等,都可以用新的组合方法推出新的商品群。

四、商品结构图

商品组合是否合理,可以通过绘制商品结构图来分析。

商品结构图一般以价格线为横坐标,以销售额或销售量为纵坐标。合理的商品组合要求曲线必须是双峰状的,而且前面低价位的波峰必须高于后面高价位的波峰(如图 3-1 所示),只有达到这样的销售状况,才说明商品组合是合理的。

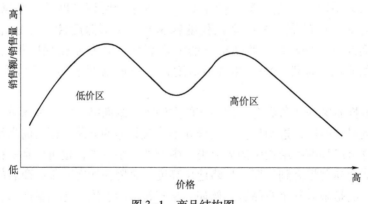

图 3-1 商品结构图

沃尔玛的商品组合

沃尔玛在经营商品品种选择上主要以销售量大、周转速度快、购买频次多的中档商品为主，适度兼顾高低档商品。商品销售量大、周转速度快是沃尔玛经营利润来源的前提条件。因为沃尔玛在商品销售中利润率很低（1.7%左右，而行业平均5%以上），利润来源主要是靠年销售规模优势向生产厂家收取商品上架费、商品折扣、年底所退佣金等。

沃尔玛在商品组合上采取"二八原则"，即用20%的主力消费产品创造80%的销售额，根据零售业态的不同形式采取不同的商品组合。例如，山姆会员店向消费者提供"一站式购物"服务，商品结构宽度广、深度中，也就是商品的种类齐全但单一商品类别适度齐全，商品品种为3万～6万种，而且50%以上商品为食品类；家居商店商品结构为宽度广而深，商品品种在8万种左右，产品品种非常齐全；折扣店商品结构为窄而浅；购物广场的商品结构则窄而深，主要是日用生活品。

资料来源：康怡祥. 一分钱优势 沃尔玛连锁制胜之道. 百度文库.

五、商品群管理

商品群是商品经营分类上的一个概念，它是卖场中按一定关系集合多个商品品项而形成的经营单位或经营区域。

超市卖场经营众多商品，可以从不同角度加以组合，形成不同类别的商品群，其中比较常用的方法是根据各种商品群在卖场销售业绩中所起的作用不同分为主力商品群、辅助性商品群、附属性商品群和刺激性商品群。

主力商品群是超市经营的重点商品，它在商品结构中仅有20%的比例，却创造整个卖场80%的销售业绩，是超市的畅销商品，季节性和差异性明显。强化管理、保证这20%的商品发挥主力商品应有的作用，是超市商品管理的重中之重。

辅助性商品群是主力商品群的补充，多为常备日用品，常与主力商品群有较强的关联性，季节性与差异性相对不明显。

附属性商品群是辅助性商品群的补充，购买频率和销售比例偏低，与主力商品群关系不紧密，通常是顾客在卖场临时做出的购买决定。

刺激性商品群是一些品目不多，但对推动卖场整体销售效果意义重要的商品群，主要是有可能成为主力商品的新开发商品，通常以主题促销方式陈列在卖场进口端头货架。

超市对于不同商品群应该采取不同的管理方式，以保证实现整体的利润最大化。

兰州华联红星店的商品群管理策略

兰州华联红星店位于一条很不出名的小巷中，卖场是由某电机厂的厂房改造成的，经营业绩远远超过附近的百盛超市、兰新超市、佳福超市。兰州华联红星店的成功不仅得益于低价策略,其合理的商品群组合策略也起到了至关重要的作用。

兰州华联红星店根据商品的功能定位,将超市经营的商品分为形象商品、销量商品和效益商品三大类。这三类商品在提升业绩、获取最大化效益目标上发挥的功能是不同的。

如果形象商品毛利为 A,销量商品毛利为 B,效益商品毛利为 C,B 就是超市的平均毛利,且 $B=(A+C)/2$,就以销量商品作为参照物,如果它的毛利是 10 个点,则形象商品的毛利加效益商品的毛利除以 2,一定是 10 个点,从而使整个卖场的利润达到 10 个点。如果形象商品的毛利是 3 个点,那么效益商品的毛利就要是 17 个点。这就意味着,该降的价格一定要降。换言之,形象商品的价格一定要比竞争对手低,销量商品价格略比竞争对手低一些,效益商品价格则采取竞争对手高兰州华联红星店也高的策略,因为这部分商品是无法比较价格的,它满足的是一次性购足的需求。

价格确定后,促销方式也就确定了:兰州华联红星店对形象商品予以大力度的促销和政策上的相关支持;对于销量商品,给予较好的排面和较好的促销方式来跟进;对于效益商品,基本上不需要太多的促销,除非是推出新品时附一些赠品和搞些抽奖活动。

资料来源:晏斌. 超市的商品管理. 网易博客.

六、商品管理的要点

商品管理先以单品管理为基础,然后从单品中挑选出 20% 主力商品,组合成商品群,最后实施整体组合的品类管理。

(一)单品管理

单品管理是指以每一个商品品项为单位进行的管理,强调每一个单品的成本管理和销售业绩管理。单品管理是连锁超市商品现代化管理的核心,在连锁超市商品管理中发挥着重要作用,体现在如下几个方面。

单品是连锁超市商品经营的基本单位,各商品群是由一个个单品组合而成的,离开单品的商品群管理是不存在的,单品管理是商品群管理的基础。

单品管理保证了连锁超市每一种商品采购、销售、库存各环节的有机结合,为商品的物流、现金流、信息流的有序运动创造了良好的条件。

单品管理增强了连锁超市对于品牌供应商的控制力,从而保证稳定、丰厚的利润来源。

POS(point of sale,销售点)系统是卖场销售信息网络系统,它能对卖场全部交易信息进行实时收集、加工处理、传递反馈,是连锁超市经营管理,尤其是单品管理的技术支撑。

由于 POS 系统能够高效、实时地收集、处理销售信息,可及时提供每个时点、每个时段的销售资料,所以 POS 系统能对各种单品的进销存情况进行及时控制,大幅度提高单品管理的准确性和高效性。

一条白鲢鱼打败对手

一家当地的超市,面临的对手是全国闻名的以海鲜经营著称的连锁超市,这家全国性连锁超市的海鲜不仅品种多而且价格便宜。这家当地超市在实地调研中发现,当地老百姓沿河居住,喜欢吃河鲜而不喜欢吃海鲜,尤其喜欢吃白鲢鱼。

这家当地超市的采购经理走遍了附近区县,发现并包下了一个专门养殖白鲢鱼的鱼塘,每天专供这家当地超市销售,价格便宜量又足。就是这样一个单品,不仅带动了超市鱼类销售,也让对手对此一筹莫展。

资料来源:超市周刊,微口网.

(二)品类管理

二十年来,全世界的大型零售商及供应商都把品类管理(category management)当作一个重要的课题来看待。大型的食品及日用品的领导品牌供应商,如宝洁、高露洁等公司更热衷于推广品类管理。

美国食品营销协会是一个非营利组织,拥有2 000个企业会员(下属有20 000多个超市门店),其会员的年销售额达2 000亿美元。此协会的主要任务是根据会员需要,开展研究、培训、公共事务方面的活动,在推广品类管理上起到了很重要的作用。中国连锁经营协会与美国食品营销协会在品类管理的推广上有着密切的联系。

品类管理是实施"高效率消费者回应"(efficient consumer response,ECR)最重要的工具。品类管理对ECR的四大策略(高效率促销、高效率补货、高效率新品推介和高效率商品结构)具有决定性的影响。

1. 品类的定义

按照美国食品营销协会的定义,品类是易于区分、能够管理的一组产品或服务。消费者在满足自身需要时,认为该组产品或服务是相关或可以相互代替的。

2. 品类管理的概念

品类管理是零售商和供应商把经营的商品分成不同类别,并把每类商品作为企业经营战略的基本活动单位所采取的一系列相关管理活动。它通过强调向消费者提供超值的产品和服务,来提升企业的运营绩效。

3. 品类管理的要点

(1)品类管理是一个过程,它为完成ECR的诸多工作提供了一套方法,并包括一系列相关联的活动。

(2)品类管理是由一些截然不同的零售商、供应商及支持因素组成的,因此管理的过程不应由某一方单独完成。

(3)品类管理的结果既能提高经营效果(如消费者获得更多的价值,供应商和零售商的经营成果得到提高），又能够改进合作伙伴之间的关系。

（4）取得这些成果的基本条件是把握消费需求，更有效地向消费者提供他们所需要的产品和服务。

（5）企业要获得成功，还取决于能否针对消费者不断变化的复杂需求，来开展产品和服务的营销。

实践证明，以商品的品类管理为基础，直接把采购和销售活动结合起来，与供应商联手共同制订市场营销计划和商品供应方案肯定会"利大于弊"。未来的趋势是：零售商与供应商共享经营目标，而且聚焦在消费者上；零售商与供应商的关系由对抗或矛盾变为"合作"或"配合"。

品类管理包括六个互相作用的要素，其中两个（品类策略和业务流程）为"基本要素"，其余的四个（品类指标、组织效能、信息技术、伙伴关系）则为"保障性要素"。这些要素间的相互关系如图3-2所示。

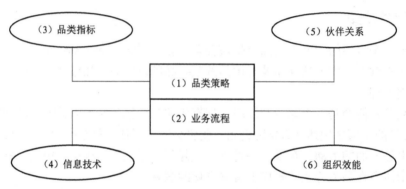

图3-2　品类管理六要素间的相互关系

品类策略：根据商品结构对运营组织、指导原则和管理方法进行总体规划，形成指导品类管理经营决策的基本框架。

业务流程：实现品类管理策略目标的日常活动，包括品类管理执行过程中的步骤、方法和责任的落实。

品类指标：监督执行情况，提高品类管理的决策水平，判断运行结果，为进行奖惩提供依据。

信息技术：利用数据和信息系统，使品类管理的各项决策符合实际，并提高业务流程的运行效率。

伙伴关系：为了更有效地向消费者提供超值的产品和服务，零售商与供应商共同努力，以实现其经营资源利用成果的最大化。

组织效能：通过优化组织，设置明确的任务、责任，改善知识技能，完善奖惩制度，提高组织效能。

零售商与供应商有各自不同的品类管理活动，但在实践中，业务流程与伙伴关系由于需要双方共同参与而有明显的定义重叠，其余要素则存在较大的差异。

（三）品类管理的业务流程

品类管理的业务流程如下。

（1）品类设定：设定的目的是确定构成品类及其各组成部分的产品。

（2）品类角色：根据对消费者、零售商、供应商和市场的跨品类分析，设定品类角色（目标），见表3-2。

（3）品类评估：根据消费者、零售商、供应商和市场信息对品类（商品大组）、商品小组、商品群、品牌和单品进行分析。

（4）品类指标：为品类经营目标（如消费者、市场份额、销售、利润、自有品牌、产品供应等）或增长比率设定定性和定量的品类考核指标。

（5）品类经营策略：制订品类的市场营销（如强化集客力、提高交易量、增加现金流量、提高利润贡献、强化企业形象、维护市场、创造购买欲等）、产品供应（如货源组织、配送、收货、库存、结算等）和店内服务策略。

（6）品类营销技巧：确立有效的品种组合、价格、货架陈列、促销和产品供应技巧，保证零售商和供应商实现品类角色、策略和指标。

（7）计划实施：制订和实施书面的经营计划，以实现双方的品类角色、策略和指标。

（8）品类检查：对整个计划的预期结果进行日常管理，包括对品类指标体系的对照检查，使业务流程具有可操作性，成为日常决策的主要手段。

表3-2　品类角色的特点

品类角色	品类角色的特点
目标性品类	① 成为向目标顾客提供该品类产品的"首选"企业 ② 不断向目标顾客提供超值服务 ③ 带动零售商所有品类的销售、市场份额、消费者满意度、服务水平，改善营运成本的管理 ④ 为连接零售商及供应商的战略伙伴关系服务 ⑤ 带动零售商的运营系统和技术开发，实现企业的经营任务、目标和战略
常规性品类（优先品类）	① 成为目标顾客购买该品类商品的"优先"选择对象 ② 帮助确立目标顾客对零售商的印象 ③ 向目标顾客提供持续不断的、有竞争性的商品 ④ 保证经营指标的总体平衡 ⑤ 成为连接零售商与供应商的合作伙伴关系的纽带 ⑥ 在创造利润、现金流量和投资回报方面扮演着重要角色
偶然性/季节性品类	① 成为向目标顾客提供该品类商品的"主要"供应者 ② 帮助深化零售商在目标顾客中的形象 ③ 向目标顾客提供经常性的、具有竞争性的商品 ④ 在实现利润、现金流量和资产回报方面是次要的
便利性品类	① 强化零售商在目标顾客中"一次购足"的印象 ② 向目标顾客提供满意的、持续的价值 ③ 在创造利润和提高实际贡献方面发挥作用

家乐氏食品公司的品类管理

家乐氏食品公司是较早应用以消费者为中心的品类管理的快速消费品生产商。通过这种品类管理方式的转变，家乐氏食品公司在不到三个月内将该公司谷类食品的销售额提高了近100万美元。

第一步：确定品类和子品类

在这一步骤，家乐氏食品公司将谷类食品分成以下四个子品类：即食型的、加热型的、混入干果型的和燕麦、玉米粗粉型的。

第二步：绘制消费者购买决定结构图

在这四个子品类的基础上，家乐氏食品公司分析出了消费者在购买这些品类时做出购买决定的基本步骤，基本上反映出了大部分消费者购买此品类的原因和过程。一般情况下，消费者购买决定结构对于定位子品类和具体商品在整个品类中的位置，扮演了非常重要的角色。具体到家乐氏食品公司，消费者做出的第一个决定就是他们想要购买谷类食品，第二个决定是要买什么类型的谷类食品，随后才决定购买的品牌、大小和口味。消费者购买的品牌、大小和口味主要受消费者收入、家庭结构、购买者的年龄等因素的影响。

这个发现对于家乐氏食品公司来说非常有价值，因为之前公司开发的品类分类图都是以谷类品牌为基础的，但是，通过绘制消费者购买决定结构图后，公司将品类分类图更改成以谷类食品的类型为基础。

第三步：消费者需求聚类分组

家乐氏食品公司运用以消费者需求为基础的聚类分组来确定和定位了不同的消费者族群，并且也将这些族群所对应的店铺进行聚类分组，并找出店铺聚类分组和消费者聚类分组之间的关系，清楚了所有潜在消费者的实际购物地点。他们发现了一个有趣的现象，绝大部分的中等收入消费者购物地点相当集中，高收入消费人群和低收入消费人群的购物地点却相当的分散。低消费收入人群最爱购买燕麦和玉米粗粉型的子品类，最不喜爱购买混入干果的子品类，而这正是高收入消费人群最爱购买的子品类。

第四步：品类管理实施

通过消费者和店铺的聚类分析后，家乐氏食品的营销人员找出了年潜在销售额的增长可能超过100万美元的13家店铺，根据它们不同的情况分别制订了独特的营销计划。

家乐氏食品公司将销售潜力高的13家店铺分为了三组，根据每组不同的消费者特征和购买行为，推广了家乐氏食品公司的不同子品类产品。而且，家乐氏食品公司的营销人员为每家店铺准备的促销方式、价格策略、产品摆放策略也根据消费者的需求和竞争对手的情况而各有不同。

对于低收入消费人群来说，品牌的即食谷物食品显然太贵了，如果他们购买即食谷物产品的话，一般也会购买无品牌的或自有品牌的。因此，营销人员可以将品类中较为低端的子品类——家乐氏燕麦、玉米粗粉食品定位为该品类中最好的品牌，而即食谷物只是他们在某些季节偶尔购买的产品。在对于高收入消费人群的宣传中，则要强调家乐氏即食谷物富含有机物，是该品类中最天然、最健康的品牌，而对于中等收入的消费者来说，需要强调的是家乐氏即食谷物的性价比很高、物超所值。

在实行了以消费者为中心的品类管理后，家乐氏食品公司的销售额增长非常明显。更加重要的是，通过这种调整，消费者能够更加便利地购买到适合他们的产品，品牌喜爱度和忠诚度也有了很大程度的提高。

资料来源：郑越. 品类管理分析. 新浪博客.

任务三　商品结构优化

一、商品结构

商品结构是指符合公司市场定位及商圈顾客需要的"商品组合"。商品结构应明确定义各采购部门的大分类描述、中分类描述、小分类描述、品项数、品牌数、最小规格包装、畅销价格带、直线陈列长度、陈列层数等。

对于零售企业来说，商品的数量、品种已不是货源的主要问题，而是关注如何对它们进行合理的筛选，而使企业的销售能力资源（如资金、场地等）得到合理的配置、发挥最大的潜力，取得最佳的经济效益。

常用的商品结构指标如下。

（一）商品销售排行榜

现在大部分门店的销售系统与库存系统是连接的，计算机系统都能够整理出门店的每天、每周、每月的商品销售排行榜。从中就可以看出每一种商品的销售情况，调查商品滞销的原因，如果无法改变滞销情况，就应予以撤柜处理。在处理这种情况时应注意：第一，对于新上柜的商品，往往因其有一定的熟悉期和成长期，不要急于撤柜；第二，对于某些日常生活的必需品，虽然其销售额很低，但是由于此类商品的作用不是盈利，而是通过此类商品的销售来拉动门店的主力商品的销售，如针线、保险丝、蜡烛等。

（二）商品贡献率

单从商品排行榜来挑选商品是不够的，还应看商品的贡献率。销售额高，周转率快的商品，不一定毛利高，而周转率低的商品未必就是利润低。没有毛利的商品销售额再高，这样的销售没有价值。毕竟门店是要生存的，没有利润的商品短期内可以存在，但是不应长期占据货架。看商品贡献率的目的在于找出门店的商品贡献率高的商品，并使之销售得更好。

(三）损耗排行榜

损耗排行榜将直接影响商品的贡献毛利。例如，日配商品的毛利虽然较高，但是由于其风险大，损耗多，可能会亏损。对于损耗大的商品一般是少订货，同时应由供货商承担一定的合理损耗，另外有些商品的损耗是因商品的外包装问题，这种情况，应当及时让供应商予以解决。

（四）商品周转率

商品周转率也是优化商品结构的指标之一，谁都不希望某种商品积压流动资金，所以周转率低的商品不能滞压太多。

（五）商品更新率

门店周期性增加商品的品种，补充新鲜血液，以稳定自己的固定顾客群体。商品的更新率一般应控制在10%以下，最好在5%左右，另外，商品的更新率也是考核采购人员的一项指标。需要引进的新商品应符合门店的商品定位，不应超出其固有的价格带，对于价格高而无销量的商品和价格低无利润的商品应适当地予以淘汰。

案 例

一家超市的商品结构优化之路

某超市的销售非常不理想，近6 000多个品种中，似乎很多单品都能卖一点，但又卖得不算多。POS经营数据进一步分析发现，近50%单品创造了50%的销售额。这样的商品构成是否正确？如何来诊断商品构成的问题？

超市竞争的核心在于价格竞争，价格竞争的基础来源于单品的量化销售，若50%的单品实现了50%的销售额，表明该超市的商品中什么都能卖一点，但什么都卖不好，根本没有实现量化销售，即没有A类主力商品或A类主力商品不明确。那么，如何判断单品数与销售额占比多少才会正常呢？

实践证明，超市的商品构成中，如果30%的商品创造了70%的销售额时，才表明商品构成基本正常，因为20%商品创造80%的销售在多数情况下仅是一个理想化的状态。

假如在超市的商品构成中，偏离了30%的商品产生70%销售额均属不正常，则表明采购业务部门、营运部门要深入分析并改善商品构成，即首先需要从品类构成上着手，而不应从单品上着手，否则事倍功半。作为超市的经营者与管理者要明确，超市竞争的核心在于商品构成策略。在诊断分析超市的商品构成时，必须先由外到内，了解目标顾客的构成、商圈对手的同类商品（包装、规格、价格带等），反过来诊断自身的商品构成有没有问题。

资料来源：零售动力．新浪博客．

二、新商品引进与滞销商品淘汰管理

(一) 新商品引进管理

新商品引进是连锁超市公司经营活力的重要体现,是保持和强化公司经营特色的重要手段,是连锁超市公司创造和引导消费需求的重要保证,是连锁超市公司商品采购管理的重要内容。

1. 新商品的概念

市场营销观念认为,产品是一个整体概念,包括三个层次:一是"核心产品",即顾客所追求的基本效用和利益;二是实体产品,如品质、款式、品牌、包装等;三是附加产品,如售后的运送、安装、维修保证等服务。只要是产品整体概念中任何一部分的创新、变革与调整,都可称为新产品。不仅新发明创造的产品是新产品,像改进型产品、新品牌产品、新包装产品都可称为新产品。当然,新产品的核心就是整体产品概念中的"核心产品",即能给消费者带来新的效用和利益的那部分内容,它也是连锁超市公司引进新产品必须遵循的原则。

2. 新商品引进的组织与控制

在连锁超市公司中,新商品引进的决策工作由公司商品采购委员会做出,具体引进的程序化操作由相关商品部负责。新商品引进的控制管理关键是建立一系列事前、事中和事后的控制标准。

1) 事前控制标准

例如,连锁超市公司采购业务人员应在对新引进商品市场销售前景进行分析预测的基础上,确定该新引进商品能给公司带来的既定利益,这一既定利益可参照目前公司经营同一类畅销商品获得的利益或新商品所替代淘汰商品获得的利益,如规定新引进商品在进场试销的3个月内,销售额必须达到目前同类畅销商品销售额的80%或至少不低于替代淘汰商品销售额,方可列入采购计划的商品目录之中。

2) 事中控制标准

例如,在与供应商进行某种新商品采购业务谈判过程中,要求供应商提供该商品详细、准确、真实的各种资料,提供该商品进入连锁超市销售系统后的促销配合计划。

3) 事后控制标准

例如,负责该新商品引进的采购业务人员,应根据新商品在引入卖场试销期间的实际销售业绩(销售额、毛利率、价格竞争力、配送服务水平、送货保证、促销配合等)对其进行评估,评估结果优良的新商品可正式进入销售系统,否则中断试销,不予引进。

需要指出的是,随着市场经济发展,统一开放的市场体系正逐步形成,与之相适应,打破地区界线,对全国各地的"名、特、优"新品实行跨地区采购,已成为国内大型超市公司探索的新模式,它必将推动超市公司商品结构的不断更新,更好地凸显连锁超市公司的经营特色,更大程度地满足消费者需要。目前我国绝大多数超市在商品的经营上缺乏特色,这与新商品的引进与开发力度不大,缺乏体现超市业态的新商品采购标准有关,但从根本上说,对消费需求的动态变化缺乏研究是根本原因。另外,超市过高的进场费也阻挡了一大批具有市场潜力的新商品的进入，需要引起高度重视。没有新商品，超市就没有活力和新鲜感，就没有经营特色和缺乏对顾客的吸引力。

（二）滞销商品淘汰管理

由于超市卖场空间和经营品种有限，所以每引入一批新商品，就相应地要淘汰一批滞销商品，滞销商品可看作是超市经营的毒瘤，直接侵蚀超市的经营效益。选择和淘汰滞销商品，成为超市商品管理的一项重要内容。

1. 滞销商品的选择标准

1）销售额排行榜

即根据POS系统提供的销售信息资料，挑选若干排名最后的商品作为淘汰对象，淘汰商品数大体上与引入新商品数相当。以销售排行榜为淘汰标准，在执行时要考虑两个因素：一是排行靠后的商品是否是为了保证商品的齐全性才采购进场的；二是排行靠后的商品是否是由于季节性因素才销售欠佳的。如果是这两个因素造成的滞销，对其淘汰应持慎重态度。

2）最低销售量或最低销售额

对于那些单价低、体积大的商品，可规定一个最低销售量或最低销售额，达不到这一标准的，列入淘汰商品，否则会占用大量宝贵货架空间，影响整个卖场销售。实施这一标准时，应注意这些商品销售不佳是否与其布局、陈列不当有关。

3）商品质量

对被技术监督部门或卫生部门宣布为不合格商品的，理所当然应将其淘汰。对于超市来说，引进新商品容易，而淘汰滞销商品阻力很大，因为相当一部分滞销商品当初是作为"人情商品"进入超市的。为了保证超市经营高效率，必须严格执行标准，将滞销商品淘汰出超市卖场。一个经验性的建议是，如果新商品引进率不正常地大大高于滞销商品淘汰率，那么采购部门的不廉洁采购是可以确定的。

2. 滞销商品淘汰的作业程序

（1）列出淘汰商品清单，交采购部主管确认、审核、批准。

（2）统计出各个门店和配送中心所有淘汰商品的库存量及总金额。

（3）确定商品淘汰日期。连锁超市公司最好每个月固定某一日期为商品淘汰日，所有门店在这一天统一把淘汰商品撤出货架，等待处理。

（4）淘汰商品的供应商货款抵扣。财务部门查询被淘汰商品的供应商是否有尚未支付的货款，如有，则作淘汰商品抵扣货款的会计处理，并将淘汰商品退给供应商。

（5）选择淘汰商品的处理方式。

（6）将淘汰商品记录存档，以便查询，避免因时间一长或人事变动等因素将淘汰商品再次引入。

（三）退货的处理方式

退货的处理方式是滞销商品淘汰的核心问题之一。

传统的退货处理方式主要有以下两种：一是总部集中退货方式，即将各门店所有库存的淘汰商品，集中于配送中心，连同配送中心库存的淘汰商品一并退送给供应商；二是门店分散退货方式，即各门店和配送中心各自将库存的淘汰商品统计、撤架、集中，在总部统一安排下，由供应商直接到各门店和配送中心取回退货。传统退货处理方式是一种实际退货方式，其主要缺陷是花费商家和供应商大量的物流成本。

为了降低退货过程中的无效物流成本，目前连锁超市公司通常采取的做法是在淘汰商品确定后，立即与供应商进行谈判，商谈2个月或3个月后的退货处理方法，争取达成一份退货处理协议，按以下两种方式处理退货：一是将该商品作一次性降价处理；二是将该商品作为特别促销商品。

这种现代退货处理方式是一种非实际退货方式（即并没有实际将货退还给供应商），它除了具有能大幅度降低退货的物流成本的优点之外，还为连锁超市公司促销活动增添了更丰富的内容。需要说明的是：选择非实际退货方式还是实际退货方式的标准是降价处理或特别促销的损失是否小于实际退货的物流成本。

采取非实际退货方式，在签订的"退货处理协议"中，要合理确定连锁超市公司和供应商对价格损失的分摊比例，连锁超市公司切不可贪图蝇头小利而损害与广大供应商良好合作的企业形象和信誉。

对那些保质期是消费者选择购买重要因素的商品，连锁超市公司与供货商之间也可参照淘汰商品（虽然该商品本身不属于淘汰商品）的非实际退货处理方式，签订一份长期"退货处理协议"，把即将到达保质期的库存商品的降价处理或以特别促销处理办法纳入程序化管理。

如果退货物流成本小于降价处理损失，而采取实际退货处理方式时，连锁超市公司要对各门店退货撤架以及空置陈列货架的调整补充进行及时统一安排，保证衔接过程的连续性。

三、畅销商品的培育

零售门店经营活动是围绕如何以其商品和服务来满足消费者的需求这个中心环节来进行的。零售门店要生存和发展，关键在于其商品对消费者需求的满意程度。为了适应消费者需求变动和市场发展趋势，零售门店应及时调整自己的商品策略，不断更新经营品种，大力引进和培养畅销商品，形成自己鲜明的商品特色。

畅销商品是指市场上销路很好、没有积压滞销的商品。任何商品，只要受到消费者欢迎，销路好，都可称作畅销商品。新商品进入市场有其投入期、成长期、成熟期、衰退期。畅销商品是指处于成长期和成熟期的商品，对于零售门店来说，其经营的商品是否得到社会承认、能否在市场上畅销直接关系到零售门店在激烈的市场竞争中能否站得住脚。多数零售门店经营面积有限，对商品品种的选择就尤为重要，而它所经营的每一种商品不可能总处于畅销阶段，因此，店长应该掌握商品的发展规律，不断挖掘和培养自己的畅销商品。

（一）商品畅销因素的分析

商品畅销的原因是它对消费者有吸引力，能更好地满足消费者需求，主要取决于以下因素。

（1）商品功能：商品的用途对于消费者来说至关重要，缺之不可而又不能被替代。

（2）商品质量：同类商品中质量的佼佼者，最有可能成为受消费者欢迎的畅销品。

（3）商品价格：质量保证的前提下，价格便宜的商品容易畅销。

（4）商品包装：包装体现便利性的商品容易被消费者接受。

（5）商品品牌：名牌商标是商品畅销市场的通行证。在同类商品差别化逐渐缩小，市场出现大量不同品牌的今天，商标知名度便成为左右消费者购买行为的重要因素。

（6）售后服务：售后服务是商品销售的延续，服务做得好可以打消消费者的各种后顾之忧。

（二）畅销商品的选择

常用的畅销商品的选择方法如下。

1. 打分法

将多种因素按照不同程度折成数字来评估某一新上市商品，高于某一水平即可列入畅销商品。当然，有些因素很难用数字来表示，而且不同商品的各因素所占比例也不一定完全相同，如日用品应注重质量与价格，礼品应多考虑包装，服装应多关注品牌与款式，电器则侧重于售后服务。

2. 历史记录法

过去销售统计资料也是选择畅销商品的一个主要依据，可以将每一时期排列在前十位的商品作为重点畅销商品来培养，同时建立商品淘汰制度，将每一时期排列在最后几位的商品定期淘汰，并补充新商品。香港百佳零售门店的采购计划值得借鉴：为确保采购适销对路的商品，总部每年都要制订详细的滚动商品计划。其步骤是首先收集上一年零售门店发展形势、顾客购买频率、购买金额、顾客消费心理和要求等资料，然后对过去5年的营业额增长率和发展趋势进行统计，在销售的1万多种商品中找出最受欢迎的品种，在对社会及经济环境变化进行全面分析的基础上确定下一年采购计划。

3. 竞争店借鉴法

从竞争对手的营销推广中选择畅销商品，零售门店的竞争对手很多，从竞争对手的营销推广活动中去发现新的畅销商品不失为一条捷径。一般来说，几乎所有零售门店都会把销路最好的商品陈列在最显著的位置，或者为了推广某种商品，卖场内往往会张贴各式各样的POP广告，经常到竞争店里观察，可以更全面地了解畅销商品。

4. 追赶潮流法

超市在选择畅销商品时，需要充分了解市场上的流行趋势，最好到经济发达地区进行考察，如广州、上海等城市的零售门店大都销售比较超前的流行商品，对开发畅销商品有一定的借鉴作用。

一个超市的畅销商品并非一成不变，而是应随着季节的变换、供应商供货因素的影响以及消费需求的变化而进行相应调整。一般来说，超市畅销商品目录在一年四季通常会进行四次重大调整，每次被调整的商品占前一个目录总数的50%左右，即使在同一个季节中，也会由于特殊节日、气候变化等因素的影响对主力商品目录进行相应调整。

（三）畅销商品的优先策略

1. 采购优先策略

在制订采购计划时，应充分保证畅销商品供货数量的稳定性、供货时间的准确性，在各个时间都不断档缺货。

2. 采购资金优先策略

零售商与畅销商品的供应商建立良好的合作伙伴关系，并承担及时足额付款的义务，以保证充足的货源。

3. 储存库位优先策略

在配送中心，要将最佳库存位置留给畅销商品，尽量保证畅销商品在储存环节中物流线路最短，这也是降低物流成本的需要。

4. 配送优先策略

在畅销商品由配送中心到门店的运输过程中，应要求配送中心优先安排运力，保证畅销商品准时、安全送达。

5. 陈列优先策略

畅销商品一般应该陈列在卖场中的展示区、端架、主通道两侧货架的磁石点上，并根据销售额目标确定排面数，保证足够大的陈列量。

6. 促销优先策略

畅销商品的促销应成为卖场促销活动的主要内容，各种商品群的组合促销也应该突出其中的畅销商品。

四、商品价格管理

商品价格是影响顾客购买行为的重要因素。一般来说，商品价格上涨，顾客需求量减少；商品价格下跌，顾客需求量增加。商品定价和变价的目的是让顾客觉得划算，从而乐意掏钱购买，最终实现店铺盈利的目的。

由此可见，价格是商战中的重要武器，如果运用得当，就能赢得顾客；反之，如果运用不当，就会吃败仗。所谓商品价格管理，就是合理制订和调整商品的价格，从而保证商品的销量。从这个意义上说，商品价格管理的重点在于随需应变。

（一）商品定价管理

商品管理的最终目的是利润最大化，因此，商品定价时应综合考虑商品的质量和性能、竞争对手的定价、店铺的营销计划等因素，进而选择合适的定价。

1. 商品定价需要考虑的因素

商品定价需要考虑的因素见表3-3。

表 3-3　商品定价需要考虑的因素

类型	定价依据	说　　明
内部因素	成本因素	包括固定成本（如进货价格、固定资产折旧、管理人员工资等）和变动成本（如员工工资、直接营销费用等）
	实现销售目标	利润最大化、提高市场占有率
外部因素	竞争因素	充分了解竞争者的情况，包括竞争对手的实力、定价策略等
	需求因素	对于需求弹性大的商品，调价会立即影响市场需求；对于需求弹性小或无弹性的商品，调价对市场需求无显著影响。因此，如果市场对商品的需求量增加，则可以适当提价；反之，则可以适当降价
	顾客因素	顾客的购买心理、购买动机、购买行为等也会影响商品的定价

2. 商品定价的方法

1）成本导向法

以进货成本为基础，加上预期利润，由此确定商品的价格。

（1）成本加成定价法。

$$商品售价 = (商品进价 + 商品附加成本) \times (1 + 加价系数)$$

其中，商品附加成本包括固定资产折旧费、员工工资、仓储费用、产品运输费用、促销费用等。

（2）售价加成定价法。

$$商品售价 = (商品进价 + 商品附加成本) \div (1 - 毛利率)$$

（3）目标利润定价法。

$$商品售价 = (固定成本 + 目标利润) \div (预期售量 + 可变成本)$$

2）竞争导向法

参考竞争对手的定价来确定商品的价格。

（1）现行价格定价法。

根据竞争对手的定价或市场平均价格来确定商品的价格，而不考虑成本或市场需求。该方法主要适用于需求弹性难以衡量的商品，既可以保证合理的利润水平，又可以避免企业间的恶性竞争。

（2）投标定价法。

靠投标赢得业务的公司大多采用投标定价法。竞标的目的是争取合同，因此，报价时要重点考虑竞争对手的价格策略。

（二）降价

商品的零售价格并非一成不变，随着市场环境的变化，如库存商品过多或面临竞争对手强有力的价格竞争，店铺可能需要对现行价格进行适当的调整。调整价格主要有两种情况：

一是根据店铺的内部经营情况主动调整；二是根据竞争对手的价格策略，被动做出反应。调整的方向包括降价和提价。对于降价，顾客通常会产生两种截然不同的反应：一是感到商品价格便宜，从而产生强烈的购买动机；二是对商品的质量产生怀疑，从而抵制内心的购买欲望。因此，商品降价应考虑顾客的购买心理。

商品降价的注意事项如下。

1. 降价时机

（1）市场需求减少时。

（2）库存积压严重时，以降价来刺激顾客购买。

（3）需要为新商品腾出空间时。

（4）季节性商品转季销售减少时。

（5）竞争对手降价时。

2. 降价策略

1）早降价

存货周转率高的店铺多采用早降价的策略。早降价可以促进商品的销售，为新商品腾出销售空间，并改善店铺的现金流。

2）迟降价

迟降价让商品有充分的机会按原价出售，但以上列出的早降价的好处恰恰是迟降价的弊端。对于季节性商品，虽然在季末打折出售已经亏本，但这笔货款可投资于其他商品，从而减少损失。

3）交错降价

即在销售旺季逐次降价。这种降价策略多与自动降价计划相结合。在自动降价计划中，降价的金额和时机取决于商品库存时间的长短，这样可以保证库存的更新和早降价。

3. 降价幅度

降价幅度太小，难以引起顾客的注意，起不到促销作用；幅度太大，容易引起顾客对商品质量的怀疑，进而影响商品的销售。根据经验，耐用消费品的降价幅度一次不宜超过10%，一般商品不宜超过40%，否则，顾客会对商品质量产生怀疑。

4. 降价方法

1）自动降价销售

告诉顾客降价商品的名称、降价时间和降价幅度。一般而言，降价初期顾客大多持观望态度，降价可以快一些；降价后期，顾客急着购买，降价可以慢一些。

2）一次性出清存货

每年国庆节、春节等销售旺季，集中搞1~2次促销活动，既可以出清存货，又可以增进顾客的信任。一次性出清存货可以保证商品有充分的时间按原价出售，降低频繁降价对商品销售的影响。因此，对于很多店铺而言，一次性出清存货不失为一种降低库存、加快资金周转的好办法。

5. 降价技巧

1）直接降价

即直接降低某种商品的售价。直接降价对顾客非常有吸引力，但容易引发行业内的恶性竞争。

2）间接降价

即维持商品原价不变，通过打折等方式来促销商品。间接降价有一定的隐蔽性，可以暂时避免竞相降价的恶果。但是，对顾客而言，实际享受到的好处并不多，所以促销效果一般。

（三）提价

1. 提价时机

（1）顾客知道采购成本增加时，如蔬菜价格因为雨季而上涨。
（2）商品供不应求时。
（3）传统节日，如春节、中秋节。
（4）季节性商品的销售旺季。
（5）竞争对手提价时。

2. 提价策略

（1）提价幅度不宜太大，速度不宜太快。尽量避免一次性大幅度提价，可以通过连续的小幅度提价来实现涨价的目的。
（2）准备充分的、令人信服的提价理由。在提价的同时，向顾客解释提价的原因，减少顾客的抵制和不满情绪。
（3）宜被动提价，不宜主动提价；宜间接提价，不宜直接提价。
（4）切忌所有商品同时提价，否则会遭到顾客的抵制。因此，宜采取部分商品提价的策略。

3. 提价幅度

提价时要充分考虑顾客的反应，每次提价的幅度不宜超过 10%，而且要根据顾客的反应适当调整。

4. 提价方法

（1）明确提价，即明确告诉顾客提价的商品、提价幅度和提价时间。
（2）取消折扣，即不再提供正常的现金折扣或数量折扣。
（3）商品的价格不变，减少商品的含量。
（4）商品的价格不变，减小商品尺寸。
（5）减少服务项目。
（6）使用廉价的包装材料。

（四）商品价格管理流程图

商品价格管理流程图如图 3-3 所示。

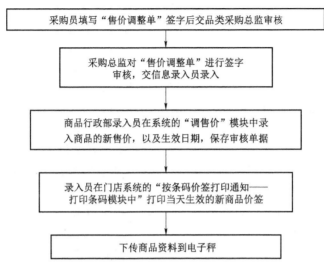

图 3-3 商品价格管理流程图

进售价调整单见表 3-4。

表 3-4 进售价调整单

调价店：　　　　　　　　　　　　　　　　　　制单日期：
调价性质：□永久调价　□促销调价　　　　　　　开始日期：
　　　　　　　　　　　　　　　　　　　　　　　结束日期：

商品编号	商品条码	商品名称	销售单位	原进/售价	新进/售价	调价原因

采购主管：　　　采购经理：　　　品类采购总监：　　　采购总监：　　　录入员：

◎ 项目总结

商品的生命力是决定卖场和供应商经营状况及利润的核心指标，鲜活的商品如同流动的"血液"一样维持着生意的正常运作。然而有的商品，不一定产生利润，只有那些有活力的商品，才能最大化地实现销售与利润目标。通过商品定位、调整商品组合和合理的商品进销存管理，优化商品结构，才能满足顾客的购买需求，产生利润。因此，管理好商品就抓住了零售管理的核心。

基本训练

一、选择题

1. 对于高档商品、耐用商品或者价格较高的商品等，为了给顾客一种"一分钱一分货"的感觉，借以提高商品的形象。则宜采用的定价方法是（　　）。
   A. 安全定价法　　　　　　　　　　B. 整数定价法
   C. 分级定价法　　　　　　　　　　D. 非整数定价法

2. 成本结构是企业成本会计的研究范围，其中企业支付变动因素的变动而变动的成本，如员工工资或直接营销费用，称为（　　）。
   A. 固定成本　　B. 变动成本　　C. 边际成本　　D. 机会成本

3. 卖场商品的整理要点包括（　　）。
   A. 检查补充商品　　　　　　　　　B. 做好存货管理
   C. 展示商品　　　　　　　　　　　D. 检查 POP 广告牌

4. 利用顾客的消费心理，定价时尽量有意识地采用弧形数字法标价，即 5，8，0，3，6，9，2 等，这种标价方法为（　　）。
   A. 高价法　　B. 低价法　　C. 非整数定价法　　D. 弧形数字定价法

5. 顾客在购买商品时，多注意的是单位商品的价格的高低，而较少注意计价单位的大小，如超市可以将每千克 20 元的小点心分装为 50 克一包，标出每包价格 1 元，这既符合顾客小量购买的习惯，又给顾客以价格不高的良好外在印象，这种标价技巧可以称为（　　）。
   A. 复合单位标价　　　　　　　　　B. 拆零标价
   C. 组合标价　　　　　　　　　　　D. 对比标价

6. 在商品提价时，宜采取（　　）的策略。
   A. 全部提价　　B. 直接提价　　C. 部分提价　　D. 间接提价

7. 假设某一商品的建议零售价为 100 元，它有一个初始加价，如果商品成本和它的初始零售价格之间相差 56%，那么加价是（　　）。
   A. 54 元　　B. 55 元　　C. 56 元　　D. 57 元

8. 便利品是指顾客经常购买，而且不愿意花时间做过多比较的商品。以下（　　）不属于便利品。
   A. 日用品　　B. 冲动购买品　　C. 选购品　　D. 时尚用品

9. 商品管理先以单品管理为基础，然后从单品中强化（　　）主力商品的管理。
   A. 10%　　B. 20%　　C. 30%　　D. 40%

10. 撇脂定价法就是在新产品上市之初，将价格定得较高，在短期内获取厚利，尽快收回投资。就像从牛奶中撇取所含的奶油一样，撇脂定价法适合需求弹性较小的细分市场，其优点是（　　）。
    A. 适合顾客求新心理上　　　　　　B. 产品主动性大
    C. 可以控制产品需求量　　　　　　D. 有利于扩大市场

二、判断题

1. 进货管理包括订货、进货、验收、退换货、调拨等项业务。（　）
2. 存货管理主要包括：存货数量管理、存货结构管理和存货时间管理。（　）
3. 变价是指由于经营、商品自身及市场等因素的变化而调整商品原销售价格的业务，具体包括商品的价格调整和商品价格调高两种形式。（　）
4. 商品定位是指连锁企业针对目标消费者和生产商的实际情况，动态地确定商品的经营结构，实现商品配置的最优化状态。（　）
5. 业态是以经营形式的不同而划分的营业形态。（　）
6. 一般来讲，超市的商品划分成大分类、中分类和小分类三个层次。（　）
7. 商品群是根据超级市场的经营观念，用一定的方法来集结商品，将这些商品组合成一个战略经营单位，来吸引顾客促进销售。（　）
8. 品类管理是零售商和供应商把经营的商品分成不同类别，并把每类商品作为企业经营战略的基本活动单位，所采取的一系列相关管理活动。（　）
9. 新商品引进的控制管理关键是建立一系列进货、销货和存货的控制标准。（　）
10. 商品管理的最终目的是利润最大化，因此，定价时应综合考虑商品的质量和性能、竞争对手的定价、店铺的营销计划等因素，进而选择合适的定价。（　）

三、思考题

1. 上网搜索免费的"进销存"软件，进行模拟训练。
2. 实地调查一家中型超市，分析其商品结构及商品组合类型。
3. 上网搜索优秀"品类管理"的案例和同学们一起分享。

实训操作

A超市集团总店（6 000平方米）位于高校附近，其5~10千米内的潜在商圈顾客层构成如下：居民占70%，高校学生占30%。然而根据顾客调查和店长现场观察，在该卖场消费购物的顾客中学生占60%以上，居民不足40%。

这些数据表明什么？商品结构到底应如何倾斜？应该选择哪类顾客为主流目标顾客？

实训效果评价表

项　　目	表现描述	得分
参与性		
知识的运用		
分析情况		
建议情况		
合计		

案例分析

1. 某超市门店的销售非常不理想，近 6 000 多个品种，似乎很多单品都能卖一点，但又都卖得不算很好，从该店 POS 经营数据进一步分析发现，有近 50% 的单品却创造了 50% 的销售额（即 50vs50）。

问题：

（1）这样的商品构成是否正确？

（2）如何来诊断是不是商品构成出了问题？

2. A 城 M 公司，当地最大的连锁零售企业，在该城开连锁店 9 家，无人可比，为业界翘楚。但是由于长期对单品没有进行严格的管理，造成了门店单品过多，货架资源受到严重影响，使销售人员和采购人员都感受到压力。同时，大量的单品由于滞销，占用大量流动资金，资金链稳定性随时面临着考验。

针对此情况，公司自去年年初以来逐步推进品类管理，优化卖场资源，加强商品管理，严格地对各个品类的单品数量进行限额，每月进行末位淘汰，对新品进店实行一进一出制度。

一年时间下来卖场商品的陈列面大了，滞销品少了。可是大家突然发现进店客流有所下降，虽然客单价提高了，营业额变动不大。而且毛利率降了很多，没有原来赚钱了！

有位资深采购经理分析说，都是品类管理惹的祸！因为，在进行品类管理的过程中为完成品类单品指标，淘汰了很多低交易额的二、三线品牌的商品，这些商品均是高毛利的，而保留下的高交易额的一线品牌商品，毛利少得可怜，甚至平进平出，仅仅依靠年终返利维持。这套"洋东西"在国内目前的市场状况下有些水土不服，要么不用，用的话也来点中国特色！

问题：

（1）采购经理的理解对吗？

（2）结合你所学的知识，请问如何改变超市目前的经营现状？

项目四 员工管理

▷ **项目目标**

❖ 了解员工管理的内容、原则,以及员工管理的目标。
❖ 熟悉员工管理的流程。掌握岗位分析和岗位评价、招聘、甄选、录用、培训、绩效考核的工作方法和侧重点。
❖ 掌握员工管理的相关技巧。

▷ **项目导入**

现代企业管理的根本是人的管理,有效的员工管理可以保证企业强大的内部凝聚力,良好的员工管理也会使企业蕴含蓬勃的发展动力。随着企业不断发展壮大,员工的管理问题渐渐成为企业管理的重头戏。有研究数据表明,企业的管理人员会将80%的时间花在员工的管理问题上。事实上,良好的员工管理不仅仅对企业有着重要意义,对员工本身心理健康、职业发展等各方面也有着积极向上的作用。

◎ **导入案例**

星巴克的员工管理

星巴克一直被称为用人典范,多次入选《财富》杂志的全球"最佳雇主"和"最受推崇的企业"排行榜。这与星巴克的企业文化是分不开的。

1982年,霍华德·舒尔茨是一家生产厨房设备的瑞典公司的副总裁兼美国分公司经理。有一次,他在西雅图的星巴克被手磨的、现调配的咖啡所吸引。当时的星巴克只有四家店面,并且只出售咖啡豆。老板是因为喜欢咖啡才开设星巴克的,宣称要提供美国最好的咖啡豆。几乎就在那一瞬间,霍华德·舒尔茨就决定与神奇的星巴克签下终生契约。霍华德·舒尔茨加盟星巴克后成为市场与零售部经理。到1987年,霍华德·舒尔茨以380万美元买下了星巴克,然后将其调教成全美"领先的零售商、美味蛋糕的提供者及独具魅力的咖啡品牌"。2006年,星巴克董事长霍华德·舒尔茨在上海"SNAI-ASU企业家高层论坛"上,讲述了一个不以赚钱为目的的星巴克故事，其管理的精神是关注员工的成长。

在咖啡店这个传统的行业中，为什么星巴克能够成功？成功秘诀什么？在星巴克，"员工第一，顾客第二。"公司认为员工才是最重要的资产，然后是顾客，之后才是股东。2006年11月，星巴克宣布，中国市场所有员工（包括工作一年以上的兼职员工）都能拥有星巴克的股票期权。同时，中国星巴克有"自选式"福利，包括旅游、交通补贴、进修、出国交流等，可以按照员工的不同状况给予补助，员工也可根据自身需求和家庭状况自由搭配薪酬结构。

资料来源：王庆慧．星巴克舒尔茨把员工当伙伴．青年报．

◎ 引例分析

星巴克是一个高度重视产品本真性的品牌，同时也是一家高度重视员工激情价值的企业。星巴克的例子体现了员工在企业中的特殊地位，也凸显出员工管理在企业中的重要性。从星巴克对待员工的态度及给予员工的福利待遇，可以看出星巴克对于员工的尊重。星巴克充分认识到了员工的重要性，创造性地进行员工管理，其对员工的关怀和体贴体现在各个部门，各个工作环节上。正是将员工放在一个很高的高度进行管理，才激发出了员工高度的热情与创造力，推动星巴克不断地进步。星巴克在员工管理方面的经验是非常值得我们学习的。

◎ 任务实施

任务一　初步认识员工管理

企业管理是一个决策、计划、组织、指导、实施、控制的过程。在这个过程中，企业充分运用管理的功能，聚合企业的各类资源，以最优的投入获得最佳的回报，以实现企业的既定目标。而员工存在于企业的每一个部门，所有的员工在企业的决策、制度及文化的指导下进行活动。所以说，企业管理的目的是效率和效益，而管理的核心就是员工。

一、员工管理的内容

一谈到员工管理，人们马上就会想到人力资源管理。员工管理等同于人力资源管理吗？可以说二者联系紧密，但又有其不同之处。

人力资源管理主要包括人力资源规划、人员招聘与配置、培训开发、绩效管理、薪酬管理等。而员工管理，主要是在日常工作中的管理，无论从流程还是从工作内容上看，员工管理与人力资源管理都有很大部分的重叠。但二者的工作又有很大的区别，员工管理渗透在企业经营的各个层面和各个角落，企业管理人员肩负着员工管理的重任。

现代企业将员工作为最为重要且宝贵的财富加以开发、利用和管理，开发员工的潜能、激发员工的活力、凝聚员工的向心力，促使员工积极主动的开展工作。企业的管理人员同时也是员工，他们既作为管理者进行员工管理工作，同时又作为员工接受着上级领导的管理。

可以说，管理人员在工作中发挥着承上启下、上通下达的纽带作用，帮助企业处理和协调各种关系。一要合理地处理好人与事的关系，确保人事匹配；二要恰当地解决员工之间的关系，使其和睦相处；三要充分调动员工的积极性、创造性，使员工为企业努力工作；四要对员工进行充分的培训，以提高员工的综合素质，保证企业的最好效益。

员工管理可以从外在要素和内在要素两方面进行理解。就外在要素来讲，主要是根据人力和物力及其变化，对人力进行恰当的培训、组织和协调，使二者经常保持最佳比例和有机的结合，使人和物都充分发挥出最佳效用，使员工的工作环境有利于员工潜能的最大化发挥；从内在要素来讲，是指采用现代化的科学方法和手段，对人的思想、心理和行为进行有效的管理，充分发挥人的主观能动性，以达到组织目标。

二、员工管理的重要性

由于市场竞争的加剧，员工管理在企业管理中越来越受到重视，而在企业管理中的作用也变得日益重要。

企业进行科学的员工管理能够提高员工的工作绩效。每个企业都会根据自身的目标和员工个人的状况，分析企业所需岗位的要求，做好人力资源规划，招聘合适的员工并通过不断培训，进行横向纵向岗位或职位调整，量才使用，人尽其才，发挥个人特长，体现个人价值，促使员工将企业的成功当成自己的义务；培养员工积极向上的作风，转变员工的思想，提高员工队伍的素质，使员工变被动为主动，从而提高员工个人和企业整体的业绩；确保企业组织结构和工作分工的合理性及灵活性，从而提高员工的工作绩效，全面提高企业的生产效率。

员工是企业生存和发展的最根本要素。这是因为企业的工作目标是由企业管理者制订、实施和控制的，但在工作过程中，管理者是通过员工的努力来实现工作目标的，这就要求员工必须具备良好的能力素质，掌握市场运作规律，彻底贯彻管理者意图。只有恰当地选用员工，才能实现企业预定的目标。员工管理能够创造灵活的组织体系，为员工充分发挥潜力提供必要的支持，让员工各尽其能，共同为企业服务，从而确保企业反应的灵敏性和强有力的适应性，协助企业实现竞争环境下的具体目标。

员工是企业拥有的重要资源，也是企业的核心竞争力所在。目前员工管理逐渐被纳入企业发展战略规划中，成为企业谋求发展壮大的核心因素，也是企业在市场竞争中立于不败的至关重要的因素。

三、员工管理的五原则

（一）工作分配要适合员工的工作能力

每个人的能力和性格不同，每个岗位的要求和环境也不同，只有事先分析、合理匹配，才能充分发挥人才的作用，才能保证工作顺利完成。

企业可以通过四种方法来促进人员与岗位匹配：第一，多名管理者同时会见一名新员工，多方面了解他的兴趣、工作能力、工作潜能；第二，公司除定期评价员工工作表现外，还应有相应的工作说明和要求规范；第三，用电子数据库储存有关工作要求和员工能力的信息,及时更新;第四,通过"委任状",由管理者向董事会推荐重要岗位的候选人。

(二)论功行赏

员工对公司的贡献受到诸多因素的影响,如工作态度、工作经验、教育水平、外部环境等,虽然有些因素不可控,但最主要的因素是员工的个人表现,这是可以控制和评价的因素。其中一个原则是员工的收入必须根据他的工作表现来确定。员工过去的表现是否得到认可,直接影响到未来的工作结果。论功行赏不但可以让员工知道哪些行为该发扬哪些行为该避免,还能激励员工重复和加强那些有利于公司发展的行为。因此,在工作表现的基础上体现工资差异,是建立激励机制的重要内容。例如,星巴克根据员工的表现提供不同膳食补助金、公司股票等福利。

(三)提高员工的工作能力

通过基本和高级的培训计划,提高员工的工作能力,并且从公司内部选拔有资格担任领导工作的人才。

为员工提供广泛的培训计划,由专门的部门负责规划和组织。培训计划包括一些基本的技能培训,也涉及高层的管理培训,还有根据公司实际情况开发的培训课程,以帮助员工成长为公司所需的人才。组织结构明确,每个员工都知道自己岗位在公司中的位置和作用,还可方便地了解有哪些升职途径,并可获取相关的资料。例如,星巴克在晋升方面有明显的内部导向特征,更趋向于从内部选拔管理人员,这为那些有志于发展的人才提供了升职机会。

(四)不断改善工作环境和安全条件

适宜的工作环境,不但可以提高工作效率,还能调节员工心理。根据生理需要设计工作环境,可以加快速度、节省体力、缓解疲劳;根据心理需要设计工作环境,可以创造愉悦、轻松、积极、活力的工作氛围。例如,在公司内开设餐厅,为体力劳动者增设盥洗室等都体现了工作环境的人性化。

安全是对工作条件最基本的要求,但却是很多企业难以实现的隐痛。为保证安全的工作条件,要配备相应的安全设施,由专门的部门负责。向所有的员工提供定期的安全指导和防护设施。

(五)科学的管理方法

员工管理做得比较好的企业往往其领导者的任务是商定工作目标、委派工作、收集情报、检查工作、解决矛盾、评价下属员工和提高他们的工作水平。其中,最主要的任务是评价下属员工,根据工作任务、工作能力和工作表现给予公正评价,让下属员工感受到自己对企业的贡献、认识到在工作中的得失。评价的原则是"多赞扬、少责备",尊重员工,用合作的方式帮助其完成任务。任务被委派后,领导必须亲自检查,员工也自行检验中期工作和最终工作结果,共同促进工作顺利完成。

四、员工管理的目标

员工管理的目标就是员工管理所需要完成的职责和需要达到的绩效。员工管理的目标既要考虑企业组织目标的实现，又要考虑员工个人的充分发展，强调在实现组织目标的同时，实现个人的全面发展。

员工管理要保证组织对人力资源的需求得到最大限度的满足；最大限度地开发与管理组织内外的人力资源，促进组织的持续发展；维护与激励组织内部人力资源，使其潜能得到最大限度的发挥，创造一种自我激励、自我约束和促进优秀人才脱颖而出的机制，为公司的快速成长和高效运作提供保障。

任务二 流程化的员工管理

员工管理存在于每一个管理环节，整体上看，其服务于企业的总体战略目标。下面从流程化的角度，对员工管理进行比较系统的梳理。

一、岗位分析和岗位评价

岗位分析和岗位评价作为一个整体活动来看，是指采用科学的方法收集工作信息并分析工作信息，再按工作的性质、繁简、难易，分别予以分类与评定的过程。在这一过程中，岗位信息收集是基础，岗位分析是中介，岗位评价是目的，就如一个产品的说明书和产品标价，使员工"明明白白工作""清清楚楚拿钱"。

（一）岗位分析

1. 岗位分析的含义

岗位分析就是对企业所有工作岗位的特征和任职要求进行界定和说明，其结果是形成每一个工作岗位的职位描述、任职资格要求、岗位业务规范，大至组织决策，小到人员培训，都离不开岗位分析所提供的信息。

2. 岗位分析的步骤

岗位分析是一项技术性很强、复杂而细致的工作，要做好它是不容易的，必须有充分的认识和准备。其步骤主要包括四个阶段。

1）准备阶段

这个阶段主要是设计调查方案，规定调查的范围、对象和方法。具体做法如下。

（1）根据岗位分析的总目标和总任务，对企业各类岗位的现状进行初步了解，掌握相关基础数据和资料，设计岗位调查时间和调查方案。

（2）做好员工的思想工作，宣讲岗位分析的目的和意义，取得员工的理解、信任与合作。

（3）制订计划，并根据岗位分析的任务和程序对计划进行分解，以便逐项完成，并对岗位分析人员进行培训，使他们掌握岗位调查的内容和具体的实施步骤及方法。

2) 调查阶段

这个阶段的主要任务是根据调查方案，对各岗位进行认真细致的调查研究。调查通常是面对面访谈和问卷调查，还可以结合资料分析、现场观察、关键事件、工作日记、小组讨论等方法，广泛、深入搜集有关岗位工作的各种数据和资料。

3) 分析整理阶段

这个阶段是岗位分析的关键阶段，要对岗位调查的结果进行深入分析，并初步整理出岗位说明书。岗位分析并不是简单、机械地收集和积累某些信息，而是要以正确、开放和创新的思路与观念，对各个岗位的特征和要求进行全面考察，创造性地提出各岗位的主要成分和关键因素，并在深入分析和认真总结的基础上，提出岗位说明书。

4) 反馈总结阶段

这个阶段主要是对岗位分析的初步结果进行反馈与修正，最后形成完整的岗位说明书。岗位说明书的内容必须经过不断地反馈与修正，才能把工作的误差降到最小。有些企业往往忽略这个阶段的工作，导致岗位说明书的内容存在漏洞或不合理，容易引起其他工作的混乱和员工的不满。由于接下去人力资源管理工作的各个环节都是以此为基础的，如果为了简便和节省时间，草草完成岗位说明书的编写，就会像一座大厦的地基没有夯实一样，是很危险的，必须引起足够的重视。同时，要注意总结岗位分析调查工作中的问题和经验，以便于在适当的时间进行调整和修正。

3. 岗位说明书的编写及其误区

1) 岗位说明书的编写

岗位说明书，也称工作说明书或职务说明书，是岗位分析的结果，也是企业重要的人事文件之一。它是对岗位分析工作所做的书面记录，其核心内容是岗位职责描述和任职资格要求两部分。岗位职责描述部分解决的是本岗位员工必须做哪些事情，任职资格要求部分解决的是从事本岗位工作的员工必须具备的条件。但是，岗位说明书并没有固定的格式和内容。其格式可用表格，也可用文字；内容除了两大核心部分之外，还可辅之以其他信息，如岗位的名称、编号、所属部门、所属科室、上下左右关系、考核办法、责任的大小及其失误的影响，等等。总之岗位说明书应以简洁实用、重点突出为好。

以管理类岗位为例，其岗位说明书的内容一般可分为五部分。

（1）基本资料部分。

基本资料部分，包括岗位名称、岗位性质、所属部门、所属科室、岗位编号等，还可增加工资等级、工资水平、定员人数等，视具体情况而定。

（2）上下左右关系部分。

上下左右关系部分，包括直接上级、直接下级和平行协调关系三方面。有的企业把这部分也归为基本资料部分，但是为了直观明了，以分开为好。

（3）岗位职责部分。

岗位职责部分，即逐项列出任职者的工作内容，本部分是岗位说明书的重点。有的还增加一栏，说明本岗位在本企业中的责任相对重要程度及其失误的影响，并予以量化。

（4）考核办法部分。

考核办法部分，包括考核的指标及其权重、晋升和转换的岗位等。有的企业由于出台了具体的考核办法，就将本部分省略。为了让员工在明确工作职责的同时，清楚自己努力的目标，应尽量在此加以说明。

(5) 资格条件部分。

资格条件部分，可细分为三个方面：一是任职者的思想、心理、身体、知识、能力等素质要求；二是任职者所需的最低学历、工作年限、工作经验（从事过的岗位）、职称要求等；三是任职者所需的培训要求（应说明培训的内容、方式、时间等）。此外，还可增加一栏备注部分，以方便个别岗位的需要。

2) 岗位说明书编写的误区

(1) 流于形式。

岗位说明书的编写既是落实岗位责任和确定任职资格条件的过程，也是组织目标层层分解的过程。以人为本的组织，就必须尊重员工，了解员工的需求特点，让员工与企业共同发展，在组织目标实现的同时，使个人的目标也得到满足。编写岗位说明书的过程，可以使员工明确自己的工作责任以及自己在企业中的作用，同时也是企业了解员工工作情况和工作期望的大好时机。可惜很多部门主管都像在应付作业一样草草完成，没有借此机会与员工进行交流，在以后岗位说明书的应用过程中，也就容易出现员工不理解、不利用、不执行的情况，使岗位说明书变成可有可无的摆设。

(2) 人力资源部门总揽岗位说明书的编写工作。

岗位说明书应主要由各部门的主管负责，人力资源部门为其提供格式和方法，并予以适当的指导和审核。如果由人力资源部门代行其事，就在一定程度上失去了编写岗位说明书的本意。

(3) 一劳永逸，长期不改。

随着时代的进步和企业的发展，企业各部门的职能及相应岗位的工作内容也会不断地发生变化，尤其是网络时代中的新兴行业更是如此。如果岗位说明书不能进行及时修正，就会很快过时。一般而言，至少也要每 1～2 年修订一次。因此，岗位说明书的格式要简洁实用，重点突出，项目不要过多。在进行岗位职责描述时，要注意措辞既明确又通用，内容应详略得当，不要写得太详细，也不能过分简单，以实用为准。

(4) 岗位说明书以现任人员为准。

岗位分析针对的是岗位，而不是人。岗位说明书描述的只能是岗位本身具有的特性，与本岗位的任职者无关。有些企业根据现有人员的情况来制订岗位职责和任职资格标准，使岗位说明书偏离了它本身的特点，缺乏客观公正性。因此，在编写岗位说明书时不能过多掺杂现有任职者的身影。一般都要按照岗位本身的要求进行编写，为避免"执行难"的问题，可稍微照顾现有任职者（主要是一些老员工）的情况。比如，对不能达到学历要求的员工，可以规定其必须具备什么样的工作经验。

（二）岗位评价

1. 岗位评价的含义

岗位评价是对企业各工作岗位的相对价值进行评估和判断，其结果是形成企业不同工作岗位的工资体系。岗位评价确立了企业内各工作岗位相互之间的重要性，明确了企业内所有工作岗位之间逻辑性的排列关系，并由此构成了薪酬结构的基础。

2. 岗位评价的意义

1）衡量岗位相对价值

岗位评价作为确定薪资结构的一个有效的支持性工具，可以明晰地衡量出岗位间的相对价值。进行岗位评价需要在工作分析的基础上，按照一定的客观衡量标准，对岗位的工作任务、繁简难易程度、责任大小、所需资格条件等方面进行系统的、定量的评比与估计。

2）确定合理薪资结构

岗位评价的目标是建立一种公正、平等的工资结构，以使人们相信，在工作中付出大致相同的代价和辛劳得到同样的报酬。企业需要一种科学的方法来衡量岗位间的价值，从而确定一个公平合理的并对员工有良好激励作用的薪资结构。企业需要一种更为科学的方法界定薪酬体系，以提高员工对于收入水平的满意度和收入分配的公平感，实现更充分的激励作用。

3）奠定职务级别基础

确立职务级别工资制需要岗位评价这个有力的支持性工具，岗位评价可以衡量出管理职务系列各级别的排序和量化差异，并将之对应到其他职务系列相应的级别，从而确定不同岗位间的相对价值。

3. 岗位评价的原则

进行岗位评价时，必须贯彻如下的一些基本原则。

（1）对事原则。

岗位评价针对的是工作的岗位而不是目前在这个岗位上工作的人。

（2）一致性原则。

所有岗位必须通过同一套评价因素进行评价。

（3）因素无重叠原则。

岗位评价因素定义与分级表中的各项因素，彼此间是相互独立的，各项因素都有其各自的评价范围，这些范围彼此间是没有重叠的。

（4）针对性原则。

评分因素应尽可能结合企业实际，这需要在实际打分之前，对专家小组成员进行培训。项目组与专家根据该企业的实际情况，对岗位评价因素定义与分级表中的各类因素的权重和各个因素的定义进行协商讨论，尽可能二者切合企业实际。

（5）共识原则。

岗位评价需要大家达成两项共识，一是专家小组成员对各因素的理解要达成共识，避免在实际打分中出现对含义理解的偏差；二是项目组要和专家小组成员达成共识，即岗位评价讨论的是岗位的等级分数，而不是该岗位的最终薪资数，从岗位评价打分数到最后的薪资还有很长的路要走。

（6）独立原则。

参加岗位评价的专家小组成员必须独立地对各个岗位进行评价，绝对不允许专家小组成员之间互相商量，协商打分。

（7）反馈原则。

对于各个岗位打分的结果，应该及时地进行反馈，让专家小组成员能够及时了解对该岗位评价的情况,产生偏差的原因以及其他成员的观点,及时调整自己的思路,加深对评价因素定义与分级表中各项要素的理解。

(8) 并行原则。

要想及时地反馈结果,进行数据处理的操作组就要设计好工作流程,与专家组并行运作,使评价工作提高效率。

(9) 保密原则。

由于薪酬设计的极度敏感性,岗位评价的工作程序及评价结果在一定的时间内应该是处于保密状态。当然,在完成整个薪酬制度的设计之后,岗位评价的结果应该公开,使全体员工都了解到自己的岗位在公司中的位置。

4. 岗位评价的方法

岗位评价的方法有很多种,选择何种方法主要取决于待评价岗位的数量和种类、成本的多少、可用的资源和所要达到的准确程度。

普遍应用的岗位评价方法有四种:排序法、分类法、评分法和要素比较法,前两个称为非分析法,后两个称为分析法。二者的主要区别是,非分析法不把工作岗位划分成要素来分析,不必对岗位进行量化测量;而分析法则是岗位内各要素之间的比较,并对岗位进行量化测量。

1) 排序法

排序法是一种简单的方法,它是按要求把工作岗位按一定顺序进行排列。岗位被作为一个整体来考虑,并通过比较简单的工作岗位写实来进行相互比较。

2) 分类法

分类法的主要特点是,各种岗位级别及其结构在岗位评价之前就建立起来了。对所有岗位的评价只需参照岗位级别的定义"对号入座"就可以了。

3) 评分法

评分法运用的是有明确定义的要素,如责任因素、知识技能因素、努力程度因素、工作环境因素等。要素数量可能从几个到十几个,这主要看方案的需要。每一个要素被分成几种等级层次,并赋予一定的分值,然后对岗位的要素逐个进行分析和打分,把各个要素的分值进行加总就得到了一个工作岗位的总分值。这个总分值决定了它在岗位序列中的位置。

评分法具有如下特点:第一,在运用评分法进行打分前需要有明确的计划;第二,这种方法要求评价小组有熟练的技术;第三,这种方法适用于对大量岗位进行评价;第四,经过反复实践,现在归纳出的岗位评价要素已具有普遍代表性,只需要根据本单位的具体情况对个别要素和权重进行适当调整即可。(更多观点,可以参见爱维龙媒管理咨询专家赵梅阳的《专家论坛》)

4) 要素比较法

要素比较法是从评分法衍化而来的,它也是按要素来对岗位进行分析和排序的。这种方法需要先选定岗位的主要影响因素,然后将工资额合理分解,使之与各影响因素相匹配,最后再根据工资数额的多寡对岗位进行排序。

要素比较法与评分法的主要区别在于:第一,各要素的权数不是事先确定的,而是在对主要岗位进行详尽的分析之后确定各个要素和各个层次的重要性;第二,由工资数额的多寡决定岗位的高低而不是根据打分的高低。

5. 运用岗位评价需要注意的问题

岗位评价的方法具有良好的可扩展性，因此，随着公司的发展，当新的岗位出现时，公司需要对这些新增加的岗位进行评价，评价的方法依然是由企业组建专家组，通过上述的工作流程来进行；当企业经营的外部环境发生很大变化的时候，公司应该根据实际的情况，看看是否有必要对有些岗位甚至所有的岗位进行重新评价。因此，虽然这套评价体系是固定的，但是企业需要根据实际的情况来不断调整。

二、招聘

（一）招聘的定义

招聘是指根据组织发展的需要，通过各种途径吸引大批应聘者，从中挑选适合本组织需要的人员的过程，是组织补充人员的主要途径。

（二）招聘的作用

招聘不仅是为组织挑选合适人员的过程，而且对组织的发展具有很重要的作用。

1. 补充人员，保证组织正常经营

维持组织正常的运行必须有一定的人员作为保障，但在任何组织中都存在人员流动，这就需要补充人员。同时，组织内部正常的人员退休、人员调动及人员辞退都需要及时补充新的员工；当组织扩大业务规模时、新的分公司成立时、内部结构调整及企业转产时，都必须进行招聘。因此，招聘工作是保证组织正常运转的主要手段。

2. 吸引人才，提高组织经营业绩

现代市场竞争日益激烈，组织之间的竞争归根到底是人才的竞争，能够在人才竞争中获胜的组织，就能在市场竞争中立于不败之地。组织的经营业绩是全体员工共同创造的，通过招聘得到优秀的人才是确保员工队伍良好素质的基础。只有这样，才能在今后的发展中保持员工的整体素质水平。为了提高组织的经营业绩，在人才竞争中占有主动地位，必须通过招聘为组织储备人才。

3. 宣传组织，展现组织形象

在招聘中向全社会展示组织风采。广告招聘、大型人才交流会和校园招聘是展现组织形象的最好机会，比单纯做产品广告的效果要好得多，而且成本很低。许多组织正是认识到了这一点，所以在招聘时非常注重广告的设计，在进行招聘者的挑选时也非常慎重，因为招聘者的一言一行都代表着组织的形象，而应聘者正是通过这些"小事"来感受的。只有树立良好的形象，组织才能吸引更多的人才。

（三）招聘的原则

对所有的组织而言，招聘工作都要遵循一定的原则，才能确保整个招聘工作的有效性。

1. 公开、公平原则

招聘工作的公开、公平原则，一方面能给予社会上的人才以公平竞争的机会，达到广招人才的目的；另一方面能使招聘工作置于社会的公开监督之下，防止不正之风，使组织得以不拘一格地选拔、录用各方面的优秀人才。招聘单位、职位名称、拟招人数、招聘方式与流程、考核范围与时间等信息应向全社会公布。招聘单位对所有应聘者应一视同仁，不得人为地制造各种不平等的限制条件和各种不平等的优先、优惠政策。

2. 双向选择原则

组织根据业务要求自主地选择所需员工的同时，求职人员也根据自己的条件自主地选择职业，这是现代人力资源配置区别于传统人力资源配置的重要标志。双向选择原则是劳动力市场资源配置的基本原则，这一原则不仅能使组织不断增强自身的吸引力，重视自己在招聘中的自主权，保障员工队伍的优化，而且能使求职者有更大的主动性选择自己想从事的职业，从而更易发挥自己的特长，调动个人的积极性。

3. 全面、竞争原则

对应聘人员的考核应从品德、知识、能力、智力、经历、工作经验和业绩等方面进行全面的考察。组织要尽可能地采用全方位、多角度的评价方法来评定应聘者的优劣，提高选拔和录用工作的科学性，而不是靠招聘人员个人的直觉、印象，甚至是与自己的亲密程度来选人。招聘都要通过笔试、面试等环节，以此鉴别、确定人员的优劣和取舍。

4. 择优原则

在招聘工作中，不仅要根据组织的职务岗位选聘人员，而且要保持群体成员之间心理素质差异的互补，使整个组织的员工结构合理。通过择优原则，广揽人才，选贤任能，为单位引进最适合的员工。为此，招聘时应采取科学的考核、考察方法，精心比较，择优选择筛选。

5. 低成本、高效率原则

组织应力争花费尽可能少的招聘费用招聘到高素质、满足组织需求的员工。对组织而言，招聘人才的目的是实现每个岗位上都有最适合的人员，使组织的整体效益最大化。因此，在以效益为中心的组织中，招聘同样讲求效率，追求成本与收益之间的相互平衡。

（四）招聘的基本程序

招聘程序没有一个绝对的标准，不同的组织可能有不同的招聘过程。通常招聘的基本程序为制订招聘计划—拟订招聘策略—招聘渠道及方法的选择—征召—甄选—聘用与试用—招聘评估。在招聘过程中，每个程序都是一个关键决策点，如果在应聘中达不到该决策点的要求，就要被淘汰，只有达到该决策点才能进入下一轮的选拔。

1. 制订招聘计划

根据组织的人力资源计划，在掌握了各类人员的需求信息，明确了有哪些职位空缺后，就可以制订招聘计划。产生职位空缺的原因是多方面的，既有组织拓展，如业务领域的扩大、业务量增多等；又有新技术、新发明或自动化工艺流程的采用以及组织自身的"新陈代谢"，如员工退休、晋升、降级等。招聘计划通常包括招聘人数、招聘标准、招聘对象、招聘时间和招聘预算等内容。

2. 拟订招聘策略

1）招聘地点的选择

为了减少招聘成本开支，组织应将招聘的地理位置限制在最能产生效果的劳动力市场上。组织应根据所需人才素质的不同选择不同的劳动力市场范围。一般而言，招聘高级管理人员应倾向于在全国范围的劳动力市场上进行选择；招聘中级管理人员和专业技术人员可以在跨地区的劳动力市场上进行选择；而操作工人和办事人员只需要在企业所在地劳动力市场上进行选择。

2）招聘时间的选择

即组织应什么时间开始招聘工作，才能保证新进员工准时上岗。招聘日期的具体计算公式为：

招聘日期＝用人日期－准备日期＝用人日期－培训周期－招聘周期

公式中，培训周期是指新进员工进行上岗培训的时间；招聘周期指从开始报名、确定候选人名单、面试直到最后录用的全部时间。例如，某组织的用人日期为2017年3月1日，培训周期为一个月，招聘周期为半个月，则按上式计算，应从2017年1月15日开始着手新员工的招聘工作。

3. 招聘渠道及方法的选择

组织应根据招聘计划对应聘者的来源渠道进行选择。招聘渠道按来源可分为组织内部招聘、组织外部招聘两类。组织内部招聘和组织外部招聘各有利弊，具体的操作要根据企业的战略计划、上岗速度及经营环境等综合考虑。

4. 征召

征召就是吸引和寻找候选人的过程。招聘计划和招聘策略的制订工作一旦完成，就进入了征召阶段。吸引和寻找候选人就是开发候选人资源，因为有些候选人资源不是马上就能利用的，要进行一些必要的开发工作。

5. 甄选

甄选的目的是将明显不合乎职位要求的申请者排除。甄选的主要手段是测试，包括心理测试、知识考试、情景模拟、面试等。

6. 聘用与试用

对经过甄选合格的候选人，应做出聘用决策。对决定录用者要发放正式通知，对不予录用的求职者也要致函表示歉意。对决定聘用的人员，在签订劳动合同以后，要有1～6个月的试用期，如果使用合格，试用期满后，就可以签订正式劳动合同，享有正式员工的权利，承担相应的责任并获得相应的报酬。

7. 招聘评估

这是招聘的最后一项工作。一般来说，招聘评估包括招聘成本评估和录用人员评估。这两项评估可以从数量、质量、效率方面对招聘工作进行评价。研究表明，通过不同的招聘渠道和招聘方法，产生的招聘效果是截然不同的。因此，通过招聘评估可以发现招聘工作中存在的问题，以便在将来的工作中进行修正，提高下一轮招聘工作的质量。

三、甄选

（一）甄选的定义

成功的招聘可为组织吸引足够的候选人，而甄选就是要从这些候选人中挑选出最适合空缺职位的人，实现人员和职位的最佳匹配。所谓甄选，是指运用一定工具与手段，对已经招聘到的求职者进行鉴别和考察，区分他们的知识技能水平，预测他们的未来工作绩效，从而挑选出组织所需的人员。

（二）甄选的步骤

甄选一般要经过如下步骤。

1. 初步筛选

淘汰求职材料不实者和明显不合格者。

2. 初步面试

根据经验和岗位要求淘汰明显不合格者。

3. 心理和能力测试

根据测试结果淘汰心理健康程度和能力明显不合格者，或按一定比例淘汰低分值者。

4. 诊断性面试

该步骤是整个甄选步骤的关键，为最后决策提供决定性的参考意见。

5. 背景材料的收集和核对

根据核对结果淘汰资料不实或品德不良者。

6. 能岗匹配分析

根据具体岗位需求淘汰明显不匹配者。匹配分析贯穿测试的全过程，在此之前的测试注重于"选优"，在甄选环节就应该对匹配程度进行重点测试。

7. 体检

淘汰身体状态不符合岗位要求者。

8. 决策录用

决策应根据招聘职位的高低在不同层次的决策者中进行，决策之后交给相关部门进行记录。

（三）甄选的方法与技术

招聘过程中，要运用各种科学方法对应聘者进行客观鉴定。员工甄选的方法与技术很多，目前比较适合用于我国各类组织的有以下几种。

1. 简历筛选

简历是指应聘者的个人介绍材料。一般来讲招聘时投寄简历的人很多，因此必须对简历进行初步筛选。简历筛选并没有统一标准，但是以下五方面还是需要注意。

1）分析简历结构

简历的结构在很大程度上反映了应聘者的组织能力和沟通能力。结构合理的简历都比较简洁，应聘者为了强调自己近期的工作，在介绍教育背景和工作经历时，通常采取从现在到过去的排列方式，相关经历常被突出表述。

2）重点看客观内容

简历的内容有主观内容和客观内容两部分。客观内容主要分为个人信息、受教育经历、工作经历和个人成绩等方面。主观内容包括应聘者对自己的描述，如本人刻苦耐劳、积极向上等评价或描述内容。在筛选简历时，注意力应放在客观内容上，而对主观内容只需粗略浏览。

3）判断是否符合职位技术要求和经验要求

在客观内容上，要注意个人信息和受教育经历，判断应聘者的专业资格和经历是否与空缺岗位相关并符合要求。如果不符合要求就没必要再浏览其他内容，可以直接淘汰掉。

4）审查简历的逻辑性

在工作经历和个人成绩方面，要注意简历中的描述是否符合逻辑。例如，一份简历在描述自己的工作经历时，列举另一些著名的单位和一些高级职位，而他所应聘的却是一个普通职位；又如，简历中称自己在某一领域获得了很多证书，但是从他的工作经历分析，很难有这种机会。

5）建立对简历的整体印象

通过阅读简历，招聘人员可以问问自己是否对应聘者有好印象。另外，要标出简历中感觉不可信的地方，以及感兴趣的地方，面试时可询问应聘者。

2. 笔试

通过笔试，主要了解应聘者是否掌握应聘岗位必须具备的基础知识和专业知识。笔试一般在招聘初期进行，成绩合格者才能继续参加下一轮的测试。笔试要注意以下内容。

1）命题

命题恰当与否，直接决定着考核的效度。命题必须既能考核应聘者的文化程度，又体现出空缺职位的工作特点和特殊要求。笔试按命题类型，分为论文式和测试式，前者多用于招聘管理人员和科技人员，后者多用于招聘工人和职员。论文式笔试命题方式简单，便于考察应聘者的推理能力、表达能力和思维创造能力；测试式笔试命题范围广泛，易于考察应聘者的记忆力、判断力、专业知识。

2）拟订"标准答案"，确定评阅规则

各个考题的分值，应与其考核内容的重要性及考题难度成比例。"标准答案"有时并非唯一的答案，论文式试题一般没有"标准答案"，只有"参考答案"或答题要求与要点。

3）阅卷及成绩复核

这个环节要客观、公平、不徇私情。为此，应防止阅卷人看到答卷人的姓名，阅卷人应共同讨论并统一打分的宽严尺度，要建立严格的成绩复核制度以及制定处罚徇私舞弊者的制度。

4）题量、难度适中

为了让应聘者充分展现自己的能力，招聘人员在设计笔试题目时，应该遵循题量、难度适中的原则。

3. 面试

在整个甄选的过程中，面试是最重要的环节。在面试过程中，招聘者根据简历、笔试结果等资料，加以估量和归纳，并根据面试时的印象，判断应聘者是否符合所申请工作的要求。一般来说，人力资源部门负责初试，对应聘者进行基本素质考核，用人部门负责复试，考核应聘者的专业知识水平和工作能力等。

有效面试应注意的事项如下。

1) 营造轻松的面试氛围

一般应试者开始都会有些紧张，面试官的首要任务就是让其感到自在和放松，轻松的面试气氛有利于了解准确的信息，使应试者表现出真实的心理素质和实际能力。

2) 避免"流水账"

面试应规定一个时间限制，所谈的问题要集中，对每个应试者的提问要前后一致，不能前紧后松或前松后紧，这样的面试结果既不理想也有失公平。

3) 避免暗示性问题

面试的一个重要目的是了解应试者的真实情况，因此要避免暗示性或诱导性的问题。

4) 对应试者要充分重视

面试是一次友好的具有目的的会谈。面试官对应试者的谈话要表现出浓厚的兴趣，就如听一个朋友讲一个有趣的故事一样，切忌摆出一副不苟言笑的架子，这只能导致应试者的不真实反应。既然面试是双方的事情，面试官应鼓励应试者提问题，并坦白地据实回答应试者的问题。

5) 轻松结束面试

面试结束应采取轻松的方式，使应试者感受到重视和尊敬，引发应试者对公司的好感，提高公司形象。面试结束后，应从面试成功之处、待改进之处方面审视面试工作。

4. 测试

常见的测试方法有智力测试、个性测试、特殊能力测试等。

1) 智力测试

智力测试，就是对智商的测试。智商一般是指人类学习和适应环境的能力，具体包括观察力、记忆力、想象力和思维能力等。成人的智商分数用来反映个体高于或低于成人平均智力分数的程度，其公式如下：

$$智商 = \frac{智力年龄（心理年龄）}{实际年龄} \times 100\%$$

2) 个性测试

个性测试是指对个体的基本个性因素，如个性特征（包括气质、性格、兴趣等）和个性倾向性（包括思想、态度、信念、价值观等）进行测试。个性虽然没有优劣、高低之分，但是它对人与工作的搭配是非常重要的。个性是多方面的，一种测试方法只能测试个性的某一方面或某些方面，因此应结合其他指标，综合考虑应聘者是否符合工作要求。

3) 特殊能力测试

特殊能力测试包括特殊认知能力的测试和特殊运动能力的测试。特殊认知能力包括归纳能力、演绎能力、语言能力、记忆能力等；特殊运动能力包括双手配合协调能力、手指灵活性、身体敏捷能力、运动耐力、运动速度等。

5. 评价中心法

评价中心法就是创设一个模拟的管理系统或工作场景，将被测者纳入系统中，采用多种评价技术和手段，观察和分析被测试者在模拟的工作情景下的心理和行为，以测量其管理能力和潜能。评价中心法被广泛地应用于企业高层管理人员的测试中。评价中心法通常包含以下几种方法。

1）公文筐处理

在公文筐处理测试中，设计一系列管理者在真实环境中需要处理的各类公文，这些公文可以涉及财务、人事、市场信息、政府法令、客户关系等。然后，要求被测试者以管理者的身份，模拟一家公司所发生的实际业务、管理环境，在规定的条件下对各类事务进行处理，形成公文处理报告，从而对被测试者的计划、组织、分析、判断、决策、文字等能力进行评价。

2）无领导小组讨论

在此测试中，若干个被测试者组成一个临时工作小组，共同讨论一些精心设计的、在管理活动中遇到的比较复杂棘手的问题。这个小组是临时拼凑的，并不指定谁是负责人。通过对被测试者在讨论中表现的语言表达能力、独立分析问题的能力、概括能力、应变能力、团队合作能力，以及被测试者所提出建议的价值性、措施的可行性、方案的创意性等划分等级，进行评价。其目的在于考察被测试者的表现，尤其是看谁会从中脱颖而出，成为自发的"领导者"。

3）角色扮演

该方法是在一个模拟的人际关系情景中，设计出一系列尖锐的人际关系矛盾和人际关系冲突，要求被测试者扮演其中某一角色并进入情景，处理这些矛盾和问题。通过对被测试者在不同的角色和情景中表现出来的行为进行观察和记录，评价被测试者是否具备符合其身份的素质特征，以及个人在模拟情景中的行为表现与组织预期的行为模式及将担任职务的角色规范之间的吻合程度，即个人的个性特性与工作情景间的和谐统一程度。这种方法主要用于评价角色扮演者的人际关系协调技巧、情绪的稳定性和情绪的控制能力、随机应变的能力、处理问题的方法和技巧。

4）管理游戏

它是一种以完成某项"实际工作任务"为基础的标准化模拟活动。在这种活动中，小组成员被分配一定的任务，必须通过合作才能较好地完成任务。通过被测试者在完成任务的过程中所表现的行为测评其实际管理能力。

6. 背景调查

对于一些重要岗位的候选人，单凭最后面试的情况决定录用，有时显得有些欠缺。因为短时间的面试不可能对候选人的实际工作能力、团队精神、道德品质等情况有足够的了解。为慎重起见，应该对面试合格的候选人进行背景调查。背景调查的方法很多，常见的有电话调查、派人上门调查、发函调查，以了解应聘者在原单位的表现情况。

目前，应聘者伪造学历、职称和工作经历等情况时有发生。通过背景调查可以将这些不诚信的人排除在外。

四、录用

经过甄选，人力资源部门与用人部门对应聘者进行综合评价，确定最终人选。经组织领导审批确定之后，人力资源部门就要发放录用通知书。录用通知书上要写清楚录用职位、报到日期、需携带证书和资料、其他注意事项等。对于未被录用的应聘者，招聘单位应以辞谢。这样做不仅有利于维护组织的良好社会形象，而且可以体现对未被录用者应有的尊重。此外，落选者资料可存入组织的人才库，一旦公司急需用人，可直接与他们联系，从而减少招聘的时间和费用。

员工录用过程一般可分为入职手续的办理、劳动合同的签订、试用期、转正等几个阶段。

1. 入职手续的办理

接到录用通知后，被录用者应在指定日期内到人力资源部门报到，如因故不能按时报到，应事先报告人力资源部门，另行确定报到日期。入职报到程序如下。

（1）到人力资源部门办理报到登记手续。报到时须提交个人身份证、学历证明、职称证书的原件及复印件，以及计划生育证明、暂住证、近期体检报告、免冠近照2张和组织要求提供的其他资料，填写有关个人资料信息的登记表。如果被录用者是从其他单位辞职后应聘的，还须提供与原单位解除劳动关系的证明（或离职证明）。员工提供的个人资料必须真实、准确、完整，如发现有伪造、虚假情况，用人单位有权对被录用者作出相应的处理（包括辞退等）。

（2）由人力资源部门组织新入职者学习本单位的规章制度，领取"员工手册""岗位说明书"等资料，并签署"员工入职声明"，签订劳动合同。

（3）凭人力资源部门开具的入职报到表到各个职能部门报到，领取办公用品、安排住宿（视情况需要）等。

（4）与用人部门领导见面，接受工作安排。

2. 劳动合同的签订

按劳动合同法的要求，新员工入职报到的一个月内，双方必须签订劳动合同，明确双方的责任、义务与权利。

3. 试用期

试用期是指组织对新录用员工进行考察的期限。试用期间，用人部门负责安排新员工的工作，对员工的能力与潜力、个人品质与心理素质进行进一步考察，并进行相应的工作指导。新入职员工的试用期按其劳动合同期限进行约定，一般为1～3个月，最长不超过6个月，试用期间领取试用期工资。组织将在新员工试用期满前对其进行考核，如果不符合录用条件或不能胜任岗位要求，组织可以终止对新员工的试用，与其解除劳动合同。

4. 转正

试用期满前，员工个人须向组织提出转正申请。试用期满后，用人部门应对新员工的工作表现进行综合评价。试用期考核合格者，由人力资源部门协同用人部门办理新员工转正手续。

五、培训

培训是组织人力资源开发的重要手段，它包括对员工的知识、技能、心理素质等各方面的培训，它是组织提升员工素质的重要保障。

1. 基本概念

培训是向新入职员工或现有员工传授其完成本职工作所必需的基本技能的过程。组织通过培训来提高员工的工作能力和知识水平，最大限度地使员工的个人素质与工作需求相匹配，以提高员工现在和将来的工作绩效。培训的目的在于：满足企业战略发展的需要，培养员工对组织的信任感和归属感，改善员工的工作态度，提高员工工作能力和综合素质及企业竞争力。

处于不同发展时期的组织，开展的培训各有侧重。创业期主要进行业务和销售培训，以内部培训为主；成长期主要进行全员管理培训，以外部培训为主，并有专职培训负责人；成熟期以内外部培训相结合为主。培训工作具有很强的时代特点，需要依据组织不同发展阶段、不同岗位、不同层级的员工设计课程体系，为每位员工建立相应的培训档案，定期调查员工培训的效果。

2. 培训需求调查

培训需求调查是组织制订培训规划和计划的基础，组织首先需要了解组织需求及各层级的培训需求。培训需求调查一般可以根据内容分为组织分析、人员分析和任务分析。培训需求调查有不同的调查方法，可以根据具体情况进行选择。

1）访谈法

通过访谈各部门、各层级领导、业务骨干，了解业务实际运行状况和员工个人需求，从而筛选培训需求。

2）问卷调查法

通过发放问卷了解员工的个人培训需求。

3）观察法

通过观察被培训对象的现场表现，了解其同期望标准的差距，以确定培训需求。

4）绩效分析法

通过分析理想绩效与实际绩效的差距来确定培训需求。分析绩效不佳、不创新的问题所在，判断其原因及所属责任部门和人员，针对性地提出流程能力改善计划和个人能力提升计划；分析员工行为表现，得出文化、制度、技能等方面的培训需求。

5）查阅工作说明书

通过对某一类人员任职资格的分析、概括，确定培训需求。

6）任务分析法

通过分析任务的难点和关键环节确定培训需求。

3. 培训计划

1）长期计划

（1）确立培训目标。

通过对培训需求的调查分析，将培训的一般需求转变为企业培训的总体目标，如通过培训来达到各项生产经营目标和提高企业的管理水平。通过对上年度培训计划的总结及分析培训的特殊需要，可以确立需要通过培训而改善现状的特别目标，成为本年度培训的重点项目。

（2）研究组织发展动态。

培训部门会同有关的主要管理人员研究组织的生产营销计划，以确定如何通过培训来完成组织的年度生产经营指标。一项生产经营目标的达成往往取决于员工是否正确地完成任务，而要正确地完成任务，又取决于员工是否具备完成任务所需的知识、技能和态度。通过检查每一项业务目标，确定要在哪些方面进行培训。组织培训部门还要与有关人员共同研究企业的生产经营状况，找到需要改进的不足之处，寻求通过何种培训可以改善现状、实现培训的特别目标。

（3）根据培训的目标分类。

围绕组织生产经营目标的培训应列入业务培训方案，围绕提高组织管理水平的培训则应列入管理培训方案。因此，培训方案的制订是针对培训目标，具体设计各项培训活动的安排过程。组织的业务培训活动可分为素质训练、语言训练及专门业务训练。组织的管理培训活动主要是班组长以上管理人员的培训，内容包括系统的督导管理训练及培训员专门训练等。

（4）选定培训课程。

课程是培训的主题，要求参加培训的员工，经过对某些主题的研究讨论后，达到对该训练项目内容的掌握与运用。年度培训计划中，要对各类培训活动的课程进行安排，主要是列出训练活动的项目，通常包括：培训科目、培训时间、培训地点、培训方法等。注意培训课程的范围不宜过大，以免在各项目的训练课程之间发生过多的重叠现象；但范围也不宜过小，以免无法真正了解该项目的知识技能，应主要以熟悉该训练项目所必需的课程为主。培训课程决定后，需选编各课程教材，教材内容应包括：题目、大纲、主要内容及课时安排、实施方式和方法、习题和参考资料等。

（5）培训预算规划。

培训预算是企业培训部在制订年度培训计划时，对各项培训活动总费用的估算。预算是根据方案中各项培训活动所需的经费、器材和设备的成本以及教材、教具、外出活动和专项活动的费用等估算出来的。

2）短期计划

短期计划指针对每项不同科目、内容的培训活动或课程的具体计划。制订培训活动详细计划的步骤如下。

（1）确立训练目的。

阐明培训计划完成后，受训人员应有的收效。

（2）设计培训计划的大纲及期限。

为培训计划提供基本结构和时间阶段的安排。

（3）草拟训练课程表。

为受训人员提供具体的日程安排，落实到详细的时间安排，即训练周数、日数及时数。

（4）设计学习形式。

为受训人员完成整个学习计划提供有效的途径，在不同学习阶段采用观察、实习、开会、报告、作业、测验等不同学习形式。

（5）制订控制措施。

采用登记、例会汇报、流动检查等控制手段，监督培训计划的进展。

（6）决定评估方法。

根据对受训人员的工作表现评估以及命题作业、书面测验、培训报告等各方面来综合评价受训人员的培训效果。

4. 常用培训方法

1）课堂讲授法

课堂讲授法是最常见的培训方法，是培训师通过语言，系统地向受训人员传授知识，期望这些受训人员能记住其中的重要概念与特定知识的培训方法。这种方法由培训师授课，学员被动接受。培训师能有效控制课堂时间和培训内容，但缺少有效沟通，无法及时评估效果。

2）多媒体教学法

利用现代视听技术设备（如投影仪、电视、电影、计算机等工具）等对学员进行培训，能吸引学员的注意力，提高学员的记忆力和理解力，促进学员思考，但如果把握不好，容易本末倒置。

3）小组讨论法

由培训师有效地组织学员以团体的方式，分组围绕某个主题进行讨论，互相交流、启发，促进学员的学习，加深理解，但参与讨论者需要提前准备相关资料。

4）案例研究法

这是指为学员提供组织如何处理棘手问题的案例，让学员分析和评价案例，提出解决问题的建议和方案的培训方法，目的是训练学员的决策能力，帮助他们学习如何在紧急状况下处理各类事件。案例研究法选择的案例要真实，要和培训内容一致。

5）情景模拟训练法

把学员分成若干组，每组承担不同的任务；学员扮演不同角色，模拟结束后进行讨论和总结。这种方法能够让学员参与到培训中，增强团队意识。

6）拓展训练法

通过游戏或活动的设置，进行学习或训练。拓展训练法可以通过游戏的竞争性，鼓励学员积极参与，培训效果迅速、明显。但这种方法培训成本高，所需时间长。

7）头脑风暴法

头脑风暴法是指通过会议的形式，让所有参加者在自由愉快、畅所欲言的气氛中，针对某一特殊问题，在不受任何限制的情况下，提出所有能想到的意见，自由交换想法，并以此激励与会者的创意和灵感，以产生更多的创意。头脑风暴法主要用于帮助学员尝试解决问题的新措施或新办法，用以启发学员的思考能力或想象力。

5. 培训的主要组织工作

1）培训师的选择

培训师的选择是培训项目取得成功的关键。培训管理者应根据每个培训项目的具体需求，选择德才兼备的培训师。培训师既可以从企业内部选聘，也可以从企业外部选聘。内聘和外聘的比例应依据培训的实际需求，尽可能做到内外搭配合理，相互学习、相互促进，形成一个和谐、高效的精英团队。

培训师是一个新兴的职业，对个人综合素质和实战经验的资历要求极高，因此，组织需要通过各种渠道获取优秀的外聘培训师，如参加各种培训班，旁听高等院校专家、教授的讲座，接受中介服务机构和专业培训组织的介绍等。另外，还可以通过网络或借助媒体广告联系和招聘培训师。同时，在选择培训师时，必须认真考察和评估其能力、素质，了解其知识、经验、培训技能和个人魅力。企业自身也要下大力气培养企业内部培训师，提高其业务知识和技能。专业培训一般以企业内部培训师为主，由企业内部经验丰富的专业人员、技术总监或相应领域的专家来担任培训讲师。公共课和普通励志类培训，一般以企业外聘培训师为主，可由培训机构的专职培训师或企业人力资源经理来担任。

2）培训教材的选择

培训教材是影响培训效果的关键因素。培训主管可以通过提供讲义、改编教材、自编教材、制作幻灯片、提供参考资料等方法准备和选择培训教材。

3）培训地点的选择

选择和布置一个适宜的培训地点是增强培训效果的内在要求。培训主管在选择和布置培训地点的时候，应该考虑以下方面。

（1）场地能容纳全部学员与有关设施。

（2）培训师的工作区是否有足够大的面积放置材料与其他器材。

（3）避免后排的人看不清屏幕。

（4）检查休息室与卫生间等服务设施。

场地不宜过大或过小，否则将会影响培训气氛。通常，应将选择与布置的要求事先通知提供场所者，随后要实地检查，这是保证场所环境符合要求的一个必要措施。

6. 培训效果评估

在培训结束之后，培训管理人员要确认培训是否达到了预期的目的。一是了解通过培训学员是否获得了知识、改变了观念、提高了技能，也就是判断培训的有效性。二是衡量此次培训的进行情况，组织得如何，是否达到目的，还存在哪些问题，下次应如何改进等。三是培训结束后，组织学员填写"培训效果调查表"，并针对培训师的授课技巧、方式进行反馈意见的收集，作为对培训师的考核依据。

在培训效果评估中，常应用四个方面的评估。

1）学员反应

这一阶段的评估是指学员对培训项目的印象如何，包括对培训科目、教师、设施、方法、内容、自己的收获大小等方面的看法。

2）学习的效果

学员在培训结束时，知识、技能、态度等方面是否得到了提高。

3）行为改变

确定学员通过培训在多大程度上发生了行为上的改进。

4）产生的效果

这一阶段的评估上升到组织的高度，即判断培训是否对企业经营产生具体而直接的贡献。

六、绩效考核

绩效考核是指运用科学的方法和标准对员工完成工作数量、质量、效率及员工行为模式等方面的综合评价，从而进行相应的薪酬激励、人事晋升激励或者岗位调整，绩效考核是实施员工激励的重要基础。

（一）绩效考核的概念及作用

员工绩效考核，是针对组织中每位员工承担的工作，应用各种科学的方法，对员工的工作行为、工作效果及其对企业的贡献或价值进行考核和评价，并将评价结果反馈给员工的过程。

通过对员工的工作业绩、工作能力及工作态度进行客观、公正的评价，可以使组织雇用到合适的员工、激励员工不断学习及自主管理、分析达不到预期目标的原因，促使员工不断改善工作绩效，提高自身能力，从而提高企业的整体运行效率。

（二）绩效考核的内容

进行绩效管理的一项重要工作就是确定考核的内容。一般来说，绩效内容主要包括员工的德、能、勤、绩4个方面。

1. 德

所谓德，就是指员工的工作态度和职业道德，对德方面的考核，主要考核员工的敬业精神和责任心，以及思想觉悟和相应的法律道德意识。

2. 能

所谓能，就是指员工从事工作的能力。具体包括体能、学识、智能和专业技能等内容。对于一般员工，比较侧重理解能力和操作能力；对于技术骨干，比较强调操作能力和创新能力；对于管理骨干，比较强调组织能力和交往能力。

3. 勤

所谓勤，就是指员工的工作积极性和工作中的精神，主要指员工的工作积极性、主动性、纪律性和出勤率，表现为在工作中能投入全部的体力、智力和精力。

4. 绩

所谓绩，就是指员工的工作效率及效果，主要包括员工完成工作的数量、质量、费用及为组织作出的其他贡献。

一般来说，营销人员的工作绩效包括完成工作的数量、质量、经济效益和社会效益。对不同的职位，由于其工作的内容、性质、结果不同，所以考核的侧重点也有所不同。

1）一般营销人员的绩效考核内容

（1）年度和月度业绩考核。

考核权重为40%，主要是营销部门和财务部门联合统计得到的营销人员的月度和年度销售业绩，包括销售额、利润率、回款率和回款日期等。

（2）服务能力考核。

考核权重为30%，主要包括顾客当月和全年的投诉率。

（3）能力考核。

考核权重为15%，主要包括沟通能力、创新能力、信息收集和利用能力等。

（4）工作态度考核。

考核权重为15%，主要包括出勤率、旷工率、其他纪律的遵守，以及团队协作能力和敬业精神等。

2）中层管理人员的绩效考核内容

（1）管理能力考核。

考核权重为30%，主要包括专业和技术能力、管理能力、指导能力、创新能力、工作经验等，这些能力是中层管理人员有效完成管理工作必须具有的。

（2）业绩指标考核。

考核权重为30%，主要是指管理人员所在部门的年度或月度业绩。

（3）沟通协调能力考核。

考核权重为20%，主要包括语言文字的表达、沟通的态度与技巧、沟通的有效性等。

（4）工作态度考核。

考核权重为20%，主要包括责任感、工作态度和考勤情况等。

3）高层管理人员的绩效考核内容

对高层管理人员的考核更侧重于对能力的考核。考核的能力主要包括领导能力、决策能力、计划能力、预见能力、危机处理能力、管理能力、创新能力、人才培养能力等。此外，也对年度业绩、工作态度等进行考核。其业绩指标考核权重为35%，管理能力考核权重为30%，领导能力考核权重为25%，工作态度考核权重为10%。

（三）绩效考核的方法

常用的绩效考核方法主要有简单排序法、配对比较法等8种。

1. 简单排序法

简单排序法也称序列法或序列评定法，即对一批考核对象按照一定标准排出顺序。该方法的优点是简单、明确，易于理解和执行，缺点是在排序过程中难以体现公平。

2. 配对比较法

配对比较法是根据每种绩效评价要素（如工作数量、质量）将每位员工与其他员工进行配对比较。其基本程序如下：首先，画一张表，横轴为被评价员工，纵轴为被比较员工（全部罗列），将每种评价要素上可能出现的所有员工配对情况全部罗列出来；其次，根据某个绩效要素将配对中相对较好和较差的员工标注出来（用"+"和"-"表示）；最后，将每位员工得到的"+"号总数加起来，得出本要素被考评者的排列次序。依此类推，经过汇总整理，最后求出被考评者所有考评要素的平均排序数值，得到最终考评的排序结果，见表4-1。

表 4-1　最终考评的排序结果表

	A	B	C	D	E	F	排序
A	0	+	+	+	+	+	6
B	-	0	+	+	-	+	4
C	-	-	0	-	-	+	2
D	-	-	+	0	-	+	3
E	-	+	+	+	0	+	5
F	-	-	-	-	-	0	1
汇总	-5	-1	+3	+1	-3	+5	

3. 强制分布法

强制分布法也称强迫分配法、硬性分布法，即按照"两头小中间大"的正态分布规律，提前确定一种比例，如可分为优、良、中、劣、差5个等级，可以划分各个等级的人数各占总数的15%、20%、30%、20%、15%，然后将各个被考评者分别分布到每个工作绩效等级中。强制分布法的优点是可以避免考评者过分严厉或过分宽容的情况发生，克服了平均主义。但是，若员工的能力呈偏态，该方法就不适合。当一个部门中员工绩效都较为优秀或普遍较差时，考评者挑选优秀员工或较差员工就会感到很为难。

4. 因素考核法

这种方法是将一定的分数按权重分配给各项考核指标，使每项业绩考核指标都有一个考核尺度，然后根据被考评者的实际表现在考核因素上评分，最后汇总得出的总分就是被考评者的考核结果，这种方法较为简单可行。

5. 尺度考核法

这种方法是按照员工的考核内容，选择不同的绩效构成要素，给每个因素确定不同的层级尺度，确定相应的评分标准，然后根据员工的表现及工作结果对照相应的评价尺度，从中圈出与被考评者所具有的特性最相符的分数。

6. 关键事件法

关键事件法要求考评者或管理者为每位员工准备一本"绩效考评日记"或"绩效记录"，由考察人或知情人随时记载。需要说明的是，记载的事件既有"好"事也有"坏"事。记载的事件必须是较为突出、与工作绩效直接相关的事件。有了这些事件，便可得出可信的考评结论，得出被考评者的长处与不足，由此对员工进行绩效考核。

7. 行为锚定等级评价法

行为锚定等级评价法是建立在关键事件法基础上的。该方法的目的在于通过建立与不同绩效水平相联系的行为锚来对绩效维度加以具体界定。实施行为锚定等级评价法，首先，必须收集大量的代表工作中"优秀"和"无效"的关键事件；其次，将这些关键事件划分为不同的维度，把能清楚代表某一特定绩效水平的关键事件挑选出来。考评者根据每一维度分别考察员工的绩效，然后以行为"锚定"为指导，确定与员工情况最相符的关键事件，这种评价就成为员工在这一绩效维度上的得分。

8. 目标管理法

目标管理法是一种程序和过程，是组织中的上级和下级一起商定组织的共同目标，并由此决定上下级的责任和分解目标，然后把这些目标作为经营、评估、奖励每个单位和个人贡献的标准，按这些标准考核被考评者完成工作目标的绩效方法。该方法将可观察、可测量的工作结果作为衡量员工工作绩效的标准，以制定的目标作为对员工考核的依据，从而使员工的个人目标与组织目标保持一致，减少管理者将精力放到与组织目标无关的工作上的可能性。目标管理法的主要优点在于结果易观测，评价失误少，适合对员工进行反馈和辅导，能够提高员工积极性，增强其责任心和事业心；缺点是难以对各员工和不同部门间的工作绩效做横向比较，不能为以后的晋升决策提供依据。

任务三　员工管理的技巧

好的员工管理对企业发展意义重大，管理者要做好以下几点。

（1）使员工理解组织或部门的目标，以确保这些目标的实现。

管理者不但自己要理解组织或部门的目标，还应该将这些目标用通俗易懂的语言传递给下属员工，让下属员工也能够充分理解这些目标之间的逻辑关系。管理者需要将这些目标分解给所辖的员工，将那些难度大的工作分配给经验较多的员工，将那些难度小的工作分配给经验较少的员工，然后定期检查阶段工作，在他们需要帮助的时候给予支持，以确保总体目标的实现。

（2）使部门的每一位员工都了解其职责、职权范围以及与他人的工作关系。

首先，管理者需要界定每个岗位的责权利，这样才知道哪些岗位是重要的核心岗位，哪些岗位是非核心的岗位。

其次，管理者还要了解所辖员工的能力，要知道它们各自的特点、能力大小等，只有这样管理者才知道将什么人放到什么岗位上，做好人—岗位—能力的匹配。

最后，在做好人—岗位—能力匹配的基础上，还要明确员工对内与对外的工作关系。

（3）定期检查员工的工作绩效，督促员工成长与发展。

作为管理者需要定期检查员工的绩效。员工个人绩效是奖励的依据，另外，同时也能督促员工不断成长与发展。

（4）协助并指导员工提高自身能力，以作为企业发展的基础。

管理者要让员工了解工作的全部，让员工的工作成果共享，使员工不断积累经验，提高自身能力，员工的能力永远都是企业发展的基础。

（5）赏罚分明，以提高员工的工作效率。

管理者对员工的奖励要赏罚分明。工资与奖金并非是奖励唯一的方式，除此以外，管理者有没有鼓励员工向前发展？在工作中有没有肯定员工的建议？有没有在公开的场合提到员工的进步？这些都是管理者应该注意的问题。

下面是几种员工管理的技巧。

一、提高员工士气

当代企业的发展越来越重视的"人"的作用,因此企业在发展的过程中应当不断地满足员工的需要,将企业的发展目标与员工的业绩挂钩,从而不断激励员工的士气,使员工认识到自己的努力与得到的奖励是成正比的,自己的付出会得到企业的认可与赞同,从而更好地为实现组织的目标而服务。

影响员工士气的因素至少包括三个层面:公司层面、管理者层面、员工个人层面。要提高员工士气应该从这三个层面着手。

1. 公司层面

公司层面的影响因素很多,薪酬与福利体系、奖惩体系、绩效管理体系、员工晋升体系、培训与发展体系、劳动保护与安全、工作环境等,这些因素都会影响到员工的士气,因此公司必须结合企业的实际情况,采取相应的措施进行变革,适应公司发展的要求。例如,薪酬与福利体系必须进行认真周密的薪酬外部调查,综合考虑同行业的薪酬水平,也要考虑当地的薪酬水平,保证薪酬的外部公平;另外要进行岗位评价,保证薪酬的内部公平,不同岗位之间根据岗位的贡献价值,设定不同的薪酬水平,避免"大锅饭"同时又要适当拉开距离。

2. 管理者层面

除了公司层面进行改革之外,更重要的是作为公司的中层、基层管理者要掌握提高员工士气的一些技能。建议中基层管理者在提高员工士气时加强以下几个方面工作。

1)深入了解员工的需求

了解员工的需求可以通过平时的沟通、会议、征求意见、调查问卷等形式。只有深入了解员工的需求才能有效地激励他们,充分调动他们的工作积极性。

2)创造良好的工作氛围

谁都不愿意在这样的工作氛围下工作:干活就出错,一出错就被指责;大事小事都要请示;办公/现场环境乱七八糟;周围净是聊天、打私人电话、不干活的人;团队成员相互拆台、不负责任;人际关系复杂;上司总是板着脸。

员工都愿意在这样的工作氛围下工作:宽松、和谐自由的气氛;办公/现场整洁温馨;团队成员相互帮助,精诚合作;人际关系简单明了;敢于尝试不会受到指责;微小的进步和成绩都获得上司和同事的认可和赏识。

因此创造一个良好的工作氛围是中基层管理者日常管理工作的一项重要工作之一。

3)认可与赞美

人的天性是喜欢得到别人的认可与赞美,员工的微小进步,管理者应该及时给予真诚的认可与赞美。在批评员工时也要适当注意技巧,不能伤害到员工的自尊,一般状况下批评尽可能在私下进行。

4)促进员工成长

在工作中不断得到成长,是绝大部分员工的期望,作为管理者,帮助员工不断成长是的一项重要的工作职责。

3. 员工个人层面

员工士气的高低最终决定因素是员工自己，只有自己才能对自己的士气做主。士气决定行为，行为决定习惯，习惯决定命运。只有每一位员工始终保持着积极的心态，工作效率才会提高，员工才会取得良好的工作绩效。

提升员工士气是一个长期努力的过程，期望立竿见影的效果是不现实的，最重要的是一点一滴不断持续行动。

二、巧妙批评员工

中国人不习惯赞美别人，把对别人的赞美埋在心底，总是通过批评别人来帮助别人成长。韩非子认为"必罚明威"，即领导者管理人力资源重要的手段之一是进行适当处罚，只有对错误的行为给予相应的处罚，才能树立起领导者、管理制度的威严。首先，企业领导者不能过分仁慈，过分仁慈企业管理制度就无法得到切实的执行，领导者也不能树立威信，企业禁令也就不能得到贯彻执行。其次，执行企业管理制度时必须一视同仁，一丝不苟，领导者不能待己（包括亲信）以宽，待人以严，否则即使是严厉的制度也不能保证企业正常运转。

所以说，传统上管理中运用更多的方法是惩罚，通过惩罚来刺激员工更努力地完成工作。身为管理者，一定要掌握批评的艺术，当面指责下级的错误，往往只会招来对方顽强的抵抗情绪，而巧妙地暗示对方注意自己的错误，则会受到爱戴。请看下面的小故事：

山顶住着一位智者，他胡子雪白，谁也说不清他有多大年纪。男女老少都非常尊敬他，不管谁遇到大事小情，他们都来找他，请求他提些忠告。但智者总是笑眯眯地说："我能提些什么忠告呢？"这天，又有个年轻人来求他提忠告。智者仍然婉言谢绝，但年轻人苦缠不放。

智者无奈，他拿来两块窄窄的木条、两撮钉子（一撮螺钉、一撮直钉）。另外，他还拿来一把锤子、一把钳子、一个改锥。他先用锤子往木条上钉直钉，但是木条很硬，他费了很大劲，也钉不进去，即使把钉子砸弯了，也钉不进去。一会儿工夫，好几根钉子都被他砸弯了。

后来，他用钳子夹住钉子，用锤子使劲砸，钉子虽弯弯扭扭地进到木条里面了，但也前功尽弃了，因为那根木条也裂成了两半。智者又拿起螺钉，改锥和锤子，他把螺钉往木板上轻轻一砸，然后拿起改锥拧了起来，没费多大力气，螺钉钻进木条里了，天衣无缝。

智者指着木条笑笑："忠言不必逆耳，良药不必苦口，人们津津乐道的逆耳忠言，苦口良药，其实都是笨人的笨办法。那么硬碰硬有什么好处呢？说的人生气，听的人上火，最后伤了和气，好心变成了冷漠，友谊变成了仇恨，我活了这么大，只有一条经验，那就是绝对不直接向任何人提忠告。当需要指出别人的错误的时候，我会像拧螺钉一样婉转曲折地表达自己的意见和建议。"

随着社会的发展、企业管理的进步，特别是人本管理的兴起，惩罚的管理方法，逐渐退出了主流位置，变成了管理激励理论中相对不受重视的"负激励"。各种管理论著对惩罚的探讨不断减少，把其当作各种正面激励的补充部分。而管理实践者和学习者也愿意更多地追捧给员工"胡萝卜"的学问，而冷落打"大棒"的方法。

总之，作为一个管理者一定要记住批评的目的是更好地激励员工。批评是从反面激励，有些销售主管以批评为业，专挑销售员的缺点、错误做文章。批评要矫正缺点，提高销售能力，但一味地责备可能造成销售员的自卑和不满，甚至不打招呼走人。

三、明辨是非

致力于通过人和来打造员工竞争力的管理者，在管理过程中必须用自己的意志和人格来拒绝打小报告、说是非的人，让这些人没有机会把是非传递给你。

企业作为一个社会组织，众多的人聚集在一起，发生是非是不可避免的。同时，也会因为是非而影响人与人相互之间的关系，从而影响工作效率。这里的关键，就是老板和高层主管要明确一点，"来说是非者，定是是非人。"

管理者如果轻信这些是非就会失去了应该有的心理平静，影响了平等地对待每一位员工的感情基础。

"谁人人前不说人，谁人人后不被人说"，有人说也就必然会生出是非，生出是非也就必然会影响自己的判断、自己的心绪，使一个本来很公平而清静的心，因为是非而失去平衡。

"是非终日有，不听自然无"，这里的不听，是指听不到，而不是听而不信。听到了不信是不可能的。人非圣贤，怎么可能对他人的品评、指责无动于衷？只有没有听见是非，是非才能自然无。是非一听见，就自然有了，而不可能无。

在员工管理过程中，拒绝打小报告和说是非的人，管理者也才能够真正听不见是非，是非才不会对管理者的心理造成不良的影响。

四、留住优秀员工

每年的3月和4月是跳槽的高峰期。人才流动是正常的，企业也希望这种流动能带来更具活力的新鲜血液。但是没有企业愿意在这样的流动中，让自己最好的员工走掉。因为这些员工对于企业的成功来说，是至关重要的。美国畅销书《管理圣经》的作者约翰·尼尔森认为要留住最佳员工，企业需要做5件事。

1. 给予好的酬劳，这个酬劳不只是钱

让每个层级的员工知道，他们的努力会得到公平的酬劳，而且你要信守你的承诺。但是别以为这些酬劳就是支票和红利。那么酬劳对他们意味着什么？其他什么事情会影响他们的满意度？如果他们想进步，找到一种方法给他们机会。如果他们想有更灵活的时间表，来保持工作和生活的平衡，找到一种互惠双方的解决方案。记住，如果员工对他们的贡献没感觉到价值，或者没有受到激励去为你的公司提供他们的努力和想法，他们会难以继续前进。有很多创意的方法来给予员工酬劳，这些也值得你花时间和精力去找到最合适的方法。

2. 鼓励冒险

为你最好的员工制造机会，对现状提问，挑战传统思维，多一些鼓励和宽容，有能力的员工自然会寻找更好和更有创意的做事方法。你的目标是鼓励一种"为什么不"的文化，然后给他们支持去追寻他们的想法。当他们偶尔犯错误,甚至不时失败时,别犹豫把重要任务分配给他们。

3. 认识到他们无尽的能量,给他们施展的空间

优秀的员工是聪明的,勤勉的,也是充满好奇心的。通常,这意味着他们讨厌例行惯例,渴望有新的、有趣的工作去做,他们喜欢迎接挑战。给那些有才华的员工提供有挑战性的任务,这些任务会对你的客户和你的运营产生影响。给他们最复杂的问题,挑战他们去找到解决方案。提供几个指导方针和截止日期,但是别告诉他们做什么,或者如何做。

4. 给他们时间休闲

不只是孩子们需要时间玩,你的员工也是如此。这可能和推动生产力方面会产生分歧,但是安排玩的时间对你的组织健康是有益的。当给他们机会远离每天的例行公事时,你的最佳员工可以提出新点子。鼓励你的最佳员工和你组织里其他人才建立联系,相信好事情会从自发的玩耍中产生。

5. 为员工树立榜样

作为领导,员工对你的一切都关注。你处理每件事的方法都会被你的员工所关注。优秀员工和一个能善于指导的导师一起工作,会感觉受益。为员工树立一个好的榜样,你的优秀员工会不断超越你的最高期望。

◎ 项目总结

企业管理的核心就是员工,而员工管理主要是日常工作中的管理。员工管理的目标就是员工管理所需要完成的职责和需要达到的绩效,在管理工作中既要注意企业的整体利益,又要兼顾员工个人的持久发展。员工管理过程中要坚持五个基本的原则。

员工管理存在企业管理的各个层面,内容很多,可以从流程化的角度进行分析,流程化的员工管理包括岗位分析和岗位评价、招聘、甄选、录用、培训、绩效考核。在每一个流程中,都有各自的工作方式方法和侧重点。

好的员工管理对企业意义重大。作为企业,作为管理人员,不单要掌握流程化的员工管理程序,理解员工管理的实质,更要从实际出发,体会员工的心理、情绪等主观要素,观察员工周围的客观环境,掌握一些员工管理的技巧,从而更好地做好员工管理工作。

基本训练

一、选择题

1. 员工是企业生存和发展的( )要素。
   A. 内部　　　　　B. 外部　　　　　C. 最根本　　　　　D. 基本
2. 下列不属于国家法定福利的是( )。
   A. 公休假日　　　B. 带薪休假　　　C. 心理咨询　　　　D. 法定休假日

3. 下列福利计划不属于企业自主福利的是（　　）。
   A. 医疗保健　　B. 带薪休假　　C. 心理咨询　　D. 员工持股计划
4. 员工由工作本身所获得的心理满足和心理收益是（　　）。
   A. 基本薪酬　　B. 激励薪酬　　C. 内在报酬　　D. 非财务报酬
5. 企业管理的核心就是（　　）。
   A. 物资　　　　B. 员工　　　　C. 经理　　　　D. 资金
6. 在批评员工时也要适当注意技巧，不能伤害到员工的自尊，一般状况下批评尽可能（　　）进行。
   A. 当面　　　　B. 通过别人转达　　C. 公开　　　　D. 私下
7. 工作评价的主要方法有（　　）。
   A. 排序法　　　B. 归类法　　　C. 要素计点法　　D. 要素比较法
8. 培训需求调查一般可以根据内容分为（　　）。
   A. 组织分析　　B. 人员分析　　C. 经济分析　　D. 任务分析
9. 一般来说，营销人员的工作绩效包括完成工作的（　　）。
   A. 数量　　　　B. 质量　　　　C. 经济效益　　D. 社会效益
10. 一般来说，对应聘者做出选择时常见的错误有（　　）。
    A. 过于重视熟人推荐　　　　　　B. 凭自己主观意识做出选择
    C. 过于草率地选择　　　　　　　D. 未走完面试的全过程

二、判断题

1. 岗位胜任力是指根据员工个人特点，确保该岗位的人员能够顺利完成该岗位工作的个人特征结构，它可以是动机、特质、自我形象、态度或价值观、某领域知识、认知或行为技能。（　　）
2. 绩效标准一般采用工作分析和头脑风暴法来确定。（　　）
3. 工作分析是指采用工作分析的各种工具与方法明确工作的具体要求，提炼出鉴别成绩优秀的员工与工作一般员工的标准。（　　）
4. 获取绩效标准样本有关岗位胜任力的数据资料可以采用行为事件访谈法、专家小组法、问卷调查法、全方位评价法、专家系统数据库和观察法等，但一般以专家小组法为主。（　　）
5. 行为事件访谈法是一种开放式的行为回顾式调查技术，类似于绩效考核中的360°反馈；行为事件访谈一般采用问卷和面谈相结合的方式。（　　）
6. 传统的能力素质强调将企业战略目标、核心能力、员工业绩水平、员工能力素质特征、行为特征结合起来，利用标杆分析，挖掘其中存在的内在联系。而岗位胜任力往往并不严格要求按照这种模式去建立。（　　）
7. 评价中心综合使用了各种测评技术，其中也包括了个性测验、能力测验等心理测验的方法，也包括面试的方法，这些方法并都是评价中心的最有特色的评价方法。（　　）
8. 工作分析是将一项工作分解为对于工作业绩至关重要的各种不同的活动，以确定出人才测评应该预测的领域。（　　）
9. 良好的企业环境将把员工的希望和梦想与企业更高的目标联系在一起，其结果是，员工致力于实现企业目标，真心实意地为自己的成功、同事的成功和作为一个整体的企业的

成功而努力。这是减少员工流失精神措施中的强化情感投入。　　　　　　（　　）

10. 身为管理者,一定要掌握批评的艺术,当面指责下级的错误,往往只会招来对方顽强的抵抗情绪,而巧妙地暗示对方注意自己的错误,则会受到爱戴。　　　　　（　　）

三、思考题

1. 从流程化的员工管理角度出发,调查2~3家企业的员工管理制度,分析各企业员工管理制度上的异同点。

2. 选取一家企业里的员工进行沟通,分析员工对于培训、绩效考核方面的想法。

3. 选取一家企业的一线管理人员及中层管理人员沟通,分析各层次管理人员对于员工管理的侧重点有什么不同,各有怎样的技巧值得学习和推广。

实训操作

新员工进入连锁超市工作,企业首先要对员工做一系列的培训指导。请教师联系一家连锁超市,通过了解店长对员工进行的培训工作,进一步认识店长对下属培训工作的重要性。通过店长给学生介绍员工培训,或让学生现场旁听店长对员工的培训,让学生写出此超市的新员工培训需求分析与实施培训报告。

实训效果评价表:

项　　目	表现描述	得　　分
参与性		
知识的运用		
分析情况		
建议情况		
合计		

案例分析

小张的晋升

小张是某公司一名主管,他工作踏实、积极上进,同时又是公司副总的表弟。公司目前有一个职位空缺,正好适合小张,所以人事主管决定把小张推荐给老总。老总看过材料后表示同意,当天就任命小张为技术部经理。但这时问题出现了,小张的很多同事不仅认为人事主管是为了拍马屁才推荐小张的,而且认为公司副总任人唯亲,很不服气。小张听到这些议论后很气愤,决定换一家企业,做出点成绩给大家看。

问题:造成这种结局的原因是什么?怎样才能成为一名合格的人事主管?

资料来源:李青. 个人与团队管理. 新浪博客.

超市的招聘

苏磊是某国际连锁集团在我国南方地区分部的总经理。苏磊手下有 5 位片区主管人员，每个片区主管人员分别监管 8~12 家商店。

一天早上，苏磊正在查看公司晨报，内部通信联络系统传来了秘书的声音："苏总，你看过今天晨报的商务版了吗？"苏磊应答："没有，什么事啊？""报上说张星已经接受了 A 集团华东地区副总经理的职位。"

张星是苏磊下属的一位片区主管，他已在目前的职务上干了 5 年。苏磊从晨报上得知张星离职的消息后，知道自己需要尽快找一位能干的替代者。

几天过去了，苏磊同张星谈了替代者的问题。最后，苏磊决定将他下属的一个小片区主管人员调到张星分管的片区，同时他立即着手寻找合适的人选填补该小片区主管的空缺。

苏磊翻阅了片区主管人员职位的职务说明书（没有职务规范）。该项职务的职责包括：确保达到公司制订的服务和产品质量的标准；监管商店经理的工作并评价其绩效；提供片区的月份、季度、年度收入和成本预估；为总部或下属商店经理提出节约开支建议；协调进货；与供应商协商广告宣传合作方案；参加与工会的谈判。

问题：1. 你建议苏磊采用哪种招聘渠道？为什么？
2. 你建议苏磊使用何种人员甄选手段甄别应聘者？为什么？

资料来源：李青. 个人与团队管理. 新浪博客.

涵漪的困惑

春节期间，涵漪找到已是人力资源经理的昔日同窗孟熙，诉说了她的职场困惑。涵漪研究生毕业后，被一家外企录用，文化背景的差异让涵漪很不适应。看到在另一家企业工作的同学能够常常出国，几个月的时间里就先后去了欧美多个国家，她十分羡慕。实习期刚满，涵漪就提出辞职，很快更换了东家。

第一次跳槽，涵漪还算满意，新的单位也确实成全了她的出国梦想。但是很快，涵漪发现出国并没有想象中的那么快乐，特别是她本来就不多的钱很快就花光了，出国的梦想实现了，但只能眼巴巴看着喜欢的商品却无力支付，心情很是郁闷。在每次的出国行程中，工作的时间与逛街的时间严重失调，有几次甚至刚刚结束工作，就要赶往机场踏上返程。当时涵漪的心情真的是糟糕至极。

于是涵漪又换了单位，收入高了，但是出国的机会没有了，工作环境也远远不如第一家单位。就这样，涵漪不断地换着工作，每次都是为了一个简单的目的，但往往失去的更多。由于拥有高学历，涵漪每次换单位也还算顺利。一路走下来，两年的时间里，涵漪竟然换了 4 次工作。她说："我现在都不知道自己为什么要换工作了。每次熟悉了新的岗位我就想换工作，我不知道自己是不是得了什么病。"

问题：涵漪的病根在哪里？

资料来源：2013 年人力资源管理师经典案例分析.

知名企业的面试

日产公司：请你吃饭

日产公司认为，那些吃饭迅速的人，一方面说明其肠胃功能好，身强力壮；另一方面说明他们做事通常风风火火，富有魄力，而这正是公司所需要的。因此，对每位来应聘的员工，日产公司都要进行一项专门的用餐速度考试，招待应聘者一顿难以下咽的饭菜，一般主考官会好心叮嘱你慢慢吃，吃好后再到办公室接受面试，那些慢腾腾吃完饭者得到的都是离开通知单。

壳牌石油：开鸡尾酒会

壳牌公司会组织应聘者参加一个鸡尾酒会，公司高层员工都来参加，酒会上由这些应聘者与公司员工自由交谈。酒会后，由公司高层员工根据自己的观察和判断，推荐合适的应聘者参加下一轮面试。一般那些现场表现抢眼、气度不凡、有组织能力者将得到下一轮的面试机会。

假日酒店：打篮球

假日酒店认为，那些喜爱打篮球的人，性格外向，身体健康，而且充满活力，富有激情。假日酒店作为以服务至上的公司，员工要朝气蓬勃、有亲和力，要有饱满的干劲。一个缺乏兴趣、死气沉沉的员工既是对公司的不负责，也是对客人的不尊重。

美国电报电话公司：整理文件筐

先给应聘者一个文件筐，要求应聘者将所有杂乱无章的文件存放于文件筐中，并规定在10分钟内完成。一般情况下是不可能完成的，公司只是借此观察员工是否具有应变处理能力，是否分得清轻重缓急，以及在办理具体事务时是否条理分明。那些临危不乱、作风干练者自然能获高分。

统一公司：先去扫厕所

统一公司要求员工有吃苦精神及脚踏实地的作风。凡是来公司应聘者，公司会先给他一个拖把，让他去扫厕所，不接受此项工作或只把表面洗干净者均不予录用。统一公司认为一切利润都是从艰苦劳动中得来的，不敬业，就是隐藏在公司内部的敌人。

问题： 请结合以上所列企业各自的特点，分析说明其各自的员工需求的侧重点是什么。

项目五 商店销售与客户关系

项目目标

❖ 掌握销售计划的制订及价格管理。
❖ 掌握商店促销技巧与运用。
❖ 掌握客户选择及信息的管理分析。

项目导入

商店的最终目的在于获取利润,利用利润夯实基础以获得更大的发展,而要获得利润就必须把商品卖出去。因此,商店的销售管理就是要通过一系列繁杂琐碎的工作,找出影响商店业绩的根本原因,通过鼓励员工参与经营管理、激发员工工作积极性、指导员工学习销售技巧以提高成交率、加强商店日常管理的科学性等手段提高商店的赢利能力。而要做到这一切,需要做的就是做好销售管理与客户关系管理工作。

导入案例

"三连环"促销策略

美国的"斯里兰"百货公司,在商品的销路十分艰难的情况下,为使公司走出困境,推出了"三连环"促销策略,也称"连锁"促销法。

该公司以最为走俏的雪山牌毛毯为促销龙头,让利8%;只要在该公司购买一条雪山牌毛毯,顾客可得购物优惠券一张。拿着这张购物优惠券在公司再度购物,便会得到让利15%的优惠价。然后再给你一张购物优惠券,持此券再去购物,又可得让利20%的优惠价。如果顾客三次在该公司购物,可得"忠实上帝"奖券一张。

有不少的消费者被这种"三连环"的促销策略所打动。

顾客拿到的"忠实上帝"奖券,对应着级别不同的奖品,如冰箱、彩电、电熨斗等,如果顾客没有中奖,可凭"忠实上帝"奖券任选一种价值为3~5美元的商品。

这一策略为公司招来了许多顾客,他们从四面八方涌向"斯里兰"百货店。该公司销售额因此不断提高。

资料来源：刀客．世界营销绝妙点子．中国钢铁社区网．

◎ 引例分析

以上案例中"斯里兰"百货公司在商品销路艰难的情况下，推出了新的促销方法，刺激了消费者的购买欲望，使该公司的销售额不断提高，说明了促销对于一个企业的重要性。

◎ 任务实施

任务一 销售管理

一、销售计划的制订

销售计划是指店长在对过去一年的市场形势和现状进行分析的基础上，对未来一段时间内的销售情况进行预测，设定销售目标额度，分配销售任务，编制销售预算，以便最终实现销售目标。制订销售计划，不但有助于员工了解商店的营销计划及发展方向，还有助于店长理清销售思路，为具体的市场操作指明方向。

（一）销售目标的制订原则

1. 具体性和可衡量性

销售目标要具体，并具有可衡量性。没有明确衡量标准的销售目标是没有实际指导意义的。例如，店长在制订员工销售目标时，应明确每名员工每个月应完成多少销售额，并说明制订的理由、衡量的标准，同时指导员工开展销售工作，使员工有明确的方向和参考方法。但应注意的是，店长应提供政策鼓励，使员工发挥主观能动性，提高完成度，以避免员工消极怠工。

2. 可实现性

实现销售目标会给人以成就感和信心，从而不断获得前进的动力。因此，店长在制订销售目标前，必须客观地对商店现状、员工水平及各种客观因素进行衡量，避免制订的目标遥不可及，从而打击员工的信心和士气。

3. 时限性

制订销售目标时必须同时限定目标实现的时间，避免造成设立的目标虎头蛇尾，成为空谈。

（二）销售计划的架构、内容及执行

按时间长短，销售计划可以分为年销售计划、月销售计划、周销售计划、日销售计划。其中，月销售计划和周销售计划的概括性较强，日销售计划更具体和详细。

详细的销售计划应该包括所有的目标项目，只有完成了这些目标项目，才能完成预先制订的销售目标。店长在日常工作中，应该努力实现销售计划中规定的各项目标值。

1. 销售计划的架构

销售计划包括商品计划、销售费用计划、人员计划、广告宣传计划、促销计划、销售总额计划。

1) 商品计划

商品计划应指明销售什么商品，主力商品是哪些，促销商品是哪些。

2) 销售费用计划

销售费用计划要明确销售费用总额是多少，其中的固定费用是多少，变动费用是多少，费用的来源，费用的分配情况等，见表5-1。

表5-1 销售费用计划

项 目			年度合计		月	
			金额	比例/%	金额	比例/%
销售费用合计	销售变动费用	销售佣金				
		运费				
		包装费				
		保管费				
		促销费				
		广告宣传费				
		消耗品费				
		其他费用				
		合计				
	销售固定费用	工资				
		奖金				
		福利				
		其他费用				
		合计				
		交通费				
		交际费				
		通信费				
		折旧费				
		修缮费				
		合计				

3) 人员计划

在人员计划中，首先要根据销售任务，将团队的任务进行分解细化，然后根据每名员工的销售能力和擅长领域，对销售业绩进行评估，并在计划工作会上公布销售任务指标，明确什么商品由谁负责销售，个人目标是多少，每天应完成多少等。

4) 广告宣传计划

在广告宣传计划中,要明确广告投放的宣传主题是什么,将分为哪几个阶段,将在哪些媒体上进行投放,需要多少广告预算等。

5) 促销计划

促销计划中,要明确促销的主题是什么,什么时候开展促销活动,促销活动的内容是什么。特别要注意的是,应针对不同的销售情况,制订出科学合理的短期、中期和长期促销计划,使整个销售年度能够得到不同促销活动的覆盖。

6) 销售总额计划

销售总额计划是销售计划的重要组成部分,包括每个柜台或销售小组的销售目标、比例分配等。

2. 销售计划的内容

1) 销售方面

每月及每天的预计销售量和实际销售量。

2) 库存方面

(1) 库存评估:每平方米库存的预计与实际情况。

(2) 商品周转:周转数量、天数的预计与实际情况。

3) 利润方面

(1) 毛利评估:商品毛利的预计与实际情况。

(2) 价格调整:针对实际情况做出价格调整的预计与实际情况。

(3) 费用评估:各项费用的预计与实际情况。

4) 损耗方面

(1) 进货损耗:因进货造成商品损耗的预计与实际情况。

(2) 损耗界限:商品损耗率的预计与实际情况。

(3) 品质管理:因管理不善造成商品损耗的预计与实际情况。

(4) 价格调整:因价格调整造成损耗的预计与实际情况。

5) 促销方面

促销活动计划,见表 5-2。

表 5-2　促销活动计划

促销计划	与商品相关的促销计划	确定销售点
		确定销售赠品
	与销售人员相关的促销计划	业绩奖励
		行动管理及教育强化
		销售竞赛
		团队合作销售
	促销计划的重点	销售点展示
		宣传单随报派送
		模特展示
		目录、海报宣传
		报纸、杂志广告宣传

6）劳务方面

（1）人员需求：销售人员与兼职人员人数的预计与实际情况。

（2）工作时数：销售人员与兼职人员工作时数的预计与实际情况。

（3）健康状况：因员工健康状况不佳，需要补充新的人员。

（4）人员培训：为完成销售目标，对销售人员进行各项辅导培训。

7）事物方面

（1）文件或票据：签发、处理。

（2）报告及各项资料：收集、调整、分析、保管。

（三）销售计划的执行

成功的销售=目标+策略+执行。一个好的销售计划，如果没有被很好地执行，就是纸上谈兵。而要执行计划，最重要的因素是执行人。对商店来说，员工就是影响商店销售业绩的重要因素。因此，店长有责任和义务帮助员工提高销售技巧，使他们成为销售高手。换句话说，店长要根据商店及员工的实际情况制订总体销售目标和员工的个人销售目标，然后制订相关的营销策略，在实际工作中为员工提供指导，激发团队的活力和激情，以确保销售任务如期完成。

下面通过3个表格对销售计划的执行、控制和效果评价需要开展的工作和内容进行阐述。表5-3介绍了销售计划的执行过程，表5-4列出了对销售活动进度控制时需要关注的关键点，表5-5标示了对商店销售活动需要评估的项目。

表5-3 销售计划的执行过程

项 目		要点说明
业务分工	预测	根据商店的周边环境、竞争对手情况、节假日等预测不同时段的顾客人数、销售量和销售额
	制订业务计划	根据预测结果，制订月工作计划和周工作计划。制订计划时，要考虑到订货、盘点等工作
	确定员工出勤安排表	根据业务计划，综合考虑合理的工作量和员工的工作安排，在此基础上确定月出勤安排表和周出勤安排表
	合理安排员工的工作	合理分配员工的工作，如订货、补货、待客、销售、服务等，明确规定各项工作的负责人、工作量和完成时间
	明确操作流程	明确各项工作的具体操作流程，如补货及理货方法，不同的部门，需要制订不同操作流程
作业分配	作业分类	例行性作业，如理货、补货、订货、待客等； 变化性作业，如促销活动、陈列变更等，由店长根据具体情况制订作业计划
	重点作业表	将每月、每周、每日的作业进行汇总，预计实际执行所需的时间，然后统计成表
	人员分配	由店长安排作业的负责人

续表

项　目		要点说明
监督指导	杜绝姑息养奸	警告或解聘1～2名业绩差、责任心不强、态度不端正的员工，促进其他员工努力工作
	规范员工的销售行为	编制并推行员工销售手册，规范员工的任职资格、工作内容、工作职责、销售步骤等，为员工的销售工作提供行动指南
	加强销售过程的管理	编制销售日报等报表，推行规范化、表格化管理，督促员工如实填写各种表格，及时了解和解决员工遇到的问题
	制订软硬结合的考核机制	制订软指标和硬指标相结合的考核机制，软指标包括工作计划、信息反馈等；硬指标包括销售额、成交顾客数等
	制定有效的激励机制	每月进行销售排名，前三名授予荣誉称号和现金奖励，并在公司内部通报表扬；每年评选金牌销售代表，授予荣誉称号，提供公费旅游、带薪休假待遇 同时，加强负激励，每月销售排名后三位者，给予黄牌警告一次；每年累计5次黄牌者，给予辞退处理；年终排名后三位者，视情况给予辞退处理

表5-4　销售活动进度控制时需要关注的关键点

日期：

工作项目	部门	负责人	所需时间	预计完成日期	备注
拟订策划书					
成立筹备小组					
分配工作					
跟踪进度					
制作海报					
制作POP广告、快迅商品广告					
制作指示牌					
设计赠品					
联系媒体					
确定促销对象					
准备促销赠品					
布置现场					
活动前训练					
促销成果报告					

表5-5　商店销售活动需要评估的项目

活动名称	
活动目的	
活动形式	

续表

吸引顾客数	
顾客反馈	
供应商反馈	
销售员反馈	
实现销售额	
获得利润	
活动效果	
出现问题	
改进措施	

二、增加销售额的途径

商店的位置是固定的，那么销售是否只能等客上门、守株待兔呢？实际上，销售额的变化取决于三个因素——顾客人数、顾客平均购买量、商品单价。因此，要提高商店销售额，就必须想办法增加顾客人数和顾客购买量，以及提高商品毛利。另外，提高顾客的重复购买率也是增加商店销售额的方法之一。

（一）增加顾客人数

顾客越多，销售额越高。要吸引更多的顾客到商店消费，重点做好四个方面的工作。

1. 良好的店面形象和优雅的购物环境

随着生活水平的不断提高，购物的过程不再仅仅是物质上的需要，也是人们享受生活的过程。所以，良好的购物环境更有利于不断吸引更多的顾客。

2. 商品品种齐全，性价比高，商店商誉好

商店拥有品类齐全、丰富多样的商品，顾客可以很方便地找到自己想要的高性价比商品，商店才能有良好的商誉。如此，顾客才有理由说服自己再次光临。

3. 优质的销售服务和科学的销售服务流程

优质的销售服务、科学的销售服务流程是吸引顾客消费的基础。因此，针对员工开展服务技能培训和指导，根据顾客消费心理的变化不断改善销售服务流程是吸引顾客进店、提高顾客忠诚度的根本途径。

4. 有效的广告宣传和促销活动

在商店周围的居民区派发宣传页是最直接、最有效，同时也是成本较低的宣传方式之一。

现场促销活动可以活跃商店气氛，增加客流量，提高成交率，起到"顾客拦截"的作用。只要长期坚持，就能征服顾客的心，成为顾客的首选购物场所。

出台政策鼓励老顾客介绍新顾客，如果商店的服务令顾客满意，提供的奖励足够让顾客心动，那么他们就会成为商店的免费宣传员，不断介绍自己的亲朋好友来店消费。

（二）增加顾客购买量

据调查显示，顾客70%的购买决策都是在进入商店后做出的。因此，能否激发顾客的购买欲望，提高顾客的购买量，在相当大程度上决定了商店的销售额，为此，应做好以下工作。

1. 关联陈列

将不同种类但互相补充的商品陈列在一起，利用商品间的互补性，使顾客在购买商品A后，顺便也购买旁边的商品B或商品C。例如，在方便面旁放火腿肠，在剃须刀旁放剃须泡沫等。

2. 组合包装

将同类商品或相似商品分为若干小包装，然后再组合成一个较大的包装，目的是增加产品的视觉冲击力，方便顾客选购，扩大产品的销售量。例如，根据不同的节日和人群，将不同的礼品包装组合在一起，吸引顾客购买。

3. 联合促销

联合促销是指两个以上的商店或品牌合作开展促销活动。这种做法的最大好处是可以使联合体内的各成员以较少费用获得较好的促销效果，联合促销有时能达到单独促销无法达到的目的。例如，在超市购买某品牌的酱油时，只要比平时多付一点钱，就可以获得另外一个品牌的鸡精；在电器城购买洗衣机时，导购会告诉你，购买某品牌洗衣机的同时，购买另一品牌的电饭锅，将可以参加抽奖活动，或者将获得某些优惠和奖品等。

4. 附加销售

当顾客确定购买后，根据对其潜在需求的准确判断，抓住时机，巧妙地利用各种手段，向其进行附加销售，以提高客单价。例如，顾客购买了一套茶具，导购可推荐他购买一包茶叶或清洗用具。

5. POP广告

简洁醒目的POP广告可以有效地将促销信息传递给顾客，如特价、返现、买赠、抽奖、服务信息等。调查表明，POP广告能够使销售额增加15%以上。

6. 科学的客动线设计

顾客在商店内停留的时间越长，经过的路线越合理，购物的可能性就越大。客动线的设计原则是尽可能让每位顾客都最终达到商店的重点区域，同时每条线路上的产品品类都具有科学合理的关联性。例如，将促销活动的领奖处设在商店里面的死角处。

7. 会员制管理

会员制管理包括以下三种类型。
（1）现金折扣积分送礼型。
（2）无折扣有积分送礼型。
（3）有折扣无积分型。

其中，第一种类型对顾客的吸引力最大。据不完全统计，会员顾客的客单价要比普通顾客客单价高出50%以上。

8. 大客户服务

对于购买量大、消费频繁、利润贡献显著的大客户，要为他们提供个性化的优质服务，这对提高客单价有很大帮助。

（三）提高商品毛利

提高商品毛利的关键是平衡高毛利商品和畅销商品之间的关系，用畅销商品带动高毛利商品的销售，在同等畅销的情况下主推高毛利商品，在不影响畅销商品销售的情况下主推高毛利商品。

提高商品毛利的途径主要包括以下几种。

1. 引进适销对路的高毛利商品

寻找适销对路的商品，率先引进顾客需要且毛利较高的商品。

2. 好位置尽量留给高毛利商品

在条件相同的情况下，毛利高的商品优先放在较好的位置，吸引顾客的目光，方便顾客选购。

3. 采取灵活的价格策略

根据不同的消费环境和竞争条件，采取灵活的价格策略。对于目标性品类，可以采取低价策略；对于常规性和其他品类，可以采取高价策略。

4. 适当调整各部门构成比例

（1）提高高毛利商品部门的构成比例。

（2）提高高销售量商品部门的构成比例。

5. 提升商品的附加价值

提升商品附加价值的途径包括提供新一代商品、商品升级、包装改进、品牌文化等。

6. 提供额外的配套服务

为了提高商品的毛利，可以向顾客提供额外的配套服务。例如，在销售空调时，可以提供特别的优惠，让顾客获得每年免费清洗2次和免费移机1次的服务。

（四）提高顾客的重复购买率

调查显示，开发新顾客的成本是维持老顾客成本的6倍以上，与初次登门的顾客相比，多次光顾的顾客可为商店多带来20%～80%的利润。由此可见，留住老顾客，提高他们的重复购买率，对商店而言具有非常重要的意义。

提高顾客重复购买率的途径主要包括以下几种。

1. 与顾客保持联系

与顾客保持联系，多给他们关怀。例如，在顾客生日时寄上一张生日贺卡或者在举办促销活动、新产品上市、配套产品上市时，及时通知顾客。

2. 帮助顾客养成定期购买的习惯

对于顾客可能重复购买的商品，要在第一次购买后的三周内，至少与他们接触三次以上，为他们提供超预期的个人服务，帮助他们养成定期购买的习惯。

3. 赠送积分

只要顾客到店消费就可以获赠积分。当积分达到一定数量时，就可以兑换免费或打折的商品，积分可以使顾客长期、稳定地购买商店商品。

4. 赠送印花

赠送印花可以促使顾客重复购买，满足部分顾客搜集印花的心理。例如，顾客只要消费10元，即可获赠1枚印花，积累到一定数量可以兑换礼品或返现。

5. 赠送有期限的优惠券

对于初次购物的顾客，赠送有期限的优惠券可以促使他们在短期内再次购买。只要顾客光顾商店三次以上，就会养成经常到商店购物的习惯。

6. 妥善处理顾客的投诉和抱怨

调查显示，只要顾客投诉和抱怨得到妥善处理，80%的顾客仍愿意继续在商店消费。事实上，那些投诉商店的顾客往往是忠诚度较高的顾客，因此，只要处理好与他们的关系就能提高商品的重复购买率。

三、商品价格管理

商品价格是影响顾客购买行为的重要因素。商品定价和变价的目的在于令顾客感觉物有所值，从而乐意掏钱购买，最终实现商店盈利。

商品价格管理，就是科学合理地制订和调整商品的价格，从而保障商品的销量和利润的平衡。从这个意义上说，价格管理的重点在于因需而变。

通常情况下，商品价格上涨，顾客需求量减少；商品价格下跌，顾客需求量增加。由此可见，价格是商战中的重要武器，如果运用得当，就能赢得顾客；反之，就会丧失顾客。

（一）影响商品定价的因素

1. 成本

成本包括固定成本（如进货价格、固定资产折旧、管理人员工资等）和变动成本（如员工工资、直接营销费用等）。

2. 销售目标

应把实现利润最大化，提高市场占有率作为销售目标。

3. 外部因素

1）竞争

竞争包括竞争对手的实力及定价策略等情况。

2）需求

需求弹性大的商品，调价会立即影响市场需求；需求弹性小或无弹性的商品调价对销售没有显著影响。因此，如果市场对商品的需求量增加，可以适当提价；需求量少，可以适当降价。

3）顾客

顾客的购买心理、购买习惯等也会影响商品的定价。

（二）商品定价的方法

1. 成本导向法

以进货成本为基础，加上预期利润，由此确定商品的价格。

1）成本加成定价法

$$商品售价=(商品进价+商品附加成本)\times(1+加价系数)$$

其中，商品附加成本包括固定资产折旧费、员工工资、产品运输费用、仓储费用、促销费用等。

2）售价加成定价法

$$商品售价=(商品进价+商品附加成本)/(1-毛利率)$$

$$商品售价=(固定成本+目标利润)/预期销售量+可变成本$$

2. 需求导向法

根据顾客的认知和需求，而不是供应商的成本确定商品的价格。

1）认知价值定价法

根据顾客对商品价值的认知和理解来定价。

2）逆向定价法

根据顾客能够接受的价格，扣除商店的经营成本和利润后，逆向推算出商品的零售价。

3. 竞争导向法

竞争导向法是一种参考竞争对手定价来确定商品价格的方法。

1）现行价格定价法

根据竞争对手的定价或市场平均价格确定商品的价格，而不考虑成本或市场需求。主要适用于需求弹性难以衡量的商品，既可以保证合理的利润水平，又可以避免商店间的恶性竞争。

2）投标定价法

靠投标赢得业务的公司大多采用投标定价法。竞标的目的是争取合同，因此，报价时要重点考虑竞争对手的价格策略。

（三）商品定价的策略

1. 超值定价

定价比竞争对手的同类商品要高。适用范围：独具特色的新商品或专利品；品质卓越、声誉极佳的新商品；需求弹性小的商品；顾客急需而市场上稀缺的商品。

2. 尾数定价

根据顾客的购物心理，定价时以带零头的数字结尾，如将价格尾数定为 8 或 9，以达到增加销售量的目的。例如，某件商品原来定价 1 元，后来调整为 0.99 元，顾客会感觉便宜了一些，需要注意的是，尾数定价策略不适合高品质的商品，否则，会影响商品的声誉。

3. 招徕定价

将少数商品的价格定得很高或很低，以激发顾客的好奇心，吸引他们入店选购。这种定价策略适用于综合性百货商店、超级市场等。

4. 渗透定价

定价比竞争对手的同类商品低，前提条件是商品的销售量较大，能够实现薄利多销。适用范围：容易仿制的商品，差异性小的商品，需求弹性大、顾客对价格敏感的商品。

5. 弧形数字

研究发现，顾客更容易接受带有弧形数字的价格，如 0、3、5、6、8 等。在商品定价中，5、8 等数字经常出现，而 1、4、7 则较少出现。

6. 分割定价

通过分割定价，会让顾客觉得价格非常便宜。

1）用较小的单位报价

例如，茶叶每千克 1 000 元报成每克 1 元。

2）用较小单位商品的价格进行比较

例如，该电器每天仅需 0.2 元电费，5 天的电费才够买瓶最便宜的矿泉水。

7. 整数定价

针对顾客求名牌或求方便的心理，将商品价格定为整数。整数定价策略适用于礼品、工艺品和高档商品。

8. 安全定价

按照成本加正常的销售利润定价。例如，一条牛仔裤的成本是 80 元，根据服装行业的平均利润水平，每条牛仔裤可以获得 20 元的利润，那么，这条牛仔裤的安全价格为 100 元。

9. 同价定价

店内所有商品的售价都相同，这种定价策略利用顾客的好奇心，吸引他们入店选购，如 5 元店、10 元店等。

10. 公平定价

在市场调研的基础上，确定商品的合理价位。

四、售后服务

售后服务是指生产商店、经销商把产品（或服务）销售给顾客后，为顾客提供的一系列服务，包括产品介绍、送货、安装、调试、维修、技术培训、上门服务等。如果说售前和售中服务只是为了让顾客买得称心，那么售后服务就是为了让顾客用得放心。

商店销售的售后服务主要指商店为已经购买商品的顾客提供的服务，包括维修服务、换货和退货服务、处理顾客投诉服务和顾客关系管理等几个方面。本部分主要介绍维修服务、换货和退货服务的"三包"服务内容。

三包服务是指商店对所售商品实行"包修、包换、包退"服务。这是卖方在一定期限内对买方的信用保证，承诺对非人为损坏导致的商品质量问题提供保障。

在实际工作中，顾客在购买商品后会因为各种原因提出维修、换货、退货的要求。对于符合三包服务标准的商品，商店应当友善对待，按照维修、换货和退货的流程，在允许的范围内为顾客办理相关的手续。

（一）三包服务的原则

（1）为顾客提供包修、包换、包退服务，解决顾客的后顾之忧。

（2）为顾客提供规定范围内的免费维修，对某些零件只收取成本费，缓解顾客的忧虑。

（3）对顾客准备购买的商品，在规定范围内可按顾客的要求进行部分更改，以满足顾客要求。

（二）三包服务的一般标准

（1）当卖出的商品被鉴定为质量问题时，无条件退换。

（2）当退换的商品正在打折时，即使商品价格高于现价，也只按现价或相关规定退款；当退换的商品存在质量问题时，按购买价格退换。

（3）如果退换的商品现在的价格低于购买价格，顾客可挑选其他商品补充，使价格与原商品价格持平。

（4）如果换货的商品现在的价格高于购买的价格，顾客应支付超出金额。

（5）对于人为损坏的商品，不予退换。

（6）对于无购物凭证的商品，不予退换。

（7）对于礼品，只换不退。

（8）对于顾客不满或退换货无法断定责任的，及时向上级反映或视情况交仲裁部门仲裁。

（三）三包服务的一般流程

（1）接待人员面对要求退换货的顾客时，首先应检查商品是否符合退换货标准，如果符合，由顾客填写"顾客退换货申请表"，见表5-6。

（2）由负责该商品的员工对商品进行鉴定并签字确认。

（3）店长或售后服务主管审批顾客退换货申请表。

（4）如换货则商品交到售后服务部后，到商品所在柜组更换商品。

（5）如退货则将所退商品交到售后服务部后，到指定收银台或财务部办理退款手续。

表 5-6 顾客退换货申请表

顾客姓名		申请退换货日期	
顾客地址		联系电话	
退换货商品明细				退换货原因
商品编号	商品名称	数量	金额	
主管签字		店长审批		
收货单位、收货人、地址和电话				
仓库验收及处理结果				

经手人：　　　　　　　　　　　　　　　日期：

任务二　促销管理

促销管理是以提高销售额为目的，吸引、刺激顾客消费的一系列促销活动的计划、组织、领导、控制和协调管理工作。

成功的促销可以增加商店的销售、提高自身竞争力并削弱竞争对手，而成功的促销管理则可以提升促销的效果、降低促销的成本和风险。

一、促销计划的制订

通常情况下，商店为了营造热烈、持续的销售气氛，会以年度为计划基准，规划年度促销计划、季度促销计划、月促销计划和周促销计划等。制订年度促销计划时，应重点关注以下几点。

1. 结合该年度的营销策略

商店为了让顾客建立起对商店形象的认知，增加顾客对商店的好感，将有限的资源集中使用，使促销效果最大化，通常商店都会选择一个主题作为年度促销计划核心。

某超市的年度营销策略主题为"社区生活好伙伴"，并举办了诸如"靓妈靓菜烹饪比赛""健康宝宝爬行比赛"等一系列促销活动，均以周边社区的住户为主要目标群体，体现对社区的人文关怀和共同生活的经营理念，很好地增进了社区住户对商店的好感，促进了商店销量的提升。

2. 重视淡旺季业绩差异化

任何行业的业绩都会因季节改变的影响产生变化，因此促销活动的规划也必须考虑淡旺季的影响。通常情况下，淡季促销主要以形象类活动为主，目的在于延缓业绩下滑和增加顾客对商店的认知度；而旺季促销则主要以业绩的完成为重点。

3. 配合节假日开展促销

节假日包括法定假日和非法定假日。法定假日如劳动节、国庆节等，非法定假日如母亲节、父亲节、情人节等。同时，一些中国的传统节日，如重阳节等也不应忽视。这些节假日会对顾客造成不同的消费行为特征，因此，在制订促销计划时，必须根据节假日的习俗和顾客消费行为特征搭配商品，也可以开发与节假日相关的商品或主题。

促销前制定明确的销售量

宁先生经营着一家小型的电动车专卖店，由于员工数量不多，宁先生一直崇尚使用人性化的管理方式，不给员工太多的销售任务压力。而员工们工作都很踏实，店铺的经营状况一直相当良好。

国庆节时，宁先生策划了一次优惠促销活动，但没有规定具体的业绩增长目标，让全体员工尽力发挥。在活动结束后，宁先生发现销售量和往日平均销售量差不多，由于优惠促销的关系，营业额反而更少了，显然这是一次不成功的促销活动。

宁先生通过分析发现，在促销期间，宣传力度明显不够，而这并没有被及时发现和解决。员工由于没有确切的任务量，全都延续了平时的工作状态和工作方法，并没有做出相应的改进，造成了失败的结果。

宁先生痛定思痛，认真做了总结，准备在元旦时开展一次规模更大、更全面的促销活动。在制订完促销活动方案后，宁先生参考了过去几个月以及去年同期的店铺销售量，又计算了促销活动成本，制订了促销期间每天销量比上个月日均销量提升50%的目标，并且根据这个总体目标，给每位员工都划分了具体任务量，鼓励全体员工争取达到并超出目标。

宁先生将具体的任务量传达给每位员工后，又进行了十多天的培训和演练，以迎接促销活动的到来。促销活动持续了三天，在促销活动中，宁先生每隔一两个小时就对每一位员工完成任务量的情况进行一次跟踪统计，通过每一位员工完成任务量的百分比结合促销活动的进行时间，看看哪位员工的工作进度落后了，哪位员工的工作进展状况良好。

工作进展状况良好的员工，宁先生予以了鼓励，让他们争取超额完成目标。对于工作进度落后的员工，宁先生及时与其沟通，看看是他的工作方法有问题，还是活动的环节设计有问题，找出改进的方法。

在宁先生持续地跟踪和指导之下，原先工作进度落后的员工也逐渐接近了任务目标。在三天的促销活动结束之后，每位员工都完成了自己的任务量，有几位还超额完成了目标，促销的总体目标也超额完成了10%。

资料来源：零售动力. 新浪博客.

二、促销的基本概念

1. 促销

促销也称为销售促进,是指企业根据市场状况与自身条件,通过整体规划,安排在一定时期内能够促进产品销售的各项活动的总称。

2. 促销活动

促销活动是促销的一种形式,它是有时间性的,多是利用一种或者多种形式刺激消费者购买产品的时间性游戏。促销活动多以增加产品的附加价值作为为活动的主要刺激方式,在售卖现场或者非售卖现场举办均可。

3. DM 促销

DM 是英文 direct mail 的缩写,意为快讯商品广告,通常使用 8 开或 16 开广告纸正反面彩色印刷而成,可以采取邮寄、定点派发、选择性派送等方式送到消费者手中,是超市最重要的促销方式之一。

4. POP 促销

POP 是 point of purchase 的缩写,意思是"在购买场地所有能促进购买的广告",或是"购买点广告",也可以解释为"店头广告"或者"售点广告"。

5. 让利促销

让利促销是指在销售一个产品的过程中,低于原有价格销售的一种行为。

6. 平面广告

平面广告是指从设计和制作的角度出发,所有静止的、二维的广告形式。

7. 免费试用

免费试用即现场提供免费样品邀请潜在的顾客免费试用产品,以促进他们购买产品或者试用产品的促销方式。

8. 限时抢购

限时抢购即超市在特定营业时段内,提供优惠商品,刺激消费者购买的促销活动。

9. 有奖促销

购物满一定金额即可获得奖券进行即时兑奖或于指定时间参加公开抽奖。

10. 特价包装

只以低于正常商品的价格向顾客提供商品,这种价格通常在标签或包装上标明。

11. 样品

样品指免费提供给顾客或供其使用的商品。

12. 优惠券

优惠券是一纸证明,持有者用它来购买特定商品可以抵扣一定的金额。

13. 赠品

赠品指以较低的代价或免费向顾客提供某一物品,以刺激顾客购买特定品牌商品。

14. 展销会

展销会指为推销某种商品而专门举办的促销活动。

三、常用的促销手段

商店开展促销活动少不了对促销手段的选择。促销手段能影响促销效果，选择不同的促销手段会不同程度地吸引消费者。以下是一些主要的促销手段。

1. 特价

特价即利用商品降价来吸引消费者来增加购买量，是超市使用最频繁的促销方式之一。

在运用特价促销之前，有必要对特价促销的规律和技巧进行深入的分析和研究。特价的商品质量要好，不能有欺骗性，否则消费者容易产生逆反心理——价格再低也不买！

一般超市采用的方式有季节性降价、重大节日特价酬宾、超市庆典活动特价，等等。

2. 限时折扣

限时折扣指超市选择某一时段作为活动时间，提供优惠商品，刺激消费者购买的促销活动。限时折扣的对象一般大多是生活必需品或大众化商品，其价格要比市场价便宜，以刺激消费者立即进行疯狂式的购买。进行限时折扣可以配合宣传单预告，或在卖场销售高峰时段以广播方式告之，刺激消费者购买限时特定优惠商品。

3. 数量限购

数量限购是利用了消费者普遍存在的一种抢购心理，来达到促销目的的一种促销手段。在促销活动中，促销员要强调商品数量有限，欲购从速。

4. 现场演示

现场演示指在销售现场直接向消费者做商品演示。运用现场演示的产品种类很多，如食品加工机、各种清洁工具、保健品和食品等。

5. 使用赠品

使用赠品是指消费者免费或付出少量代价即可获得特定物品的促销活动。此类活动的做法通常配合大型促销活动，如超市开业或周年店庆、儿童节、妇女节、情人节等有特殊意义的日子，或在供应商推广新产品时。

6. 使用赠券

使用赠券指持券人拿着超市发放的优惠凭证，在指定的地点购买商品时享受折价或其他优惠的一种促销手段。使用赠券有利于超市的宣传，增加客流，但回收率低，而且容易出现欺诈行为。

7. 免费试用

免费试用是指让消费者与商品直接接触，增强消费者的感性认识，以增加其购买量。其优点在于能吸引消费者参与，可促进冲动购买。不足之处在于有些消费者可能只试不买，因此在费用方面是一笔不小的开支。

8. 会员制促销

会员制促销即消费者只需要缴纳少量费用或达到一定的购买量，即可办理会员卡成为超市的会员。会员一般享有价格上、服务上的许多优惠。

实施会员制促销最重要一点是要区别开会员与非会员才能达到效果，否则，消费者会对此产生异议，进而破坏对超市的印象，产生反面效果。

四、常见的促销工具

1. POP 广告

超市在橱窗、地板和柜台上展示 POP 广告，以提示顾客，刺激顾客冲动型购买。

POP 广告可以简洁介绍商品特质，如新商品、推荐商品、特价商品等，并借由 POP 广告将全店统一的气氛活性化，促进卖场的活性。

2. 优惠赠券

超市广告上特别注明对有赠券的顾客购买商品有特别打折，顾客可以从超市广告上剪下赠券，以此向超市索要折扣。

3. 样品目录

超市可将参加促销活动的各类商品的照片、内容等详尽地在样品目录上进行介绍。

4. 单张海报

为方便顾客选购促销商品，超市要精心设计和印刷具有宣传企业形象、商品等作用的单张海报。

5. 赠品

一般超市都选择实惠、时尚的小件产品作为赠品。但在赠品的选择上必须使赠品与所促销的产品有一定的关联或有一定的宣传作用。

6. 奖品

奖品也是优惠措施之一，奖品应当场发放。一般地，一次性购物超过一定数额，或参加了有奖竞猜、有奖竞赛、抽奖等活动符合一定条件便可获得超市特别准备的奖品一份。

7. 样品

样品是提供给顾客免费试用的商品。它不同于赠品，样品不赠送给顾客，而是为了方便顾客，让顾客切实地看到、感受到商品而准备的促销商品，但顾客可以免费试用。

五、常用的促销商品

顾客的基本需求是能买到价格合适的商品，所以促销商品的项目、价格是否具有吸引力，将影响到促销活动的成败。一般来说，促销商品有以下 4 种选择。

1. 节令性商品

节令性商品是指在某些特殊节日选用一些有节日代表性质的商品来作为促销商品。这类商品一般具有较大的吸引力和丰富的含义，如端午节的粽子，情人节的巧克力等。

2. 敏感性商品

敏感性商品一般为必需品，市场价格变化大，且消费者极易感受到价格的变化，如鸡蛋、大米等。选择这类商品作为促销商品，如在定价上稍低于市面价格，就能很有效地吸引更多顾客。

3. 众知性商品

众知性商品一般是指品牌知名度高、市面上随处可见、容易被取代的商品，选择此类商品作为促销商品，往往可以获得供货商的大力支持，如化妆品、保健品、饮料、啤酒、儿童食品，等等。

4. 特殊性商品

特殊性商品主要是指超市自行开发、使用自有品牌、市面上无比较的商品，这类商品的促销活动主要应体现商品的特殊性，价格不宜定得太低，但也应注意价格与品质的一致性。

六、促销工作流程

（一）促销卖场布置

促销卖场的布置和设计，应以便于顾客参观与选购商品、便于展示和出售商品为前提。在设计促销卖场布置时需要注意以下4个要点。

1. 考虑顾客心理对销售的影响

如果是销售多种商品，那么在促销卖场的布局方面，要适应顾客意识的整体性这一特点，把具有连带性消费的商品种类临近设置、相互衔接，给顾客提供选择与购买商品的便利条件，并且有利于促销员介绍和推荐商品。

2. 考虑顾客的无意注意

如果在促销卖场的布局方面有意识地将有关商品柜组（如妇女用品柜与儿童用品柜、儿童玩具柜）邻近设置，向顾客发出暗示，引起顾客的无意注意，刺激其产生购买冲动，诱导其购买，会获得较好的效果。

3. 考虑商品的特点和购买规律

像销售频率高、交易零星、选择性不强的商品，其促销卖场应设在顾客最容易感知的位置，以便于他们购买，节省购买时间。

像花色品种复杂、需要仔细挑选的商品及贵重物品，要针对顾客求实的购买心理，其促销卖场应设在靠里边的位置，以便于顾客在较为安静、顾客相对流量较小的环境中认真仔细地挑选。

4. 尽量延长顾客逗留卖场的时间

由于促销卖场的设计与促销商品的刻意摆放等原因，人们进入超市购物，总是比原先预计要买的东西多。促销卖场可以设计成长长的购物通道，以避免顾客从捷径去往收款处和出口。当顾客走走看看时，便可能看到一些引起购买欲望的商品，从而增加购买量。同时也可以延长顾客在促销卖场的"滞留"时间。

（二）促销活动检查

店长在商店举行促销活动时要做好一系列的检查工作，即对促销前、促销中和促销后的各项工作进行检查。

1. 促销前检查

（1）促销宣传单、海报、POP 广告是否发放或准备妥当。

（2）卖场所有人员是否均知道促销活动即将实施。

（3）促销商品是否已经订货或进货。

（4）促销商品是否已经通知相应部门进行变价。

（5）检查、清点过夜的商品。

（6）检查商品标签：

① 对于附带价格标签的商品，应检查价签有无脱落、模糊不清、移放错位的情况。有脱落现象的要重新制作，模糊不清的要及时更换，错位的要及时纠正。

② 商品价签应采用国家许可的正规价签，价签上应标明商品的名称、价格、质地、规格、功能、颜色和产地等项。

③ 重点检查对象是刚刚陈列于货架上的商品，确保标签与商品的货号、品名、产地、规格、单价完全相符。对于未附带价格标签的商品，要及时制作标签。

④ 对于需要做样品的商品，要做到有货有价、价签到位、标签齐全、货价相符。

（7）检查销售工具与促销用品是否准备齐全。销售工具和促销用品的准备情况，是促销前检查准备工作的一项重要内容。由于各超市促销商品种类的不同，所需要的工具和促销用品不能一概而论。

2. 促销中检查

（1）促销商品是否齐全、数量是否足够。如果数量不多，要及时补充商品。

（2）继续检查促销商品是否变价。

（3）促销商品陈列表现是否具有吸引力。

（4）促销商品是否完好。

（5）卖场所有人员是否均了解促销期限和做法。

（6）卖场气氛是否活跃。

（7）服务台人员是否按时广播促销广告。

3. 促销后检查

（1）过期海报、POP 广告等是否均已拆除。

（2）促销商品是否已经恢复原价。

（3）摆放、堆积在促销区的商品是否已经恢复原状。

（4）做好卖场与商品的清洁与整理工作：

① 促销场地做到通道、货架、橱窗无杂物和灰尘；

② 商品重新陈列要做到"清洁整齐、陈列有序、美观大方、便于选购"，新产品和热销商品要摆放在醒目的位置。

（5）发现残损的商品要及时更换，按照规定处理。

（三）卖场商品展示

卖场商品展示是促销操作中的一项重要内容，因此在工作中应注意以下几个方面。

1. 列出周详的展示计划

超市促销人员在制订计划时，必须明确商品展示促销的重点。这就是要求广告，尤其是卖场POP广告，引用与诉求点相关的词句，如简便性、品牌知名度、利用范围、新鲜程度、赠品魅力，等等，选择出与新商品特性相符合的一点或几点作诉求，以期发挥最大的促销效果。

2. 将促销与展示有机结合起来

卖场的展示活动要讲究高效率，积极谋取促销之策。在展示活动当中，超市并非只限于介绍新产品，而应努力做好促销活动。

由于卖场可能腾出的空间十分有限，为讲究卖场效率，应根据每次展示促销商品的不同，视所需场地的大小，临时指定展示场所。

3. 精心选择展示的商品

（1）展示的商品应具备以下特征。

① 有新型的使用功效。

② 能使新商品的使用效果立即显现。

③ 新产品为大众化的产品。

（2）设置适合的区域来进行新产品展示活动。

① 要注意该区域在超市的布局中应该醒目。

② 要注意展示区域与商品销售位置的配合，应在商品销售位置附近展示。

③ 要考虑保持超市内部通道顺畅，使对展示活动无兴趣的消费者能够顺利通过和选购其他商品。

④ 促销员要掌握商品陈列的技巧。促销员水平的高低对于展示效果的影响很大，所以在展示促销商品时，促销员要对展示商品的性能、质量、使用方法等有一定程度的了解，并依照对产品的了解恰当地运用商品陈列的技巧，把握现场的促销气氛。

（四）制作和悬挂POP广告

在利用POP广告进行促销时要特别注意POP广告的制作和悬挂。

1. POP广告的设计

POP广告是直接沟通顾客和商品的小型广告，设计时应注意遵循下列基本原则。

1) 图文要有针对性

设计POP广告时必须着力于研究超市环境与商品的性质，以及顾客的需求和心理，有的放矢、简明扼要地标示出商品的优点、特点等内容。

2) 立体造型简练独特

POP广告体积小，容量有限，设计时要注意做到造型简练、版面设计醒目、阅读方便、重点鲜明、有美感、有特色，整体和谐而统一。另外，由于POP广告多以立体的形式出现，所以在平面广告造型基础上，还得增加立体造型的因素。

3) 广告文案要有创意

POP广告文案也是影响促销效果很重要的一个方面。总的来说，POP广告文案要有引人注意的文句；要有醒目的标题，"字数"不可太多，最好在10字以内；要有有创意的正文，内容不要太多，且尽可能地分条书写，简短有力，将最具吸引力的写在最前面，吸引顾客继续阅读下去。

4）注重陈列设计

POP 广告并非像节日点缀一样越热闹越好，而应被视为构成商店形象的一部分，故其设计与陈列应从商店形象的总体出发，加强和渲染商店的艺术气氛。

5）注重整体考虑

POP 广告的设计要从促销活动的整体安排上考虑，既要具有鲜明的个性，同时还要与企业的形象相符合，要从企业和商品的主题出发，站在广告活动的立场上，全盘考虑。

6）符合实际

应根据超市经营商品的特色，如经营档次、超市的知名度、各种服务状况以及顾客的心理特征与购买习惯，力求设计出最能打动消费者的广告。

2. 不同类型 POP 广告的设计要点

1）POP 海报广告

POP 海报广告在设计中应注意使其能引发顾客对商品产生认识的意愿，让顾客对商品内容和价格有所了解，唤起顾客的潜在购买意识，刺激顾客的购买欲望，强化顾客的购买信念，促进即时购买。

2）地面立式 POP 广告

由于地面立式 POP 广告放于地面上，而在商业中心，地面上有柜台存在和行人走动，为了让地面立式 POP 广告有效地达到广告的目的，不被其他东西所淹没，所以要求地面立式 POP 广告的体积和高度达到一定的要求，而高度一般为 1.8~2.0 米。

另外，地面立式 POP 广告由于体积庞大，为了支撑和具有良好的视觉传达效果，一般都为立体造型。所以必须从支撑和视觉传达的不同角度来考虑，才能使地面立式 POP 广告既稳定又具有广告效应。

3）商品展示卡

商品展示卡既可放在柜台上或者商品旁，也可以直接插在稍大一些的商品上。商品展示卡以表明商品的价格、产地、等级等为主，同时也可以简单说明商品的性能、特点、功能等，其文字的数量不宜太多。

商品展示卡在实际使用时，会受到其功能和展示方式的限制，因此设计时重点考虑以下事项。

（1）必须以简练、单纯、视觉效果强烈为根本要求。

（2）必须注意展示平面的图形与色彩、文字与广告内容的有效结合。

（3）为了区别于一般意义上的价目卡片，应以立体造型为主，价格为辅。

（4）设计要简单、醒目、活泼。应尽量减少文字叙述，重点词语使用醒目的颜色，字体要活泼、生动，切忌用太草的字，能让顾客在几秒内看完内容并留下较深的印象。

4）商品价目卡

商品价目卡的展示目的是提示产品的具体价格，其诉求内容着重突出商品的价格优势，并使该商品给消费者留下深刻印象。因此，商品价目卡直接提供价格信息，力求收到直接和及时的销售效果，同时能够在消费者心目中确立良好的产品形象，以便作出最佳的购买决策。

3. POP广告的设置与摆放

POP广告的摆放是否具备科学性，直接影响到使用效果，因此，在POP广告设置过程中需要注意以下几个方面的问题。

1）高度要适合

如果POP广告采取的是悬挂式，则悬挂的高度既要避免因距离商品太远而影响促销效果，又要防止遮挡消费者的视线。如果POP广告采取的是张贴式，则张贴高度距离地面70~160厘米比较合适。

2）数量要适中

POP广告并非越多越好，数量过多的POP广告会让人产生厚重感、压抑感，遮挡通道内的消费者视线，影响购物心情，产生适得其反的效果。

3）设置时间要与促销活动时间保持一致

过期的POP广告要及时清除掉，以免给消费者造成消费误导。

4）摆放位置要合理

如果把POP广告直接贴在商品上，要注意POP广告的尺寸不能比商品本身还大，一般应该粘贴在商品的右下角。

价格是顾客所关心的重点，所以价目卡应置于醒目位置；商品说明书、精美商品传单等资料应置于取阅方便的展示架上；对新产品，最好采用口语推荐广告形式，说明解释，诱导购买。

5）POP广告要时刻保持整洁

POP广告在使用过程中需要保持清洁整齐，如果有撕毁污染现象，应及时更换或擦新。

4. POP广告的检查

制作好POP广告后，要能及时地检查POP广告在超市中的使用情况，检查要点包括：

（1）POP广告的高度是否恰当；

（2）是否依照商品的陈列来决定POP广告的尺寸；

（3）是否有商品使用方法的说明；

（4）是否能清楚介绍商品的品名、价格、期限；

（5）降价商品是否强调了与原价相比的跌幅和限度；

（6）是否由于POP广告过多而使通道视线不明；

（7）有没有脏乱和过期的POP广告。

七、促销活动的评估

促销活动的评估是促销活动结束后的重要工作，通过对每次促销活动的效果、经验、教训的分析和总结，积累工作经验，不断改进促销工作的质量。促销评估的内容分为四个部分：促销业绩的评估、促销效果的评估、与供应商合作程度的评估、促销人员的评估。

（一）促销业绩的评估

促销业绩的评估包括两个方面：选择评估的标准和方法，查找不足之处并分析原因。

1. 评估的标准和方法

1)前后比较法

前后比较法就是选取促销前、促销中、促销后的销量进行对比,分析销量的走势,根据走势图可分为三种情况。

(1)成功的促销。

在促销活动中大量消费者前来购买,销量得到大幅上升,达到甚至超过预定的目标。促销活动结束后,由于促销活动的成功,使商品的知名度和超市的商誉度提高,除促销商品销量会增加外,还会带动其他商品销售量的提高。

(2)徒劳无益的促销。

促销活动对顾客的吸引力不大,几乎对超市商品销量没有起到任何的推动作用,白白浪费促销费用。

(3)适得其反的促销。

虽然在促销活动中提升了一定的销售量,但由于在活动中管理混乱,或设计不当,或出现意外等,对超市的商誉度造成了较大损害,导致顾客对超市的信任度下降,造成经营的滑坡。

2)促销活动过程跟踪核查

这种方法主要是对促销过程的各项重点工作进行检查,将检查项目编制成表,进行记录,促销活动检查表见表 5-7。

表 5-7 促销活动检查表

类别	检查项目
促销前	1. 促销宣传单、海报、POP 广告的准备是否妥当、发放是否到位 2. 卖场所有人员是否都知道即将实施的促销活动 3. 促销商品是否已经订货或进货 4. 促销商品是否已经通知 IT 部门进行相关信息的处理
促销中	1. 促销商品是否齐全、数量是否充足 2. 促销商品是否正确标价 3. 促销商品及相关联商品的陈列是否有效 4. 对促销商品是否张贴 POP 广告 5. 促销商品的质量是否出现问题 6. 卖场所有人员是否了解促销期限和具体做法 7. 卖场人气是否旺盛 8. 服务台人员是否定时广播促销信息
促销后	1. 已无效的海报、POP 广告、宣传标语是否均已拆下 2. 促销商品是否恢复原价 3. 商品陈列是否恢复原状

3)问卷调查法

问卷调查法就是超市的调研人员在本商圈随机抽取一定比例消费者分发问卷,向其了解促销活动的效果,问卷内容可以包括:

(1)你是否知道××超市举行的××促销?

(2）你参加了吗？你从中得到实惠了吗？
(3）你对我们超市的促销活动的评价如何？有何建议？
(4）促销活动对你今后购物场所的选择是否会有影响？

4）观察法

观察法简单易行，就是直接观察消费者在超市促销活动中的行为。例如，消费者在促销活动中参与的积极程度、促销现场的气氛、管理的有序性、优惠券的回收率、参加抽奖的人数以及赠品的领取情况等。

5）预定目标对照法

预定目标对照法是在促销活动结束后，通过对销售数据的整理，计算出实际的营业增长额、增加的顾客数、客单价及利润，与活动预订目标进行对比。实际绩效达到预订目标的95%～105%属正常，基本达标；达到105%以上，则为超标；95%以下则认为效果不理想。

2. 查找不足之处并分析原因

对促销活动的业绩进行评估的另一个重要的目的，就是查找和分析促销业绩好或不好的原因，不断发现问题，不断寻找解决办法，不断进行总结，寻找更有效的促销方式，才会使超市销售业绩不断得以提高。

（二）促销效果的评估

促销效果的评估主要有三方面：促销主题、促销创意、促销商品。

1. 促销主题的评估

（1）促销主题是否与整个促销内容相符合。
（2）促销主题是否简单明确，富有创意和吸引力。
（3）促销主题是否抓住了顾客的需求和市场的卖点。

2. 促销创意的评估

（1）促销创意与目标销售额是否相符合。
（2）促销创意是否与促销主题和促销内容相符合。
（3）促销创意是否过于老套，缺乏吸引力。

3. 促销商品的评估

（1）促销商品能否反映超市的经营特色。
（2）促销商品是否符合消费者当前的需要。
（3）促销商品能否给消费者带来实惠。
（4）促销商品能否帮助处理积压库存。
（5）促销商品定价与毛利额目标是否一致。

（三）与供应商合作程度的评估

（1）供应商是否积极支持、主动参与促销活动，并承担部分促销费用。
（2）供应商供货是否及时、充足。
（3）供应商供货的质量是否出现问题。
（4）供应商是否在价格上予以特别优惠。

（四）促销人员的评估

（1）促销人员安排上是否合理。
（2）促销人员是否保持高昂的工作热情。
（3）促销人员是否服从工作的安排。
（4）促销人员的服务态度是否具有亲和力。
（5）促销人员是否认真履行了促销活动的执行方案。
（6）促销人员有无良好的合作精神。

任务三　客户关系管理

近年来，随着市场环境的变化和市场竞争的加剧，经营者越发深刻地认识到市场竞争就是客户争夺的竞争，要想在激烈的市场竞争中保持优势和长期稳定的发展，就必须重视客户关系管理。

一、客户认知和选择

商店进行客户关系管理的主要目的在于让潜在客户和目标客户尽快产生购买欲望并付诸行动，促使他们成为商店的现实客户。

（一）客户的价值

客户对商店的价值不仅在于客户直接购买而为商店带来的利润价值，它包括客户在其整个生命周期内为商店创造的所有价值。

1. 利润来源

商店要盈利必须依赖客户，因为只有客户购买了商店的产品或服务，才能使利润得以实现。因此，客户是商店利润的源泉。

2. 聚客效果

自古以来，人气都是商家发家致富的保障。通常情况下，人们的从众心理都很强，总是喜欢追捧那些"知名""热门"的产品和商家。这就意味着，已经拥有较多客户的商店更容易吸引更多的新客户，从而形成良性循环。

3. 信息收集

客户能够为商店提供信息，使商店更有目的性，更有效地开展经营活动。这类信息包括：建立客户档案时，由客户无偿提供的信息，如客户购买习惯等；商店与客户互动时，由客户以各种方式（如建议、抱怨、要求等）向商店提供的各类信息，如客户需求信息、竞争对手信息、客户满意度等。客户提供的这些信息不仅为商店节约了大量的信息收集经费，而且也为商店提供了较为真实、准确的第一手资料。

4. 口碑传播

研究表明，在影响客户购买决策的信息来源中，口碑传播的影响力最大，远胜于商业广告和公共宣传。如果由满意的客户向其他人宣传商店的产品或服务，从而吸引更多新客户的加入，那么就能够使商店销量增长、利润增加；反之，则会导致商店客户减少、销量减少、利润减少。

因此，商店的口碑建设是商店经营中十分重要的一个环节。其目的在于通过向客户提供优质的产品或服务，影响客户主动推荐和口碑传播，进而提升商店的知名度和商誉度。

5. 竞争利刃

优秀的商店都有其核心竞争力。有的商店的核心竞争力在于它的技术力量，有的商店的核心竞争力在于它的优质管理，有的商店的核心竞争力在于它的营销渠道。而对于一个优秀的商店来说，其核心竞争力往往体现在其拥有的优质客户数，优质客户的选择也往往影响了其他客户的选择。

因此，一个商店拥有的优质客户越多，起到的示范作用就越强，对目标市场的占有率就越高，进而给其他竞争对手带来较高的行业进入壁垒，商店也就更容易在激烈的市场竞争中站稳脚跟，立于不败之地。

案 例

南宁市有2家相邻的经营黑山羊羊肉火锅的餐饮店，但奇怪的是，这2家火锅店的经营情况却完全相反，1家门可罗雀，另1家却人满为患。笔者针对这个情况进行了调查，首先分别到2家火锅店试吃，发现其实2家店的火锅味道并没有非常明显的差异，不存在口感不同的问题。继而，询问了人满为患的火锅店的员工和不同时段到店消费的36桌顾客，为什么隔壁的火锅店没有人消费和为什么这家火锅店消费火爆？得到的回答如下：

1. 为什么隔壁的火锅店没有人消费？

82%的受访者表示不知道；18%的受访者表示不好吃。

2. 为什么到这家火锅店消费？

43%的受访者表示看到顾客多，感觉应该好吃，所以就来了；33%的受访者表示是朋友介绍来的；22%的受访者表示这里的火锅比较好吃；2%的受访者表示在哪里吃都差不多。

资料来源：周晨琳. 店长如何科学地管理员工. ASK123学习培训网，2012，02.

（二）客户的分类

通常，按照客户与商店关系亲疏、距离的远近，将客户分为5类：非客户、潜在客户、目标客户、现实客户和流失客户。

1. 非客户

非客户是指那些与商店的产品或服务无关，或对商店怀有敌意，或不可能购买产品或服务的群体。

2. 潜在客户

潜在客户是指对商店的产品或服务有需求并有购买动机和购买能力，但还没有产生购买行为的群体。

3. 目标客户

目标客户是指商店经过挑选确定的力图开发成为现实客户的群体。潜在客户与目标客户的区别如下。

（1）潜在客户是指被商店吸引，主动选择了商店，有可能购买但还没有购买的客户。

（2）目标客户是指商店主动选取的，尚未有购买行动的客户。

（3）客户与商店可以同时相互吸引，因此潜在客户和目标客户可以存在重叠或部分重叠的情况。

4. 现实客户

现实客户是指商店产品或服务的现实购买者，可以分为以下几种。

（1）初次购买客户（新客户）：第一次尝试性购买商店产品或服务的客户。

（2）重复购买客户：第二次或两次以上购买了商店产品或服务的客户。连续不断地、指向性地重复购买商店产品或服务的客户就成为忠诚客户。

5. 流失客户

流失客户指曾经是商店的客户，但因为种种原因，不再购买商店产品或服务的客户。

客户类型之间是可以互相转化的。例如，潜在客户或目标客户一旦发生购买行为，就变成了商店的初次购买客户，而初次购买客户如果经常购买同一商店的产品或服务，就可以发展成为重复购买客户甚至是忠诚客户；但初次购买客户、重复购买客户、忠诚客户也可能会因为其他商店的诱惑或对本商店不满而成为流失客户，而流失客户如果被成功挽回，就又可以直接成为重复购买客户或忠诚客户，如果无法挽回，则将永远流失，成为商店的"非客户"。

（三）客户的选择

1. 为什么要选择客户

在竞争激烈的市场环境下，商店是否有必要选择客户呢？

首先，不是所有的购买者都是商店的客户。商店每增加一个客户都会占用一定的资源，商店资源是有限的，无论是人、财、物，还是服务能力、时间都有相对的限制。这就决定了商店不可能什么都做，也不可能"通吃"所有的购买者，为所有购买者提供产品和服务。

其次，不选择客户可能造成商店定位的模糊，不利于树立鲜明的商店形象。客户之间存在差异。如果没有选择自己的客户，那么就不能为确定的目标客户提供恰当的产品或服务，也可能会造成商店定位混乱或不足，导致客户对商店形象产生混乱或模糊不清的印象。例如，一家销售高档名牌手提包的商店，如果不设置产品进店门槛和消费门槛，在卖高档名牌手提包的同时，也卖低端手提包，或者在为高消费客户提供高档服务的同时，也为低消费客户提供廉价服务，那么就会破坏其专业销售高档名牌手提包的形象，就可能使人对这家商店产生怀疑。因此，商店如果可以准确选择属于自己的客户，就可以避免花费在非客户身上的成本，减少资源的浪费，同时也可以树立自己的品牌形象，吸引更多优质客户的加入。

2. 选择什么客户

1）什么客户才是好客户

好客户指的是客户自身的"素质"好，对商店贡献大，为商店带来的收益高于商店为其提供的产品或服务所产生的成本。

一般来说，好客户通常具备以下几个条件。

（1）购买欲望强烈、购买力大，有足够大的需求量来吸纳商店提供的产品或服务，尤其是对商店高利润产品的采购数量多。

（2）对价格敏感度低，付款及时，有良好的信誉。

（3）为其进行服务的成本较低，或者其对服务的要求低。

（4）能够为商店提供建设性的意见和建议，帮助商店提高服务水平。

（5）能够正确处理与商店的关系，合作意愿高，忠诚度高，积极与商店建立长期伙伴关系。也就是说，好客户就是能够为商店带来尽可能多的利润，而占用资源又尽可能少的客户。

2）选择目标客户的方法

（1）选择目标客户应当"门当户对"。

好客户不一定都是商店最佳的目标客户，与商店实力相当的客户才是最好的目标客户。

首先，"低级别"的商店如果关注"高级别"的客户，尽管这类客户很好，但因为双方的实力差距太大，商店服务的能力不足，导致商店看上了对方，而对方未必看得上商店，所以即便建立了联系，也难以长久维持。

其次，"高级别"的商店如果关注"低级别"的客户，往往也会因为双方关注点"错位"导致吃力不讨好的情况发生。

（2）商店与目标客户之间的双向选择。

将目标客户的综合价值与商店服务的综合能力进行分析，然后找到两者的交叉点。也就是说，商店判断目标客户在购买金额、持续购买力、信息价值、口碑价值、服务成本、服务风险等方面是否有较高的综合价值的同时，必须考虑自身是否有足够的综合能力满足目标顾客的需求，从而在双向选择后达到双方平衡。

（3）依据现有忠诚客户的特征来选择目标客户。

通过分析现有忠诚客户所具有的共同特征，寻找最合适的目标客户，即以最忠诚的客户为标准，选择目标客户。

二、客户信息的管理

客户信息是商店决策的基础，是对客户进行分级管理的基础，是与客户沟通的基础，也是实现客户满意的基础。

（一）商店应掌握的客户信息

1. 基本信息

基本信息包括：姓名、出生日期、家庭住址、电话、传真、手机、电子邮件等。

2. 受教育情况

受教育情况包括：最高学历、所修专业等。

3. 事业情况

事业情况包括：单位名称、职务、年收入等。

4. 家庭情况

家庭情况包括：婚否、有无子女、子女年龄等。

5. 生活情况

生活情况包括：目前的健康状况、是否喝酒（种类、数量）、对喝酒的看法、是否吸烟（种类、数量）、对吸烟的看法等。

6. 个性情况

个性情况包括：曾参加过什么俱乐部或社团、目前所在的俱乐部或社团，是否热衷政治活动，宗教信仰或态度，忌讳哪些事、重视哪些事、是否固执、是否重视别人的意见、待人处事的风格、自己认为自己的个性如何等。

7. 人际情况

人际情况包括：亲友情况、与亲友相处的情况，邻居情况、与邻居相处的情况，对人际关系的看法。

（二）商店收集客户信息的渠道

1. 直接渠道

收集客户信息的直接渠道，主要指通过客户与商店之间的各种接触机会进行信息收集工作。例如，从客户购买前的咨询到售后服务，包括处理投诉或退换产品，这些都是直接收集客户信息的渠道。也有很多商店通过促销、市场调查等途径获取客户信息。

具体来说，直接收集客户信息的渠道主要包括以下几种。

1）在调查中获取客户信息

调查人员可以通过面谈、问卷调查、电话调查等方法得到第一手的客户资料，也可以通过仪器观察被调查客户的行为并加以记录，从而获取信息。

当前的一些商店，在已有市场经理、销售经理职位的基础上，增设了客户关系经理，其职责是尽可能详尽地收集一切相关的客户资料，跟踪所属客户的动向，判断和评估还可以从客户那里获得多少盈利的机会，并努力维护和发展客户关系，以便争取更多的生意。

2）在营销活动中获取客户信息

营销活动中会有很多接触客户的机会，在这个过程中，可以获取大量的客户信息，帮助商店建立和完善客户信息数据库。

例如，广告发布后，潜在客户或者目标客户可能与商店联系，或者打电话，或者剪下优惠券寄回，或者前往商店购物等。一旦有所回应，商店就可以将他们的信息添加到客户信息数据库中。通过实行会员制度、成立客户联谊会、俱乐部等途径，也可有效地收集到客户信息。例如，一家实行会员制的商店，会员入会不需要缴纳会员费，只需在满足入会要求后，填写客户登记卡，主要项目包括：客户名称、职务、地址、电话、邮编、电子邮件等。将客户登记卡记载的资料输入计算机系统，就形成了客户的初始资料，当购买行为发生时，系统就会自动记录客户的购买情况。

3）在服务过程中获取客户信息

对客户的服务过程也是商店深入了解客户、联系客户、收集客户信息的极佳渠道。

在服务过程中，客户通常能够直接并毫无避讳地讲述自己对商品的看法和期望，对服务的评价和要求，对竞争对手的认识。其信息量之大、准确性之高是在其他条件下难以实现的。

此外，服务记录、客户服务部的热线电话记录，以及其他客户服务系统也是收集客户信息的重要途径。

4）在终端收集客户信息

终端是直接接触最终客户的前沿，通过面对面的接触可以收集客户的第一手资料情况。

5）通过主题促销获取客户信息

主题促销针对性强且客户群体集中，是迅速收集客户信息、达成购买意向的有效手段。

6）通过商店网站和客服中心收集客户信息

信息技术及互联网技术的广泛应用为商店开拓了获得客户信息的新渠道。

随着电子商务的开展，客户越来越多地通过网站采购商店的商品或服务。因此，商店可以通过客户访问商店网站进行注册的方式，建立客户档案资料。

此外，当客户拨打客服电话时，客服中心可以自动将客户的来电记录在数据库内。另外，在客户订货时，通过询问顾客的一些基本送货信息，也可以初步建立顾客信息数据库，然后逐步进行补充。

7）从客户投诉中获取客户信息

客户投诉也是商店获取客户信息的重要渠道。商店可将客户的投诉意见进行分析整理，同时建立客户投诉档案，为改进服务、开发新产品提供基础数据资料。

在以上这些渠道中，客户与商店接触的主动性越强，客户信息的真实性和价值就越高，如客户呼入电话（包括投诉电话）、请求帮助或抱怨时所反馈的客户信息就比客服中心的呼出电话得到的客户信息价值高。同时，客户与商店接触的频率越高，客户信息的质量就越高，如在商店或客服中心获取的客户资料一般要比在商店社区服务中得到的客户信息真实，而且成本较低。

2. 间接渠道

收集客户信息的间接渠道，主要指商店从公开的信息中，或者通过购买获得客户信息。一般可以通过以下途径获得。

1）各种媒介

国内外各种权威性报纸、杂志、图书和国内外各大通讯社、互联网、电视台发布的有关信息，往往都会涉及顾客信息。

2）国内外金融机构及其分支机构

一般来说，客户均与各种金融机构有业务往来。通过金融机构调查客户信息，尤其是资金状况是比较准确的。

3）国内外咨询公司及市场研究公司

国内外咨询公司及市场研究公司具有业务范围较广、速度较快、信息准确的优势，可以充分利用这个渠道对指定的客户进行全面调查，从而获取客户的相关信息。

4）从已建立客户信息数据库的公司租用或购买

小公司由于实力有限或其他因素的限制，自己无力收集客户信息。对此，可通过从已经建立客户信息数据库的公司租用或购买获取客户信息，这往往要比自己收集客户信息所花的费用要低得多。

5) 其他渠道

从战略合作伙伴或老客户,以及行业协会、商会等渠道获取相关的客户信息,另外,还可以与同行业的不具有竞争威胁的商店交换客户信息。

总之,客户信息的收集有许多途径,在具体运用时要根据实际情况灵活选择,有时也可将不同的途径结合在一起使用。

(三)客户的分级

客户的分级是商店依据客户对商店的不同价值和重要程度,将客户区分为不同的层级,从而为商店的资源分配提供依据。

1. 商店对客户进行分级的意义

1) 不同的客户带来的价值不同

每位客户能给商店创造的收益是不同的。19世纪末20世纪初,意大利经济学家巴莱多发现了经济及社会生活中无所不在的"二八法则",即关键的少数和次要的多数,比例约为2∶8,也就是说,80%的结果往往来源于20%的原因,这就是巴莱多定律。

对商店来说,就是商店80%的收益总是来自20%的高贡献的客户,即少量的客户为商店创造了大量的利润,其余80%的客户是薄利、无利,甚至是负利润。

某研究机构指出,一家商店的客户群中,前20%的客户约产生150%的利润,而后30%的客户抵消了50%的利润。"他们一般是喜欢买便宜货的人,或者被特别优惠的计划所吸引,而当商店试图从他们身上赚钱时他们便离去。"

以上研究结果虽然不尽相同,但是都说明了不同的客户能带来的价值是不同的,有的客户提供的价值可能比其他客户高10倍、100倍,甚至更多,有的客户却不能给商店带来多少利润,甚至还会吞噬其他客户带来的利润。

读材料

如何将顾客分级管理

顾客分级实际上是帮助销售人员分配精力,也是在帮助门店确定顾客的优先级别,通过不同等级给予不同待遇,实现门店的效益的提升,降低做无用功的频率,最终实现高效营销的管理目标。

那么,如何对顾客进行分级呢?可将顾客分为以下八个等级。

第一级顾客叫榜样级顾客

这种顾客的特征是非常认同门店,消费能力又非常高,经常在门店购买商品,是门店销售业绩的主要贡献者。

第二级顾客叫英雄级顾客

什么叫英雄?英雄是与众不同的、有能力的人。这种人对门店和商品有着高度的认同,商家可以随意与其进行深入交流。一个门店首先要定位榜样级顾客和英雄级顾客。

第三级顾客叫贵宾级顾客

这种顾客社会价值非常高，资源非常多，享受各种特权。如果门店的商品和服务令他满意，他随时能够帮助商家拉到大的订单，也就是本身有很多资源。

第四级顾客叫 VIP 顾客

VIP 顾客是消费数额达到一定数量的顾客，这样的顾客是重点关心对象，因为每个 VIP 顾客的旁边有 126 个准顾客，你得罪一个顾客，等于拒绝 126 个顾客。

第五级顾客叫新手级顾客

这种顾客就是刚刚开始消费，是门店最佳的增值对象，只要商品对，他们就会继续消费。

第六级顾客叫小白兔顾客

这种顾客有极弱的消费能力，但他们对某些商品超级忠诚，是门店鼓励的对象。

第七级叫革命顾客

产生革命顾客的原因是因为门店某些地方没做好，双方有误解。革命顾客不一定是问题顾客，只不过是问题没有解决好，一旦解决好了，他们就会成为非常棒的顾客。

第八级顾客叫休眠顾客

买了你的东西以后再也找不到他了，叫休眠顾客。

对于不同级别的顾客，门店有不同的处理办法：

榜样级顾客，门店要做顾客见证；英雄级顾客，门店要做互动；贵宾级顾客要享受特权；VIP 顾客要关心；新手级顾客要增值；小白兔顾客要鼓励；

革命顾客要管理；休眠顾客要关怀。

学会顾客分级，并根据顾客的不同级别进行区别对待，培养忠诚顾客，才能提升顾客回购率和门店销售额。

来源：搜狐科技.

2) 商店必须根据客户的不同价值，分配不同的资源

尽管每位客户的重要性都不容低估，但是由于不同的客户为商店创造的实际价值不同，而商店的资源又有限，因此把商店资源平均分配给每位客户的做法是不可取的。也就是说，商店没有必要为所有的客户提供同样卓越的产品或服务，否则就会造成商店资源的浪费。

向为商店带来价值少或不带来价值的零散客户（或坏客户）提供与为商店带来高价值的客户（或好客户）同样的服务待遇，除了会在一定程度上造成商店资源的浪费，导致商店成本的增加，利润的降低外，还可能会令大客户（或好客户）产生心理不平衡，轻则提出意见、表示不满，重则叛离，如果这个时候竞争对手乘虚而入，为这些最能增加盈利的客户提供更多的实惠，就可以轻而易举地将他们"挖"走。

因此，对不同价值的客户应该有选择地提供不同的服务待遇，根据客户带来的不同价值对客户进行分级，然后依据客户的级别分配商店的资源，而不是将资源平均分摊给每一位客户。

3) 不同价值的客户有不同的需求，商店应该分别满足

一方面，客户个性化、多样化、差异化的需求决定了其希望商店能够提供个性化的产品

或服务，因此商店必须对客户进行分级，然后根据不同级别客户的不同需求给予不同的服务和待遇，这样才能有效地满足不同级别客户的个性化、多样化、差异化的需求。

阅读材料

沃尔玛针对不同的目标顾客，采取了不同的零售经营模式。如针对中层及中下层顾客的沃尔玛平价购物广场；只针对会员提供各项优惠及服务的山姆会员商店；以及深受上层顾客欢迎的沃尔玛综合性百货商店等。通过这些不同的经营形式，沃尔玛占领了零售的各档市场。

花旗银行把客户细分为不同的类别，然后有针对性地采用不同类型的服务方式——为大众市场提供各种低成本的电子银行业务，为高收入阶层提供多种私人银行业务。

资料来源：苏朝辉．客户关系的建立与维护［M］．北京：清华大学出版社，2007．

另一方面，每位客户为商店带来的价值不同，他们对商店的预期待遇也会有差异。一般来说，为商店创造主要利润、带来较大价值的核心客户期望能得到有别于普通客户的待遇，如更贴心的产品或服务，以及更优惠的条件等。商店如果能够将这部分利润贡献大的客户区分出来，然后为他们提供有针对性的服务，他们就可能成为商店的忠诚客户，从而持续不断地为商店创造更多的利润。

不同的顾客有不同的需求

餐饮产品是由餐饮实物和劳务服务即烹饪技艺、服务态度以及环境、气氛等诸因素组成的有机整体，它不仅能满足消费者的物质和生理需求，还能满足顾客心理上、精神上和情感上的需求。餐饮需求复杂多变，消费者的消费心理更是不一而足。提供顾客满意的产品和服务，和顾客建立起长期、稳定、相互信任的密切关系，才能使企业以更低的成本、更高的效率来满足顾客的需求，提高消费者的满意度和忠诚度，挽回失去的顾客，保留现有的顾客，并不断地吸引新的顾客，挖掘并牢牢地把握住能给企业带来最大价值的消费群体，从而提高企业的效益和竞争优势。

当海底捞火锅店正式营业时，张勇发现生意不太好，有时还不如他以前的麻辣烫店。海底捞火锅店开在一个生活小区里，张勇有个邻居，经常和一些朋友去吃火锅，但是从来没从光顾过海底捞火锅店，有时候经过这里看见店里没几个人，便离开了。张勇特别想知道是什么原因不能吸引这些人来，所以张勇每次都站在店门口，当这位邻居经过时，张勇就热情地打招呼，想等熟悉了以后从这些人口中探听到他们喜欢其他店的原因，难道是有什么秘诀吗？

终于有一天，这位邻居和朋友来到张勇的店打算尝尝他家的味道，张勇热情地招待了他。等到吃完后，张勇询问他对海底捞的意见。邻居说："火锅的味道的确欠缺，具体什么地方不对劲我也说不出来，但是我觉得你家少了一种川味辣酱的味道，我们最爱吃那个辣酱。"得到这个消息以后，张勇四处去找那种川味辣酱，跑了好几个市场，找了好几种辣酱，带了回来一一品尝。有一种辣酱味道的确不错。张勇在下次见到这位邻居时说："我已经找到你喜欢的那种辣酱了，还有其他几种味道也不错，有时间过来尝尝。"这位邻居倍感吃惊，就这么件小事张勇还跑了好几个市场去找，这个举动让他非常感动。从那以后，他们光顾海底捞的次数越来越多，张勇在客人吃完后总会询问他们的意见，问哪里需要改进并身体力行，当客人再次光临时都会发现海底捞为他们而做的改变。

资料来源：海底捞经营哲学，百度文库.

4) 客户分级是进行有效的客户沟通，实现客户满意的前提

有效的客户沟通应该根据客户的不同采取不同的沟通策略，如果客户的重要性和价值不同，就应当根据客户的重要性和价值采取不同的沟通策略。因此，区分不同客户的重要性和价值是进行有效客户沟通的前提。

实现客户满意也要根据客户的不同采取不同的策略，因为不同客户的满意标准是不一样的。所以，实现客户满意的前提是区分客户的满意标准，这就要区分客户之间的差别。

处于顶端的约20%的客户为商店创造了大部分（70%～90%）收入和利润，支撑着商店的运营，已经成为众多竞争者锁定的稀缺资源。如果商店能够找出这些带来丰厚利润、最有价值的客户，并且把更多的资源用在为他们提供优质产品和服务上，就能够提高他们的满意度。否则，一旦竞争对手对他们发起糖衣炮弹的进攻，商店就可能失去他们。

因此，商店首先应该对客户进行分级，然后才能根据不同级别的客户实施不同的客户满意策略。

总之，对客户实行分级管理是有效管理客户关系的前提，也是提高客户关系管理效率的关键，更是对客户实施有效激励的基础。商店只有对客户进行分级管理，才能强化与高价值客户的关系，降低为低价值客户服务的成本，才能更好地在实现所有客户利益最大化的同时，实现商店利润的最大化，实现商店与客户的双赢。

2. 商店客户分级

商店根据客户创造的利润和价值按由小到大的顺序排列，从而得到一个客户金字塔模型，给商店创造利润和价值最大的客户处于客户金字塔模型的上层，创造利润和价值最小的客户处于客户金字塔的下层。随后，可以将客户金字塔模型分为四个等级，分别是：VIP客户、主要客户、普通客户和零散客户。

1) VIP客户

VIP客户是客户金字塔最上层的客户，是能够给商店带来最大价值的前1%的客户。

VIP客户往往是商店产品或服务的忠诚用户。他们对商店忠诚，是商店客户资产中最稳定的部分：他们长期为商店创造绝大部分的利润，而商店却只需支付较低的服务成本；他们对价格不敏感，也乐于试用新产品，还可帮助商店介绍潜在客户，为商店节省开发新客户的成本；他们不仅有很高的当前价值，而且还有巨大的增值潜力。

2) 主要客户

主要客户是客户金字塔第二层的顾客，是除VIP客户以外给商店带来最大价值的前

19%的客户。

主要客户是商店产品或服务的主要用户,但他们对价格的敏感度较高,为商店创造的利润和价值没有 VIP 客户高,也没有 VIP 客户那么忠诚,为了降低风险,他们可能会同时在多家同类型的商店之间徘徊;他们虽然也为商店介绍新客户,但在交叉销售和提高销售额上已经缺少了可供挖掘的潜力。

交叉销售是指在同一个客户身上挖掘、开拓更多的顾客需求,而不是只满足客户的某次购买需求。简单说来,就是向拥有商店 A 产品的客户推销商店 B 产品。例如,某客户在商店购买了一款游戏机,销售人员可以销售游戏光盘、充电器或电池给他。

VIP 客户和主要客户构成了商店的核心客户群体,虽然只占商店客户总数的 20%,却为商店贡献了 80% 的利润,是商店的重点保护和关注的对象。

3) 普通客户

普通客户是客户金字塔第三层的客户,是除 VIP 客户与主要客户之外的,为商店创造最大价值的客户,约占客户总数的 30%。

普通客户包含的客户数量较大,但他们在购买力、忠诚度上所带来的价值却远比不上 VIP 客户与主要客户,商店无须专门为他们提供有针对性的服务。

4) 零散客户

零散客户是客户金字塔中最下层的客户群体,指除了 VIP 客户、主要客户、普通客户三种客户外,剩下的约占客户总数 50% 的客户。零散客户既包含了利润低的"散客",也包含了信用低的"劣质客户"。

这类客户是最没有吸引力的一类客户,购买次数和购买量不多,忠诚度也很低,还经常提出苛刻的服务要求,几乎不能给商店带来盈利,却又消耗商店的资源;有时甚至还会向他人抱怨,破坏商店的形象。

综上所述,商店应为利润贡献大的核心客户群体,尤其是 VIP 客户提供最优质的服务,投放最多的资源,同时加强与核心客户群体的关系,从而使商店的利润最大化。

3. 商店进行客户分级管理的方法

商店客户分级管理是指商店依据客户所带来的利润和价值的多少对客户进行分级,然后在此基础上,依据客户级别高低设计不同的客户服务和关怀项目。

向具有不同贡献的客户提供差别待遇,将服务重心放在为商店提供 80% 利润的核心客户群体上,为他们提供最优质的服务和关怀,持续提升或保持他们的满意度,从而维系他们的忠诚。同时,积极提升各级客户在客户金字塔中的级别,放弃不具盈利能力的客户,避免将资源浪费在无法带来利润的客户身上。

1) 核心客户管理

通常,商店花费很大的代价才能与核心客户保持稳定、良好的关系,但竞争对手也总是紧盯着这些客户,伺机发动"攻略"。一旦失去核心客户,商店的销售业绩必将受到很大影响。因此,商店只有维护与核心客户持久、良好的关系,才能使商店保持竞争优势,保证商店持续、稳定的发展。因此,核心客户管理也是一种投资,是商店对未来业务的一种投资,它直接影响着商店未来的发展。

核心客户管理的目标是持续提高或保持核心客户的忠诚度,并在此基础上,提升核心客户为商店带来的价值。

（1）成立为核心客户服务的专门机构。

商店成立一个专门服务于核心客户的机构，有利于商店核心客户管理的系统化、规范化，同时还能够让核心客户感觉得到了重视和优待。

核心客户服务机构要负责联系客户。一般来说，要给重要的核心客户安排一名优秀的客户经理长期、固定地为其服务。

英国巴克莱银行为重要的个人客户（收入或金融资产 5 万英镑以上）设立了要客经理，为特大客户（收入或金融资产在 25 万英镑以上）设立了私人银行部。该行在全英设立了 42 个与分行并行的要客中心，700 多名要客经理，每人配一名助理，每名要客经理负责为 300 名要客提供全面的服务。

资料来源：谭小芳. 店长管理，如何走向最后成功. 博锐管理在线文库.

核心客户服务机构还要为商店高层提供准确的核心客户信息，包括核心客户相关人员的个人资料，并协调商店各部门，根据核心客户的不同需求提供不同的产品或服务方案。

核心客户服务机构还要利用客户数据库分析每位核心客户的交易历史，了解核心客户的需求和采购情况，及时向核心客户提供产品或服务信息。

核心客户服务机构还要注意竞争对手对核心客户的"招揽"，将服务做在前面，千方百计地保持核心客户的忠诚度，避免他们转向竞争对手。

（2）集中优势资源服务核心客户。

由于核心客户对商店的价值贡献大，因而对服务的要求也比较高，为了进一步提高商店的盈利水平，将巴莱多定律逆向操作就是：为 20% 的客户花费 80% 的努力，将商店有限的资源用在前 20% 的最有价值的核心客户身上。

为此，商店应该保证足够的投入，集中优势资源，加大对核心客户的服务力度，采取倾斜政策加强对核心客户的销售工作，向核心客户提供"优质、优先、优惠"的个性化、精细化、定制化的服务，甚至可以邀请核心客户参与商店产品或服务的研发决策，从而更好地满足核心客户的需求，提高核心客户的满意度和忠诚度。

案 例

通信行业的商店在对核心客户的服务方面，较普遍的做法是为核心客户提供"优惠"服务，这种方式虽然使核心客户感到了商店的关心。但是，对于核心客户来说，他们并不看重话费的优惠，而看重商店带给他们的超值服务及良好的商店形象，他们更需要的是表明其地位和身份的"特别关心"。例如，在机场的贵宾候机室找到"贵宾"的感觉，登机程序代办，行李特殊保护运输，优先登机，提供贵宾登机入口等，都会使核心客户觉得自己与众不同，有一种优越感，从而造就一批忠诚的高端客户，同时也可以激励中低端客户。

资料来源：谭小芳. 店长管理，如何走向最后成功. 博锐管理在线文库.

（3）通过沟通和感情交流，密切商店与核心客户的关系。

① 有目的、有计划地电话拜访核心客户。对核心客户的定期电话拜访，有利于熟悉核心客户的动态，并且能够及时发现问题和有效解决问题，有利于与核心客户搞好关系。

② 经常征求核心客户的意见。商店经常征求核心客户的意见，有助于增加核心客户的信任度。例如，每年组织一次商店高层与核心客户之间的宴会，听取核心客户对商店的产品、服务方面的意见和建议等，这些都有益于商店与核心客户建立长期、稳定的关系。

③ 及时、高效地处理核心客户的投诉或抱怨。客户的问题，无论是投诉，还是抱怨，都体现了客户的需求。商店要积极建立有效的机制，迅速、有效、专业地处理核心客户的投诉或抱怨。

④ 充分利用各种手段或途径与核心客户建立快捷、双向的沟通渠道，不断地主动与核心客户进行有效的沟通，真正了解他们的需求，密切与核心客户的关系。

⑤ 增进与核心客户的感情交流，商店应利用和创造机会，增进商店与核心客户之间的感情。当核心客户有困难时，如果商店能够伸出援助之手，势必能提升核心客户对商店的感情。

2）普通客户管理

根据普通客户给商店创造的利润和价值，对普通客户的管理，主要体现在提升客户级别和控制服务成本两方面。

对有升级潜力的普通客户，应努力将其培养成为核心客户，商店要从普通客户身上获得更多的价值，就要设计合理的客户升级计划和相应的促销项目，鼓励和刺激普通客户进行消费，进而逐渐培养其成为核心客户。如针对有升级潜力的普通客户开展顾客奖励计划，对一次性或累计购买达到一定标准的客户给予相应级别的奖励，或者让其参加相应级别的抽奖活动或享受相应级别的赠礼等，鼓励普通客户购买更多数量的产品或服务。

案例

某网络商城开展促销优惠活动，拥有商城会员资格的顾客在促销期内一次性购买199元的商品就可以获得包邮服务。同时，如果客户在一周内累计购买金额达到600元，就可以在礼品区任意挑选一款礼品并获得下次购物的包邮服务。该优惠活动，鼓励和刺激了普通客户的消费，培养了普通客户对商城的购物信心，并在随后的客户服务中增加了客户的忠诚度，从而提升了客户的等级。

资料来源：谭小芳. 店长管理，如何走向最后成功. 博锐管理在线文库.

商店还可根据普通客户的需求扩充相关产品线，或者为普通客户提供"一条龙"服务，以充分满足他们的潜在需求，这样就可以增加普通客户的购买量，提升他们的等级，使商店进一步获利。此外，还可以鼓励现有客户购买更高价值的产品或服务，如饭店鼓励老客户吃更高档的菜肴或喝更高档的酒等。

总之，对于有升级潜力的普通客户，商店要积极为其制订切实可行的升级计划，吸引普通客户不由自主地加强与商店的合作，当然，随着普通客户升级为核心客户，他们理应获得更多、更好的服务。

对没有升级潜力的普通客户，可以适当地降低服务等级，减少服务成本。在对普通客户开展升级计划的过程中，可以根据活动中所掌握的情况，将没有升级潜力的普通客户区分出来。对于这类普通客户，可以适当地降低服务等级和减少优惠条件，降低服务成本和交易成本。例如，可以缩减对此类普通客户的服务时间、服务项目、服务内容，只提供普通档次的产品或一般性的服务，而不提供任何附加服务。

3）零散客户管理

对于低价值的零散客户，商店应当在经过反复权衡利弊得失后决定是不是要对其进行淘汰。如何判断是否应对该客户进行淘汰，需要注意以下几点。

（1）有没有升级的可能。

商店应在认真分析零散客户低价值的原因后，判断和甄别该客户是否有升级的可能。

通常来说，把零散客户转变成高等级客户不是一件容易的事，除非具备未来获利潜力。例如，目前的大学生，有可能在就业后成为优质客户。因此，对零散客户的评判不能只看当前的表象，应在一段时间的跟踪了解后，用动态的眼光对其进行分析判断。如果零散客户有升级的可能，商店就应加强对他们的培养，帮助其成长，挖掘其潜力，可通过客户回访、邮寄赠品等不同的方法与其建立关系，逐步促使零散客户升级为普通客户甚至核心客户。

案 例

全球知名的贺卡礼品业者贺轩推出"金冠会员卡项目"，除多种优惠之外，还针对每个客户最有兴趣的产品，逐一与他们建立关系，如喜欢传统圣诞装饰的客户会收到专门介绍这类装饰品的刊物，常买卡片的客户则会在新系列卡片推出时收到免费试用的新品等。

资料来源：谭小芳. 店长管理，如何走向最后成功. 博锐管理在线文库.

（2）是不是非淘汰不可。

如果零散客户没有升级的可能，商店也不能说淘汰就淘汰，而要搞清楚是不是非淘汰不可。因为开发一个新客户的成本相当于维护五六个老客户的成本，所以商店必须珍惜现有的每位客户。

虽然一些零散客户给商店带来的利润很少甚至根本没有利润，但是他们仍然为商店创造了人气，形成了规模优势。因此，保持一定数量的低价值客户是实现规模经营的必要保证，是商店保住市场份额、保持竞争优势、遏制竞争对手的重要手段。所以，商店在决定淘汰零散客户时，要权衡利弊得失，综观全局，认真研究是不是非淘汰不可。

（3）有理有节的淘汰。

假如商店必须淘汰某些零散客户，也应当做到有理有节的淘汰。如果商店直接、生硬地把这些零散客户"拒之门外"，可能会给商店造成不良口碑，给商店形象造成不良影响。所以，商店不能直接拒绝为零散客户提供产品或服务，只能做到间接、变相、有理有节的淘汰。例如，可以采取提高价格或降低成本的方法淘汰某些零散客户。

① 向零散客户收取以前属于免费服务项目的项目服务费。这样，真正的零散客户会流失掉，因为他们不会付费，而其他选择留下的零散客户就会增加商店的收入，从而壮大普通客户的队伍。

② 提高无利润产品或服务的价格，或者取消这些无利润的产品或服务。如果该产品或服务在市场上仍有良好的发展前景而值得保留，那么可以提高其价格，从而使其变成盈利产品。如果该产品或服务已经没有发展前景，根本不值得保留，那么就应该放弃它，取消这些无利润的产品或服务，把资源转到能带来更大利润的产品或服务上去。

③ 向零散客户推销高利润的产品或服务，使其变成有利润价值的客户。

④ 适当限制为零散客户提供的服务内容和范围，压缩、减少为零散客户服务的时间。如原来的每日服务改为每周提供一天服务，从而降低成本、节约商店的资源。

⑤ 运用更经济、更省钱的方式提供服务，这样不仅保证了销售收入，也减少了成本，提高了利润水平。

实际上，提高价格或降低成本的目的是让不带来利润的零散客户要么接受提高的价格或降低的成本，成为产生利润的客户，要么选择离开。通过这种间接的方式让零散客户自行选择去留。

（4）坚决淘汰劣质客户。

并非所有的客户关系都值得保留——劣质客户吞噬、蚕食着商店的利润，与其让他们消耗商店的利润，还不如及早终止与他们的关系。

三、客户的流失与挽回

在市场竞争中，商店既要不断争取新客户，又要努力保持现有客户。但很多商店在实际经营中，往往只关心如何获取新客户，而忽略了如何保持已有的老客户。于是，随着新客户的到来，老客户却流失了。

（一）客户流失的原因

商店的客户流失，是指客户由于各种原因不再忠诚，转而购买其他商店产品或服务的现象。造成客户流失的原因包括以下几方面。

1. 对价格不满

因为价格调整超出客户预期而造成的客户不满。

2. 对服务不满

因为服务或服务态度不好对客户造成影响。例如，对客户提出的问题的问答有漏洞、客户反馈的问题没有得到及时解决、对客户的问题不予回答、把服务不良的责任归咎于客户等。

3. 对产品不满

客户感觉商店所提供的产品或服务缺少自己最需要的内容。

4. 消费成本增加

因各种原因导致客户到商店消费所付出的成本增加。

5. 受到诱惑

客户被竞争对手的招揽行动所吸引。

6. 法律问题

客户认为商店经营存在违法、违规现象。

7. 尝鲜心理

客户希望尝试不同商店的新服务而做出的转换决定。

8. 其他非自愿的原因

如商店或客户搬迁、破产等。

（二）客户流失的挽回

维持关系比建立关系更容易，争取一个新客户所需成本远远高于挽回流失客户。所以，对于有价值的流失客户，商店不应放弃，而应该积极挽回。

1. 调查流失原因，及时"亡羊补牢"

商店管理人员要重视流失的客户。因为从流失的客户那里可以获得大量的信息，从而改进商店经营管理工作。客户流失，表明企业为客户提供的消费价值下降，商店为客户提供的价值存在某方面或多个方面的缺陷。

因此，要积极与流失客户取得联系，适当地赠送一些小礼物并诚恳地表示歉意，虚心听取他们的意见、看法和要求，了解他们流失的原因，发现经营管理中存在的问题，采取必要的措施及时加以改进。在挽回流失客户的同时，也可以避免其他客户因同类原因再流失。

2. 对不同级别流失客户采用不同的挽回方式

一般来说，流失前能够带来较大价值的客户，挽回后仍将带来较大的价值；而如果流失前就不能带来较大的价值，而且挽回成本又较高的客户，就缺乏挽回价值了。因此，对于不同级别的流失客户，商店应采用不同的方式进行妥善处理。

（1）对核心客户的流失要极力挽回。

（2）对普通客户的流失要随机应变。

（3）对零散客户的流失可以顺其自然。

任何等级的客户流失都会给商店经营造成一定的伤害。因此，面对客户流失，一方面要争取"破镜重圆"；另一方面，实在无法"重归于好"的，也要积极预防无法挽回的流失客户散布负面评价，避免给商店造成不良影响。

◎ 项目总结

商店的销售管理工作主要包括制订销售计划、提升销售业绩、制订商品价格及售后服务业务的开展。

商店的促销管理工作包含了促销计划的制订、促销的基本概念的掌握、促销手段与促销工具的运用、促销商品的选择、促销工作流程的把握以及促销活动的评估等内容。

商店的客户关系管理工作主要有客户的认知和选择、客户信息的管理和客户的流失与挽回 3 个方面，重点在于客户的认知和选择，难点在于如何避免客户的流失和挽回流失的客户。

基本训练

一、选择题

1. 促销工作的核心是（　　）。
   A. 出售商品　　B. 沟通信息　　C. 建立良好关系　　D. 寻找顾客
2. 促销的目的是引发刺激消费者产生（　　）。
   A. 购买行为　　B. 购买兴趣　　C. 购买决定　　D. 购买倾向
3. 促销对于单位价值高、性能复杂、需要做示范的产品，通常采用（　　）策略。
   A. 广告　　B. 公共关系　　C. 推式　　D. 拉式
4. 人员推销的缺点主要表现为（　　）。
   A. 成本低，顾客量大　　　　B. 成本高，顾客量大
   C. 成本低，顾客有限　　　　D. 成本高，顾客有限
5. 在产品生命周期的投入期，消费品的促销目标主要是宣传介绍产品，刺激购买欲望的产生，因而主要应采用（　　）促销方式。
   A. 广告　　B. 人员推销　　C. 价格折扣　　D. 营业推广
6. 在日益激烈的市场竞争环境下，企业仅靠产品的质量已经难以留住客户，（　　）成为企业竞争制胜的另一张王牌。
   A. 产品　　B. 服务　　C. 竞争　　D. 价格
7. 客户关系管理这个词的核心主体是（　　）。
   A. 客户　　B. 关系　　C. 服务　　D. 管理
8. 客户为什么要投诉，最根本的原因是（　　）。
   A. 客户没有得到预期的期望　　　　B. 客户得到预期的期望
   C. 商店的产品质量不好　　　　　　D. 商店的后续服务不好
9. （　　）不能作为客户不满意调查的信息获取渠道。
   A. 现有客户　　B. 潜在客户　　C. 已失去客户　　D. 竞争者客户
10. （　　）不是实施个性化服务所必须的条件。
    A. 服务　　B. 良好的品牌形象　　C. 良好的企业盈利率　　D. 产品

二、判断题

1. 人员促销亦称直接促销，它主要适合于消费者数量多、比较分散情况进行促销。（　　）
2. 企业在其促销活动中，在方式的选用上只能在人员促销和非人员促销中选择其中一种加以应用。（　　）
3. 因为促销是有自身统一规律性的，所以不同企业的促销组合和促销策略也应该是相同的。（　　）
4. 消费者是分层次的，不同层次的客户需要企业采取不同的客户策略。（　　）

5. 忠诚的客户来源于满意的客户，满意的客户不一定是忠诚的客户。　　（　　）

6. 向顾客传送超凡的价值无疑可以带来经营上的成功，因此只要实现"所有客户100%的满意"就一定能为企业带来利润。　　（　　）

7. 维持老顾客的成本大大高于吸引新顾客的成本。　　（　　）

8. 需求量大重复消费的客户就是我们的大客户。　　（　　）

9. 要提高商店销售额，就必须想办法增加顾客人数、顾客购买量和商品毛利。（　　）

10. 客户关系管理的产生是企业管理模式更新、企业核心竞争力提升以及电子化浪潮和信息技术的支持四方面背景所推动与促成的。　　（　　）

三、思考题

1. 商店的销售管理工作主要包含的内容有哪些？
2. 商品价格管理与调整策略是什么？
3. 如何进行促销活动评估？
4. 客户关系管理工作主要包含哪几方面？

实训操作

为便利店的一次促销活动制订促销计划。

实训项目：找一家便利商店的店长，试了解该家便利店的促销计划和执行中存在的要求和困难。

实训目的：通过了解一家便利店的促销计划和执行中存在的要求和困难，对便利店促销活动的开展和执行工作有更进一步的认识，修正实训小组原来制订的促销计划。

实训组织：教师聘请一位店长到学校给学生做报告，也可以带学生去商店参观，听店长介绍。

实训考核：写出实训报告。

案例分析

如何制订计划

多年的改革开放历程，不但创造了中国的经济奇迹，而且产生了中国新一代顾客。不同于崇尚"勤俭节约"的前辈，新一代顾客追求享乐主义的生活方式，其特点之一，就是喜新厌旧，追逐时尚。与此相联系，对于他们，消费品的"寿命"一般都比较短，产品更新的速度一般都比较快。他们犹如儿童，在一开始获得玩具的时候，都会兴高采烈，可是这种兴奋却不能持久，因为他们很快就会对该玩具产生厌倦感，需要新的玩具来唤起新的兴奋。可见，新顾客有一种类似于儿童的消费性格。也就是说，他们在消费行为上"孩童化"了。

新顾客的孩童化特征，不但表现在对新产品的追求，而且表现在对旧产品的态度上。在老一代顾客那里，消费生活的原则是产品使用期限的最大化。产品破旧或损坏以后，不是轻易当垃圾处理掉，而是通过维修、修补等手段来延长其使用寿命。"新三年，旧三年，缝缝补补又三年",说的就是这种情况。相反,在新顾客那里,消费生活的原则是享乐体验的最大化。其结果之一,是产品的"垃圾化"(产品被当作垃圾来处理和丢弃)速度越来越快,因为他们对产品陈旧和破损的容忍度越来越低。在这里,决定一件产品是否该成为"垃圾"的标准,不是产品本身是否还能使用,而是市面上是否流行更新、更好的产品。后者一旦出现,那么,用过的产品,即使性能完好,也可能面临"垃圾化"的命运。

思考:面对新顾客"孩童化"的趋势,商店管理者制订销售计划和促销计划时应注意什么?

长虹店的促销方案

4月初,长虹店企划部就将"五一"期间的促销活动方案报给店长审批,其中一项是他们准备在"五一"期间进行一次凭劳模证领蛋糕的活动,为期两天。企划人员估算费用为5 000元一天,经过研究,店长同意此促销方案。

企划部全面着手实施,在报纸、DM海报、店内促销海报上登出广告,并与采购部沟通请蛋糕房每天做500份蛋糕,运营部也安排了相应的人员来配合开展活动。

可就在促销第一天,持劳模证来领蛋糕的人数达1 000多人,蛋糕房做的蛋糕根本不够发,店长为维护公司的名誉,特别从其他超市购买了500多个蛋糕进行派送。

促销活动结束后,经核算此次促销费用在15 000元/天,大大超出了前期的预算。

思考:请对该次促销活动进行效果评估,并提出问题的解决方案。

项目六　店面异常情况处理

▷ 项目目标

- ❖ 掌握顾客投诉处理的原则及技巧。
- ❖ 掌握退换货处理的原则及技巧。
- ❖ 掌握商店安全管理。

▷ 项目导入

异常情况处理就是处理店面现场异常情况的过程。首先，店长是处理异常情况的指挥官，在发生异常情况时要采取相应的处理措施。其次，为了避免类似的状况再次发生，还要采取一些必要的防范措施。正如人们定期接受身体健康检查一样，在防止异常情况发生的同时，也要注意进行自我诊断。

对异常情况处理的管理最基本的方法就是在日常工作中尽量做到防范异常情况的发生。不过，由于在现实工作中难免会发生一些意想不到的异常情况，所以对异常情况处理的管理应着眼于以下 3 个方面的内容。

（1）把已经发生的异常情况的损失程度降到最低。

（2）提高发现异常情况以及进行应急处理的能力。

（3）实施防止异常情况再次发生的对策。

◎ 导入案例

一家商店里发生了一件不愉快的事。一位顾客买了一个 50 元的发箍，三天后拿回来时已折成两段，说是这么贵的东西质量太差，刚戴就折断了。员工的回答是不能换，因为她认为这是顾客使用不当造成的，买回去时是完好无损的，没理由弄坏了再来换个好的。结果，那位顾客很蛮横，扬言要投诉商店，并把断的发箍用力地扔在收银台上，生气走人。事后，店长调查了具体情况，原来员工在促销时为了说明这个发箍质量比一般的好，把话说得太绝对了，说这个发箍是进口的，质量好，不会断，放心使用。这样，使客人对商品的质量期望值过高，所以才造成之后的事情。对于此事，店长特别对员工强调：今后与顾客沟通时要特别注意用词,如果说"这个发箍质量是很好的,韧性很强,不容易断,很耐用,你只要不用力摔或不用力压就不容易折断",估计那位顾客就没有那么生气了。一定要给自己留说话的余地。不要把话说得太绝对,让顾客抓到把柄。

资料来源:张德斌,雷波. 我开店我成功. 百度文库.

◎ 引例分析

店长要对员工进行正确处理顾客投诉方面的培训,在平日的促销过程中将潜在的可能引起顾客不满的因素去除掉。

◎ 任务实施

任务一　顾客投诉处理

对商店经营而言,顾客投诉是不可避免的。商店一方面要做到"未雨绸缪",防患于未然;另一方面要以正确的心态、专业的服务处理这些问题。

一、投诉的原因

1. 因服务方面的原因引起的投诉

营业员服务态度不好、销售礼仪不当、销售信誉不佳,以及所提供信息不对导致顾客投诉是比较多见的。

1)服务态度差

例如,只顾自己聊天,不理会顾客;在热情为顾客提供服务后,顾客如果不买,马上板起面孔,给顾客脸色看;说话没有礼貌,过于随便等。

2)商品标识与实际不符

例如,商品标识着蓝色的背心,回家拆开后才发现里面装的是红色的;商品标识着内装3个,回家拆开后却发现里面只有2个。

3)价格标识与实际不符

例如,价格标牌上写的是促销价,但扫描显示却是正常的价格;价格标牌上写的是一种价格,但扫描显示是另一种价格。

4)对促销人员的抱怨

例如,硬性推销、强迫顾客购买等。

5)对收银员的抱怨

例如,收银员少给顾客找了零钱,多扫描了商品,多收了顾客的钱,收银速度太慢等。

6)运送不当

例如,送货送得太迟,送错了地方或运输途中把商品损坏了。

7)不按约定办事

例如,顾客依照约定的日期前来提货,却发现商品还没有到货;顾客要求改衣服,过了约定的日期还没改好。

这些由于服务不当使顾客产生的不满，往往会给顾客带来精神上的不快，自然也会影响商店的信誉和销售业绩。

为杜绝此类情况的发生，店长在平时的管理中应树立现代销售观念，树立良好的商店形象，加强员工培训。另外，也要不断实践摸索，总结经验，改进工作，取得顾客的信任与好感。

2. 因商品质量方面的原因引起的投诉

当商品本身质量有问题时，顾客自然会提出种种投诉，据相关部门统计，七成投诉都是因为商品质量方面的原因引发的。百货类、家用电子电器类、服务类投诉是投诉"重灾区"，通信行业、虚假广告宣传，以及商品三包规定成为最让人挠头的三大投诉焦点。

王女士于2016年12月7日在乐视官网购买了乐视Pro3手机，2017年11月16日手机不能正常使用，送去维修，经鉴定主板坏了，因商家原因，缺少配件，没有办法进行维修，故申请退款。截至到12月30日也没有回复，和乐视官网客服多次联系，客服一直不予回应，手机超过一个月都没有维修好，也没有给出合理解释。因为多次拨打客服电话，客服也无法给出答复，王女士后向有关部门投诉。

资料来源：3·15曝光.

3. 因顾客的偏见、成见、习惯或心境不良引起的投诉

有些顾客为表现自己知识丰富、有主见，会提出种种问题来质问营业员。对此，营业员应予以理解，并采取谦虚的态度耐心倾听。否则，很容易刺伤顾客的自尊心和虚荣心，引起他们的投诉。

顾客心境不良时，也可能提出种种投诉，甚至是恶意投诉，借题发挥，大发牢骚，此时员工应尽量避免正面处理此类投诉。

偏见、成见往往不合逻辑并带有强烈的感情色彩，靠讲道理的方法难以清除由此产生的投诉。因此，在不影响销售的前提下，应尽可能地避免讨论偏见、成见和习惯问题。在无法避免的情况下，应采取一些方法把话题引向别处，或予以委婉说明。

一天晚上，花王接到一位客户投诉，说其洗发水使用之后头皮发痒并出现红色小颗粒。花王之前从未出现过这样的问题。花王没有将这一投诉放到第二天一早再解决，而是在当晚就立刻成立了问题处理小组，查出了该客户的具体位置，连夜乘坐飞机登门拜访、道歉，同时承诺该客户终身免费使用花王的产品，并由此发现了产生该现象的原因——该客户是一个有着特殊过敏肤质的人。同时，花王经过调查发现存在这一状况的并不只该客户一人，而是一个特殊的群体，由此，花王发现了一个新的未被满足的市场，并开发出了新产品，就是专门针对特殊肤质防过敏的产品，该产品一上市就大获好评。

资料来源：百度文库.

4. 因商店环境、设施引起的投诉

当顾客对商店的购物环境或服务设施不满时，也会引起投诉。例如，因商店地板太滑导致小孩摔跤，扶手电梯突然停运等不安全因素，致使顾客缺乏安全感而引来投诉；因卖场灯光太暗、不通风、夏天空调不够凉等环境因素，导致顾客购物不便而引来投诉；因存包处太少，没有试衣间等服务设施不合理而引来投诉。

在广州花都区一家购物商店里，一名1岁零9个月大的男童被手扶电梯将手夹住，整只手掌被电梯"吞噬"，在折腾了足足3个小时后，男童才被救出送往医院。家长对事件的发生及处理结果表示极为不满。该事件在当地引起了比较大的轰动，对商店的经营造成了一定的影响。

资料来源：苏朝辉. 客户关系的建立与维护. 北京：清华大学出版社，2007.

二、处理顾客投诉的原则

1. 换位思考——从顾客的角度思考问题

顾客在投诉时会表现出烦恼、发怒、失望、泄气等各种情绪，员工不应当把这些表现当作对个人的不满。特别是当顾客发怒时，你心里可能会想："凭什么对我发火？又不是我的责任。"顾客愤怒的情绪通常都会潜意识地通过一个载体发泄，其抱怨一旦产生，心理上自然强烈认为自己是对的，所以员工要站在顾客的立场上思考问题，心平气和地处理顾客投诉。

2. 以诚相待——用诚心去消除顾客的怨气

处理顾客抱怨的目的是获得顾客的理解和再度信任，如果顾客感觉你在处理事务时敷衍了事，他们不仅不会再次光临，而且还可能通过口碑大肆宣传你的服务不周，从而影响商店的生意。

3. 表示欢迎——真诚地感谢顾客提出的宝贵意见和建议

要对顾客投诉的行为表示感谢，感谢他愿意花时间对商店的经营提出自己的看法。如果处理得好，这个投诉的顾客将成为商店的忠实顾客。

4. 迅速处理——让顾客感觉你对他遇到的问题很重视

在餐厅点菜后，如果等了1小时才上菜，你觉得怎么样？时间一久，就不是服务了。速度是关键，速度体现了态度，一旦解决问题的时间被拖延，不论结果如何，客户都不会满意，而且拖得越久，处理的代价越高。时间拖得越久，越会激发客户的愤怒，同时也会使他们的想法变得顽固而不易改变。

三、处理顾客投诉的技巧

1. 让顾客发泄，耐心聆听，真正了解顾客投诉的原因

面对投诉或抱怨的顾客时，要保持微笑，先做一个好的聆听者，然后再进行解释、安抚。正在气头上的顾客，只有等他发泄完了，他才有可能听得进去你的话，如果你所说的和他相左，那只会火上浇油，令事态进一步恶化。处理人员除了需要掌握倾听的技巧外，还要善于从顾客表情和身体的反应中把握顾客的心理，了解顾客的真实意图。

2. 真诚道歉，让顾客知道你愿意友善地处理发生的事情

顾客在投诉时会表现出情绪激动、愤怒，甚至对你破口大骂。此时，你一定要明白，这实际是一种心理发泄。当顾客把自己的怨气、不满发泄出来，不快的心情便得到释放和缓解，从而维持自己的心理平衡。千万要牢记在心，这时候的顾客最希望得到的是同情、尊重和重视，因此，不管是谁的错，都应立即向其表示道歉，道歉要注意分寸，道歉并不意味着承认错误，所以要注意措辞。

3. 欣赏和感谢，让顾客感觉他的投诉具有一定的价值

告诉顾客，你非常欣赏他与企业面对面解决这个问题的勇气，并对顾客为此花费的时间和精力表示感谢。

4. 收集信息，及时处理事件，让顾客真正感觉到店面处理事件的时效性

只道歉是不够的，顾客希望看到的是商店解决问题的实际行动。商店可以通过交谈、提问等方式，了解相关信息。店长在处理顾客投诉时，要善于抓住顾客表达中的"弦外之音""言外之意"，掌握顾客的真实想法。

以下两种技巧有助于店长处理问题。

1）注意顾客反复重复的话

顾客可能出于某种原因试图掩饰自己的真实想法，却又常常会在谈话中不自觉地表露出来。这种表露常常表现为重复某些话语。

2）注意顾客的建议和反问

留意顾客投诉的一些细节，有助于把握顾客的真实想法。顾客的希望常会在他们建议和反问的语句中不自觉地表现出来。

5. 记录、归纳顾客投诉的基本信息

处理顾客投诉的要点是弄清顾客不满的来龙去脉，并仔细记录顾客投诉的基本情况，以便找出责任人或总结经验教训。如果这些记录不够真实和详细，可能会给超市的判断带来困难，甚至发生误导作用。记录投诉信息可依据超市的"投诉登记卡"，逐项进行填写。在记录中不可忽略以下要点。

（1）发生了何事？
（2）事件发生的时间？
（3）事件涉及什么商品？
（4）当时当班的员工是谁？

（5）这位顾客是否为超市的老顾客？
（6）顾客真正不满的原因何在？
（7）顾客希望以何种方式解决？
（8）以前是否发生过类似的事件？

6. 提出解决问题的办法

在明确顾客投诉的原因之后，责任在超市的，按照公司的规定，与顾客共同商讨解决问题的办法，为顾客解决问题。

7. 如果顾客仍不满意，征询顾客的意见

顾客对提出的解决办法不满意，可以征询他的意见，看看他到底需要怎样的服务或补偿才能够平息心中的不满，尽最大的可能满足顾客的需求。但要注意，不可违背公司的有关规定，特别是遇到一些不讲理的顾客时。

当顾客情绪特别激动，现场无法立即处理投诉和抱怨时，可采取以下缓解措施。

（1）更换接待的人。

当顾客对某位员工的服务态度不满时，如果再让这名员工出面解决顾客的问题，顾客会有先入为主的感觉，不但不利于问题的解决，有时还会加剧顾客的不满。更换一个更有经验、职位更高一点的员工，会让顾客有受到尊重的感觉，有利于问题的圆满解决。

（2）更换接待场地。

当顾客怒气冲冲地到店面投诉时，如果让顾客在柜台前发泄不满，会严重影响商店的形象和生意。这时可以把顾客请到接待室慢慢进行沟通。

（3）更换解决问题的时间。

虽然处理顾客的投诉要及时，但若员工不能解决问题，可以跟顾客另约时间，请店长出面调解。一方面多留了一次沟通的机会；另一方面顾客不至于一下子完全对商店失去信心。当然，有的顾客可能不愿意再浪费时间，要照顾到顾客的想法，态度要诚恳。

案 例

在一家美发店，一位情绪激动的女士冲美发店大声嚷道："你们是怎么做的？你看看我的头发，一点都不像拉直过，跟拉直之前没什么两样，花了几百块钱，大家都说好像没有拉直……"女士大嚷大叫之后谁也不理就坐到客人休息区去了。

美发店领班对处理这种事很有经验，他马上掏出一个小本子和一支笔，微笑着说："很感谢您告诉我们给您引起的不愉快，您还记得是什么时候在我们美发店做的头发吗？""好像是一个星期前。"领班记下时间，又问道："您能告诉我是哪位发型师帮你做的吗？"

领班温和且认真负责的态度让女士感到这样大嚷大叫也许是不合适的，她的情绪平定下来，一一回答了领班提出的问题。领班知道了事情的大概经过：这位女士一星期前在美发店拉了直发，发型师告诉她3天内不要把头发扎起来。原本她是休三天假的，没想到她的经理只给她两天假，她所工作的餐厅规定很严格，必须把头发盘起来。她想已经过了两天应该不会有很大影响，没想到一个星期下来头发跟没拉直没什么区别，她的同事说是拉得不好的原因，否则不可能这么没效果，这位女士觉得有道理，所以才跑来美发店。

领班立刻安排一位助理帮这位女士洗头,并告诉她,拉过的头发扎起来后刚放下是看不出来的,等洗完头吹干就能看出是否拉直过。洗完头吹干后,这位女士对自己的头发很满意。

资料来源:瑞子. 美发店经营管理案例分析. 新浪博客.

8. 跟踪服务

可以通过电话拜访、发信函等方式,确认销售人员或其他服务人员已经按照约定的时间、方式,为顾客解决了问题,并通过跟踪服务,挖掘顾客更多、更深层次的需求。

9. 深刻检讨,总结经验

公司要定期对顾客的投诉进行总结,对已发生的问题进行检查和讨论,对主要责任在于顾客的,要防止类似事件的再次发生,对主要责任在于公司的,要制订整改措施并及时修正。

案例

某日,在某购物广场,顾客服务中心接到一起顾客投诉,顾客说从某商店购买的某品牌酸牛奶中喝出了苍蝇。投诉的内容大致是:顾客李小姐从商店购买了某品牌酸牛奶后,马上去一家餐馆吃饭,吃完饭李小姐随手拿出酸奶让自己的孩子喝,她则在一边与朋友聊天。突然听见孩子大叫:"妈妈,酸奶里有苍蝇!"李小姐一看,小孩喝的酸奶盒里(当时酸奶盒已被孩子用手撕开)果然有只苍蝇。李小姐当时火冒三丈,带着小孩来商店投诉。正巧有位值班经理看见,便走过来说:"你说有问题,那可以带小孩去医院,有问题我们负责!"顾客听到后,更是火上加油,大声喊:"你负责?好,现在我让你去吃10只苍蝇,我带你去医院检查,我来负责好不好?"边说边在商店里大喊大叫,并口口声声说要投诉该商店,引起了许多顾客围观。

顾客服务中心负责人得知此事后,马上前来处理,让那位值班经理离开,又把顾客请到办公室交谈,一边道歉一边耐心地询问了事情的经过。询问重点:① 发现苍蝇的地点(确定餐厅卫生情况);② 确认当时酸奶的盒子是撕开状态,而不是只插了吸管的封闭状态;③ 确认苍蝇是小孩先发现的,大人不在场;④ 询问以前购买的该品牌酸奶有无相似情况。在了解情况后,商店方提出了处理建议,但由于顾客对值班经理"你说有问题,那可以带小孩去医院,有问题我们负责!"的话一直耿耿于怀,不愿接受商店方的道歉与建议,使交谈僵持了两个多小时之久,依然没有结果。最后商店负责人只好让顾客留下联系电话,提出换个时间再与其进行协商。

第二天,商店负责人给顾客打了电话,告诉顾客:商店已与该品牌酸奶公司取得联系,希望能邀请顾客去该品牌酸奶公司参观了解,并提出,商店本着对顾客负责的态度,如果顾客要求,商店可以联系相关检验部门对苍蝇的死亡时间进行鉴定与确认。由于顾客接到电话时已经过了气头,冷静下来了,而且也感觉商店负责人对此事的处理方法很认真严谨,态度就一下缓和了许多。这时,商店又为值班经理的话道了歉,并对当时顾客发现苍蝇的地点(环境不是很干净的小饭店)、时间及大人不在现场、酸奶盒未封闭、已被孩子撕开等情况做了分析,让顾客知道,根据这一系列情况判断,不排除是苍蝇落入(而非酸奶本身带有)酸奶的。

通过商店负责人的不断沟通,顾客终于不再生气了,最后告诉商店负责人:其实她最生气的是那位值班经理说的话,既然商店对这件事这么重视并进行了认真负责的处理,那么她不再追究了。

资料来源:娇妮. 服务态度及服务质量. 新浪博客.

10. 语言禁忌

在处理投诉时应避免说如下的话:

"这个问题连几岁的小孩都懂。"

"一分钱一分货。"

"不可能,绝不可能发生这种事情。"

"我绝对没有说过那种话。"

"这是商店的规定。"

"您先回去吧,改天我再与您联系!"

任务二　退换货处理

不管经营实体店还是网店,顾客退换货是免不了的。不管店主是否乐意,都不能回避这个问题,而且商品退换服务的好坏直接影响到顾客对商店的印象。因此,店主必须对顾客退换货树立正确的认识。凡事利弊相生,退货是个普遍难题,有时候只需要换个角度思考,退货损失就能变为收益,危机就能变为商机。处理得好,退换货将可能转换成为重新购买的开始。

一、岗前培训注意事项

店长在培训员工时,要做到以下两点:

一是销售产品时,要做到诚恳地对待顾客,实事求是地向顾客介绍商品,保证顾客买到真正适合自己需要的商品或服务,避免和减少售后的商品退换。

二是对于按规定不得退换的商品,店内工作人员要向顾客进行必要的详细说明和提示,避免事后产生不必要的摩擦。

退货之难

家住广州白云区的王小姐在某电商平台上的第三方网店购买了一个真皮斜挎手提包,价格为739元。网店首页和具体商品的购买页面,都有"七天无理由退货"的承诺。收到手提包的第二天，王小姐觉得手柄太短，于是要求退货。客服要求王小姐提供产品正反面的图片后，同意退货，王小姐当天就把手提包寄回。几天后，商家收到退货并致电王小姐称，在手提包里发现一双丝袜，还说手提包的手柄位置有细小裂缝，认为手提包已经被使用过，所以不接受退货。王小姐表示，丝袜是不小心掉入手提包里的，她并没有使用手提包，并且她拍摄的图片中并看不到裂缝，坚持要求退货。

双方争执不下，王小姐致电广州12345热线投诉。执法人员前往王小姐提供的网店线下地址进行检查，但该地址实际上是仓库，仓管人员无法解决纠纷。王小姐只能通过其他方式解决纠纷。据了解，在工商部门接到的网购投诉中，由于无法联系商家导致执法或调解无法进行的不在少数。这种情形下，执法人员通常只能建议消费者寻找其他途径解决问题。

资料来源：广州消费者之家．

二、处理退换货时应掌握的原则

当商品必须退换时，店长应当根据下面几种不同的情况分别予以妥善处理，并加强总体管理。

（1）首先了解顾客退换商品的原因，然后根据商品的具体情况和商店退换货政策，决定是否应为顾客提供退换货服务。

（2）顾客所购买商品被鉴定确实存在质量问题时，要无条件退换。

（3）顾客不满，或者退换、处理不好，分不清责任时，要尽快报告上级主管，以让其协助解决问题。

（4）如果顾客不能提供商品发票或购物凭据，原则上不予退换。

（5）顾客要求退换的商品不符合商店退换货政策，但顾客坚持要求退换而接待人无法作出最终决定时，应先安抚顾客，并及时向上级主管请示。

三、处理退换货的技巧

顾客要求退换货的原因多种多样，如商品的质量瑕疵、买了又不喜欢等。这就要求员工针对不同的原因，采取相应的处理方法。

（一）商品本身质量问题

员工应该首先真诚地向顾客道歉，随后视商品具体情况，根据商店退换货和保修政策，提供退换货或保修服务。

人性化的服务赢得回头客

某日，李小姐在某购物广场给父亲买了一包 A 品牌瓜子。回家后，老人在吃瓜子时觉得瓜子有点酸，仔细一看才发现少量瓜子已经霉变。于是便给 A 品牌投诉服务热线打电话，但一直没人接，老人又向其总部打电话，有人接到电话后向老人保证两天之内解决问题，但两天后仍没结果。老人又向工商所进行了投诉，工商所把电话打到购物广场。前台主管接到电话后马上给顾客打电话，答应给顾客退货。顾客说他家中只有两位老人，身体都不好，行走不便，前台主管就主动去顾客家登门拜访，检查完商品后，前台主管一边向顾客道歉，一边马上给顾客换了货，老人非常感动，说他在许多超市都买过东西，但像这样周到细致、充满人性化的服务还是第一次遇到。

此案例说明：要促成顾客的重复购买，人性化的服务是不可或缺的。关心顾客、站在顾客的立场上思考问题，提供人性化的服务应是店面推广形象的一个关键环节。

资料来源：三茅人力. 人人乐培训案例. 百度文库.

（二）顾客喜好问题（如商品的颜色、尺寸不合心意等）

员工应尽量不责怪顾客，如果商品没有被用过，不影响再次销售，且符合商店退换货政策，那么可为顾客调换商品或加价换购其他商品。

（三）顾客声称上当受骗

此时，应先听取顾客和员工的情况说明，明确到底是员工在介绍本店商品时言过其实、强行推销，还是顾客因误会导致的购买行为。如果责任在员工，则应要求员工向顾客道歉，并尽可能让顾客换购其他商品，如顾客坚持退货，则应根据商店退换货政策，予以退货；如是顾客因误会导致的购买行为，则应向顾客解释清楚。

（四）顾客无理取闹，要求退货

在经营中，有时会遇到顾客无理取闹、要求退货的情况。这时，员工要根据商店退换货政策和国家相关法规坚决拒绝。

客户无理投诉

安装技师前往天津客户张女士家安装浴室柜，抵达客户家后发现浴室柜尺寸与安装环境不符合，告知情况后，客户要求继续安装，且技师安装时客户本人与其家人都在场。

但在安装完毕两天后，客户向商家投诉由于技师安装的浴室柜不合规导致无法正常使用，且技师明知浴室柜尺寸不符还坚持安装，要求技师负责更换浴室柜。

此案例明显属于客户无理投诉，技师安装过程不存在问题。但技师操作上也有所欠妥，安装完工后应让客户签署服务确认函。安装服务完成后未让客户签服务确认函确认安装无误，容易导致客户投诉后无法判断是哪方的责任。

资料来源：搜狐财经.

（五）服务欠佳

在销售过程中，因员工语言、态度恶劣引起的退货，要真诚道歉，取得顾客的谅解，避免矛盾升级，减少损失。

任务三 安全管理

一、安全管理概述

（一）安全管理的含义

安全管理是指使店面本身及来店顾客、本店员工的人身和财物在商店范围内不受侵害，使店面内部的生活秩序、工作秩序、公共场所秩序等保持良好的状态。

（二）安全管理的重要性

商店或超市属于公共聚集场所，客流量大，人员多，一旦发生事故，会造成重大伤亡；用电、吸烟等引发火灾的危险性大；发生火灾或恐怖袭击，人群慌乱，易发生踩踏等事故。治安差＝顾客少＝效益差；治安好＝顾客多＝效益高。两个公式，两种不同的效果，一个是恶性循环，另一个则是良性循环。商场如战场，只有在求生存、求发展过程中，才能真正体会其中的含义。

二、安全防盗

尽管商店或超市安装有监控设备，部分商品还贴有防盗条形码，有的商店或超市还成立了反扒队，但小偷仍然是防不胜防，失窃现象之多令人吃惊。对商店或超市来说，商品失窃是一个无法回避的问题。

2018年5月，江森自控旗下的泰科零售解决方案发布了《先讯美资全球零售业损耗指数》报告，该报告是近年来对从事防损工作的零售业高管进行的最大规模调研。

结果显示，中国零售业2017年度损耗金额为135.2亿美元，仅次于美国。2017—2018年，因损耗造成的全球年零售损失总额接近1 000亿美元，损耗率高于以往。中国在药妆店和药房及百货店领域的损耗率全球最高，分别为3.15%（全球平均2.12%）和2.57%（全球平均为1.83%）；超市大卖场、社区店损耗率方面，中国略高于全球平均水平；便利店领域损耗率为1.01%，低于全球平均损耗率1.86%。

入店行窃、退货欺诈、员工内盗、管理和行政损失、供应商欺诈是造成损耗的常见原因。如何遏止超市失窃案件的发生，同时又确保顾客的合法权益，已成为超市业主和老百姓共同关心的问题。

（一）盗窃者类型

目前，商店或超市盗窃者主要有以下几种。

1. 偶尔顺手牵羊者

偶尔顺手牵羊者往往在购物过程中看到营业人员很少，碰到自己喜欢的商品而且又便于携带时，会产生贪小便宜的想法。

2. 惯窃者

这类偷窃者一般单独作案,而且偷窃手段比较专业。惯窃者作案,往往选择个人用品,如服装、化妆品等价值较高的商品。

3. 团伙盗窃者

团伙盗窃者专门针对超市内价格高、得手后易销赃的商品。作案方式是团体配合作案,他们分工明确,有人望风,有人负责动手,把偷来的物品转移出商店。为避免长时间在超市逗留,引起商店工作人员注意,他们往往完成各自的任务后离开商店,待商品拿出超市后,便马上离开去另一家超市,以类似手法继续作案。

2010年1月10日,一个长期流窜于山东省某市各商店的盗窃团伙被警方抓获,民警当场从其轿车上搜出价值1万多元的高档服装和化妆品,退还给商家。事情是这样的,当天中午11点,某公安局一中队的便衣民警悄悄进入广场附近的一处停车场进行跟踪。据民警称,这个团伙的作案目标是各大商店,主要盗窃高档服装和商品,这伙人分工明确,盗、销一条龙作案。11点30分,一男一女拎着鼓鼓的大手提袋从一家商店走了出来,迅速钻进一辆轿车里,把袋中东西掏出后再次进入商店。12点30分,4名嫌疑人拎着鼓鼓的手提袋陆续钻进轿车。民警称,这伙人还会到其他商店进行盗窃,目前还不明确有没有其他同伙,暂时不能动手。两组便衣民警一路尾随,辗转跟踪了好几家商店。下午2点40分,民警确定这伙盗窃嫌疑人没有其他同伙后,决定"收网"。两组便衣民警驾车一前一后堵住这辆轿车,并迅速下车控制各车门,将4名嫌疑人擒获,当场从车内查出盗窃来的各类高档服装和化妆品,价值1万多元。

资料来源:三茅人力.人人乐培训案例.百度文库.

(二)商店常见盗窃手段

归纳起来,盗窃手段主要有以下几种。

1. 直接处理法

顾客在超市内未付账直接使用商品,如吸食饮料,然后直接将包装盒丢弃在商店内,或者偷吃散装食品。另外,不断地试吃商品,也是一种变相偷盗行为。

2. 直接盗窃法

一些体积小、易隐藏的商品,如果防损设备被盗窃者破坏掉,商品经过报警门时不会引起报警,就会被盗窃者带出超市。

3. 调换包装法

对于包装相似但价格相差比较大的商品,盗窃者最常用的手段就是把外包装相似的商品进行调换,若收银员不注意的话就会使盗窃者得手。

案例

某天,在某商店内,有两名男子到烟酒柜台假装要购买香烟,视察情况后便离开。25分钟后,二人声称要购买10条单价618元的"软中华"和2条单价428元的"硬中华",并且要求员工吴某帮忙找个大的黑袋子(蒙骗员工说是要送人,黑色袋子让人看不到)。当员工表示没有黑袋子时,嫌疑人催促员工吴某快点开单自己用黑袋子来装。此时,两名男子将商品与接应人员准备好的假货调换,催促员工吴某赶快开单,然后拿着购物单一去不回。3分钟后员工吴某感觉有些不对劲,打开黑袋子,发现商品已被调包,共损失7 036元。

资料来源:三茅人力.人人乐培训案例.百度文库.

4. 隐蔽不结账法

顾客携带大手提包,在选购商品时,只把小部分商品放到购物篮里,而把大部分商品悄悄地放到随身携带的手提包内带出超市。使用这种偷盗手段时会带上消磁用具,而且眼疾手快,作案迅速。特别是冬季,卖场内温度较高,这些人会把厚厚的外套脱下来放在购物车上,在结账前把一些体积较小的商品藏于衣下,收银员不注意的话就不会发现,从而达到盗窃目的。

5. 小商品置大包装盗窃法

此种方法是把小包装的商品藏于大包装商品之中,如把巧克力或口香糖藏于暖水瓶中。若收银员在结账时不按操作流程进行检查,就会让盗窃者得手。

6. 用解扣器和消磁器盗窃法

现在,超市中大多数商品都采用防盗扣或防盗磁条,尤其是高值易损耗商品。因此,盗窃此类商品时,盗窃者经常会使用解扣器或消磁器。一般盗窃者会用解扣器或消磁器把装有防盗扣或防盗磁条的商品在身上"一过",从而把防盗扣解开或把防盗磁条"消磁"。盗窃者一般会把解扣器放在腰带上,伪装成皮带扣的样式,而消磁器的样式则多种多样。

7. 多拿赠品盗窃法

多拿赠品也是一种偷盗行为,超市赠品不需要经过消磁就可拿出超市,这就让某些顾客抓到了偷盗商品的漏洞。这种偷盗行为的一般操作方法是:顾客去选购某种有赠品的商品,拿到赠品后把商品放在别处,再重复这样的操作,最后本来购买一件商品只可领取一份赠品变成了可以领取多份赠品。

8. 内外勾结法

这种方法多发生于收银员与外盗分子相互勾结。通过故意漏扫描的方法把商品偷到超市以外,从表面上看是正常销售,但收银员在扫描过程中会用手把条形码挡住,扫描机(枪)不能识别,从而不录入销售账,此类盗窃分子只需付极少量商品的钱就能拿到价值很高的商品;也可以通过错打条形码从而达到多拿商品少付钱的目的,这种盗窃方法多见于生鲜商品的销售。

9. 边角料盗窃法

生鲜类商品的边角料管理往往不善,从而使得这些商品本来还有利用的价值,但被一些人以"没用"之名义带出商店,一两次看不出什么损失,但长期下去,就会造成显著的损失。

10. 原料盗窃法

超市在经营一些炒菜或现场加工的商品时,原料和辅料的存货量都比较大。因此,一袋面粉、一小桶油都可能成为内部员工盗窃的对象。

11. 固定资产破坏法

超市内有很多设备都是固定资产,有些员工了解其运行的原理,就故意破坏其运行,然后再通过一些操作把"废掉"的零件或设备带出超市,等设备修理好后就可以以很低的价格售出,从中获利。

(三)防盗措施

员工在工作中要注意以下几个方面的细节。

(1)工作中不能聚堆闲谈,擅离岗位,当遇到问东问西、要这要那而又不买的可疑顾客时,要提高警惕,加强防范。

(2)要不断扫视通道,当发现某区域有顾客徘徊时,应上前询问是否需要帮助;对手中有敞口手提包的顾客要加以注意。

(3)发现异常情况(如顾客争执)或异常人员(如天气暖和但却穿着厚衣服)时,要及时提醒周边同事提高警惕,并及时将情况向上级管理部门反映,加强与邻近同事之间的沟通与合作,以求共同防范。

(4)接待顾客或介绍商品时,对进出专柜的顾客要适当关注,切忌只顾埋头做事。

(5)在交接班及客流高峰期,对三五成群的顾客,穿着服饰肥大夸张,挎、提大袋子的人员,聋哑人、带小孩的孕妇等人员要高度警惕。

(6)为防止被调包,对顾客接触后交回的商品,特别是有包装的商品,必须当场检查确认。

(四)防盗管理

从管理角度考虑,应该做好以下几个方面的工作。

1. 加强管理

加强管理主要表现在理货环节和商品流通环节。理货环节中及时发现商品销售过程中的问题,如顾客故意造成的商品包装与商品不对应、商品标价与标签价格不符、被变更等;流通环节及商品上下架处理中,做好商品的实时在案记录,如商品数量、商品摆放现况等,这样便于理货员实时掌握商品的动向,一旦发生商品失窃事件,能在第一时间做出合理反应,更快地找到盗窃者。

2. 重视员工培训,加强防损员的防盗能力

及时组织防损员工培训,要做到有效防盗手段的信息反馈与防治对策总结。实时监控员要有眼观六路、耳听八方的能力，要有能及时发现有异常举动顾客的能力；进出口站岗人员要认真查对核实商品；现场巡查员要做到随机应变、反应灵敏等。

3. 完善防盗系统，加强技术更新

商店或超市防盗系统包括电子监控、红外线商品感应设备等。商店电子监控安装应尽量做到不留死角，全部覆盖营业区，另外，还应在楼顶加装电子监控，以防小偷夜间潜伏，电子监控应保证实时监控。红外线商品感应设备要确保商品在未消磁情况下能100%检测出来，并且在每个进出口都应该有防损员站岗，及时处理商品未消磁流出商店的情况。

4. 营业时间的技术防范

商店或超市在营业时间的技术防范手段，一般是充分利用电子商品防盗系统并辅以电视监控系统。与电子商品防盗系统相比，电视监控系统虽并不直接捉拿窃贼，但能帮助管理人员直观了解商店内发生的情况，发现可疑事件，并且对有盗窃企图者起到威慑的作用。同时，电视监控系统还可以发现内贼，并能记录事件的发生过程，作为事后追查取证的证据。

因此，在营业时间内应重点保证对下面场所的实时监控。

1）货架监控

在店面内，顾客可以自己选择喜爱的商品，最后到出口处付款，这满足了顾客自由选择的需求，但也加大了盗窃防范的难度。利用电视监控系统，通过在天花板等地方安装监控摄像头，可以监控众多的货架，以查看是否有偷窃行为的发生。

2）收银台监控

收银台是比较容易与顾客发生摩擦的地方，利用电视监控系统，可以监控顾客在交款过程中有没有使用倒换假币等诈骗手段，同时也可以监控收银台的员工与顾客的交流情况，看员工是否礼貌待客，以提高超市的服务水平。

3）人流监控

每天的下班时间和周末往往是商店和超市人流比较多的时候，也是盗窃行为多发时段。利用电视监控系统，监控人流密集区域和各个出入口，能使商店及时了解顾客数量，进行人流疏导，避免因人多而发生偷盗行为或意外事故。

5. 非营业时间的技术防范

非24小时营业的商店在下班时，可以利用入侵报警系统和电视监控系统，做好货物安全的技术防范。

入侵报警系统是在易发生盗窃部位及窃贼有可能进出的区域安装入侵探测器。比较常用的是开关式探测器，主要安装部位是门、窗、换气窗、垃圾通道等。在贵重物品区域应安装空间控制类型的入侵探测器，如多普勒微波探测器、被动红外探测器、双技术探测器等；在主要通道、楼梯、外墙窗户等处可考虑安装红外光栅探测器等。入侵报警系统可起到可靠的入侵探测报警作用，一旦窃贼进入警戒区，可立即发出警报。

不同的安全防范系统各有其长处和缺点，应根据商店的运营方式、建筑物结构，因地制宜地合理组合使用，这样才能收到良好的防盗效果。同时，还要注意实行"人防""物防""技防"相结合，形成"三位一体"的防范布局，才能确保商店安全。

6. 加强内外管理，提高收银区的防盗措施

收银区防盗主要是防止顾客趁乱拿走未结账商品，防止收银员故意少扫商品，防止计算机录入错误，防止点错商品等。收银区防盗应做到：防损员实时巡查，电子监控实时监控。特别是防损员现场巡查要做到位，注意观察每位收银员与顾客的肢体动作，是否有不正常的眼神交流，收银员动作是否有异常等。

7. 加大商店出入人流检查力度

商店人流量大，特别是节假日时，这就使小偷有了更多的下手机会。加强商店出入人流检查力度能从根本上防御小偷。商店防损员应做到引导顾客从正确的进出通道出入商店，在顾客进入商店时注意观察其随身物品，携带较大的箱包等物品时，应为其办理好暂存再允许进入，顾客购物完毕走出商店时，防损员应检查其购物小票与其带出商店的商品是否对应。

（五）对盗窃情况的处理

防损部处理偷窃案件之前，一定要确认犯罪事件的真实性，因为处理不当会影响商店的形象。抓获嫌疑人后，应该立刻将其带到防损部进行处理，并请求同事协助。对嫌疑人的处理应该由班长或店长以上级别的人负责，防损部处理偷窃案件时要注意：如果嫌疑人是女性，必须有女防损员在场。具体的处理程序如下。

1. 认定偷窃性质

认定了偷窃性质后，应该礼貌规劝嫌疑人主动交还赃物，切忌搜身或与嫌疑人起冲突。如果嫌疑人拒绝合作，可以向嫌疑人说明利害，告诫嫌疑人不可以存有侥幸心理。

2. 填写偷窃处理登记表

嫌疑人承认偷窃后，填写"商品偷窃处理登记表"，由嫌疑人签订认罚书。

3. 处罚

通知其亲属或朋友带罚款到商店交款领人。对于未成年嫌疑人，要轻处理重教育。

4. 材料归档

商店把偷窃处理资料统一归档管理。

对确定没有作案的人员，防损部工作人员要做到认错快、道歉快、补偿快。对拒不承认或不认罚的人员，应移交派出所处理。

三、消防安全

商店所有员工都必须掌握基本的消防安全常识。"四懂四会"包括：懂火灾的危害性，懂预防火灾的措施，懂扑救火灾的方法，懂火场逃生办法；会报火警，会使用灭火器材，会扑救初起火灾，会组织人员疏散。此外，还必须掌握"一畅两会"，其中"一畅"是指保持消防安全疏散通道和安全出口畅通；"两会"是指会扑灭初起火灾，会自救逃生。

（一）日常防火

商店的日常防火必须做到如下几个方面。

（1）商店内电气线路和设备的安装，必须符合安全用电的要求，严禁乱拉、乱接临时电气线路。商店内自动扶梯的一切带电器件都必须封闭，其构架、活动运转部件和机座底部的垃圾积尘和油污应经常清除，商店最好采用干式变压器。

（2）须定期对员工进行消防知识培训，员工须熟练掌握离自己所在最近的灭火器及安全出口的位置。

（3）商店内的货架和柜台，应采用金属框架和玻璃板组合制成。柜台外侧与地面之间应密封，如有空隙，须用不燃烧材料封堵。供顾客上、下楼的楼梯，不宜采用木质结构。

（4）综合性大型商店或多层商店的柜台、货架与顾客所占的公共面积应有适当的比例，一般应不小于1:1.5，较小的商店应不小于1:1。对于电梯间及楼梯间、自动扶梯等贯通上、下楼层的孔洞，可安装水幕或多个自动喷水装置。

（5）商店内的加工、修理部，最好与营业厅分开，独立设置或用防火墙分隔，各种电机应安装在不燃材料的基座上，并设护栏，周围不得堆放杂物。各种机械要经常检修，加注润滑油。使用电熨斗、电烙铁时，应备有不燃材料制成的托架，不得直接将其放在可燃物品上，用后即切断电源；加工棉织、纸张等可燃物品时，不宜在电气开关下部进行，并保持一定的安全距离；使用酒精、汽油等易燃液体进行清洗加工时，应远离明火，随用随开，用后旋紧瓶盖。

（6）营业时，商店内容纳人员不得超过额定人数。每层额定人数的计算公式如下：

每层额定人数＝营业厅建筑面积×面积折算值×疏散人数换算系数

（7）严禁违规使用、存放易燃易爆危险物品，严禁非法携带易燃易爆危险物品进入商店。商店存货要控制一定的数量，超出定额的要放在单独的仓库内，同时做好各种防范措施。

（8）严禁违章关闭消防设施、切断消防电源；商品、货柜和广告条幅的设置不得影响消防设施的正常使用。防火卷帘正下方不得堆放物品；商店在营业期间，须保持出口和疏散通道通畅，禁止占用、堵塞疏散通道，锁闭和遮挡安全出口、遮挡疏散指示标志及其他影响安全疏散的行为。

（9）在营业期间应当至少每两小时巡查一次。营业结束后，必须及时进行巡查，消除遗留火种，清理留宿人员，切断营业时使用的电源。

（10）商店内应禁用电炉、电热杯、电水壶等大功率电器。柜台内的营业人员，应禁止吸烟，商店内也应设置"禁止吸烟"标志。柜台内须保持整洁，废弃的包装纸、盒等易燃物，不可随手丢在地上，应集中处理。易燃危险商品在柜台的存放量要加以限制，存放时间不宜超过两天。

（11）商店在更新、改建或检修房屋设备及安装广告装置等需要用电、用火时，必须经严格审批，落实防火措施后，方可进行作业。

（12）顾客应当自觉遵守消防法律法规和公共场所消防安全管理规定，发现违反消防法律法规的行为，要积极向公安消防机构举报。

（二）发生火灾时的逃生方法

如果发生火灾，所有工作人员都有引导顾客疏散的义务，而不能只顾自己逃生。逃生还要注意运用以下逃生方法。

1. 利用疏散通道逃生

商店内都按规定设有室内楼梯、室外楼梯，有的还设有自动扶梯、消防电梯等，发生火灾后，尤其是在火灾初期阶段，这些都是逃生的良好通道。下楼梯时应抓住扶手，以免被人群撞倒。不要乘坐普通电梯逃生，因为发生火灾时，无法保证电梯的正常运行。

2. 利用自制器材逃生

商店是物资高度集中的场所，商品种类多，发生火灾后，可就近利用逃生的物资或工具。例如，将毛巾、口罩浸湿后捂住口、鼻，可制成防烟工具；利用绳索、布匹、床单、地毯、窗帘开辟逃生通道；如果商店还经营五金等商品，还可以利用各种机用皮带、消防水带、电缆线开辟逃生通道；商店如果经营劳动保护用品，如安全帽、摩托车头盔、工作服等，可就地使用，以避免烧伤和被坠落物砸伤。

3. 利用建筑物逃生

发生火灾时，如上述两种方法都无法逃生，可利用下水管、房屋内外的突出部位、门窗及建筑物的避雷网（线）进行逃生或转移到安全区域再寻找机会逃生。使用这种逃生方法时，要大胆，还要细心，特别是老、弱、病、残、幼等人员，切不可盲目行事，否则容易出现伤亡。

4. 寻找避难处所逃生

在无路可逃的情况下，应积极寻找避难处所。例如，到室外阳台、楼层屋顶、洗手间等待救援；寻找火势、烟雾没有蔓延到的房间，关好门窗，堵塞间隙，房间如有水源，要立刻泼水，防止火势和烟雾的蔓延。无论白天或夜晚，被困者都应大声呼救，不断发出各种呼救信号，以引起救援人员的注意，帮助自己脱离困境。

（三）火灾处理程序

1. 报警

在场人员通知商店经理后，应该立刻拨打119火警电话。

2. 行动

紧急事件处理小组成员接到消防警报后，要迅速赶到安全部，马上按照紧急事件处理小组预先制订的行动方案，迅速行动。各个部门在完成各自的职责后，要服从紧急事件处理小组的统一指挥和调配，协同配合，进行灭火、疏散和救助工作。

安全部人员应该以最快的速度启动自动喷淋灭火系统，关闭非紧急空调和照明，开启排烟风机，保证所有安全门和消防通道的畅通，启动火警广播，组织人员有秩序地疏散、灭火、抢救财物、救护伤员等。系统第二次报警后，安全部人员守住门口，除非得到消防人员的许可，其他人员一律不可以进入火灾现场。人员疏散应该由指挥中心统一指挥，管理人员要协助维持秩序，疏散顾客撤离到安全区域。

现金室和收银主管要立刻携带现金、支票等撤离到安全区域，尽量避免财产损失。

计算机中心员工要保护重要的文件、软件、设备，迅速撤离到安全区域。

总务行政等后勤人员备好车辆供抢险小组使用。有条件的话，将毯子、枕头等救护物品准备好，供抢救伤员使用。

3. 总结

火灾扑灭后，安全部要检讨消防系统的运行情况，迅速查访责任人，查找起火原因，工程部要从施工的角度查找起火的原因，通过对机器、数据、资料等进行分析，由消防安全调查人员撰写正式的报告,并根据财产、人员的伤亡情况统计损失,迅速联系保险公司商讨有关赔偿事宜。

4. 计划

制订灾后重新开业的工作计划和方案。

四、防骗、防抢

(一) 防骗

商店的诈骗案件主要包括商品诈骗和金钱诈骗两种。因此,在进行商品交易或收款时要注意以下几点。

(1) 商品诈骗案件多发生在吃饭时间,此期间工作人员不够充足,是犯罪分子作案的最佳时机,故在此期间交易商品(尤其是小型的贵重商品,如金银制品)时,必须要有两名以上营业员同时在场,既可互相帮忙又可警示犯罪分子,使其无从下手,以确保商品安全。

(2) 给顾客试戴或试用商品时,营业员应主动为顾客试戴及取拿,杜绝顾客自己试戴及试用。顾客试戴或试用商品过程中,营业员要眼不离货,避免顾客试戴商品期间离开去看其他商品的情况,杜绝忘记取回商品等违规操作情况发生。

(3) 向顾客展示商品时,同一时间内不应超过两件,尤其是小型商品或贵重商品。顾客看过的商品要及时核对后收回柜台或放置到顾客触碰不到的地方。

(4) 客流高峰时,不要为了积极销售而同时接待两位顾客,必要时招呼其他同事帮忙。

(5) 收取货款时,要认真核对真假和金额,核对后的货款原则上不应再让付款人接触,如付款人要求更换货币,更换后应再次认真核对。

(6) 商品成交后,在收回交款小票时,要实行二次检查,认真检查及核对小票及发票,发现可疑处先稳住顾客再去收款台处确认其真实性,再进行发货,避免诈骗事件发生。

(7) 如在收款时对某货币存在疑问,但又无法确认时,应在坚定地要求顾客更换货币的同时,做好客户的情绪安抚工作,切忌为了积极销售造成不必要的损失。

案 例

真假钞票瞬间变换

1月11日上午8时许,一名十八九岁的小青年手拿一沓百元假钞,呆呆地站在江南客运站门前广场上,眼泪在他的眼眶里打转。

小青年说,他当日凌晨准备在江南客运站坐车回家。后来有两个人向他兜售低价车票,他掏出一张百元钞票打算购票,对方拿过去一看却说:"你这张是假钞。"小青年又拿出一张百元钞票,依然被对方认定为假钞。

这两个人还"好心地"提醒小青年,现在假钞很多,"赶紧拿其他的钱出来看看"。小青年一听有些慌乱,急忙拿出自己的十多张百元钞票。这两个人当着小青年的面,将一张张钞票打开后，再还到小青年手中，说："你这些都是假钞。"小青年后来发现被那两个人过手的钱，比他原来那一沓真钞皱很多。

民警剖析：小青年碰上的是"鬼手"当中的一种。"鬼手"先将假钞攥在一只手的掌心内，当他们接过钱后，两手重叠，趁人不备，迅速抽出假钞替换真钞，然后再装模作样地"验钞"后还回假钞。有的"鬼手"是把假钞放在一张卡片下，接过真钞后，先将真钞放在卡片上，趁人不备翻转卡片，真钞就这样被换成了假钞。

资料来源：三茅人力．人人乐培训案例．百度文库．

（二）防抢

商店防抢主要是防止抢劫或抢夺事件的发生。

抢劫是指以暴力相威胁，劫取他人财物的行为。像收银台、财务出纳办公室这种存有大量现金的区域，都是抢劫者的目标。

抢夺是指乘人不备，夺取他人财物时的行为。通常，收银台或贵重物品出售区，经常会成为犯罪分子的袭击目标。

防抢措施主要有以下几个方面。

（1）发现有顾客多次光顾，并留意或打听柜台结构、人员分布，监控器的布局、商品价位及摆放位置等情况时，要及时向上级主管部门和保卫部门反映。反映时应说明可疑人员的体貌特征，如性别、年龄、相貌、口音、衣着等，如有交谈，要讲清谈话的内容和其打听的内容。

（2）发现有顾客随身携带木棍、管制器具、枪械、爆炸物品时，要立即向上级主管部门和保卫部门报警。如果顾客已经实施抢劫或已经拿出凶器威胁到员工、顾客的生命，现场的其他员工在保证个人安全的情况下，应立即利用报警遥控器或电话报警，电话报警时要讲清报警原因、所在位置、现场情况。

（3）24小时营业的商店，容易成为歹徒作案的目标。可以考虑以下几种防护方式。

① 安装进门提醒装置，若有人进入商店，店内人员可马上知道，提高警惕。

② 夜间交接班时，最好把当天的营业款带走，如发生意外，可减少损失。

③ 安装紧急按钮或"护店宝"区域联网报警装置，如遇紧急情况，触动紧急按钮后，店内铃声大作，可将歹徒吓走。

如果发生了抢劫事件，要注意以下几个方面。

① 当班营业员尽量记住犯罪分子的形象、特征，并发出警报，邻近柜台营业员尽量脱身并迅速报警。

② 当班营业员不宜与持凶器的犯罪分子发生冲突，以免造成不必要的伤害。

③ 保卫人员迅速到位，适时控制事态，避免硬拼，尽量减少损失，同时做好保护现场的工作。

五、安全防恐

各大商店或超市人口比较密集，为了不给恐怖分子可乘之机，应尽最大努力防恐，尽其所能地避免恐怖事件的发生。要做好防恐工作，需要做到以下几点。

（1）建立一个完善的防范体系与突发事件处理预案和安全处理措施。其根本是保证人员人身安全和商店财产安全。

（2）商店的导购员是与外来人员接触最多的群体，因此必须加强他们的防范意识。具体要求如下。

① 熟记商店的地形、紧急出口、内部报警电话等。

② 顾客出入试衣间后，要提醒并及时察看试衣间内有无遗留物，以防可疑物的滞留。

③ 不可出现替顾客去交款，致使柜台无人看管。

④ 当顾客去交款时，最好不要为顾客代管任何物品，尤其是皮包，大型包具，而应让顾客随身携带。

⑤ 商店公共区域，如不常用的安全梯、洗手间等处，应设相关负责人巡查。

（3）当商店发现有可疑物品出现时要做好以下工作。

当发现可疑物品时，不要移动，首先迅速通知商店内保卫部门，由保卫部门人员建立隔离区，在确定该物品是可疑物品后，迅速疏散顾客，并设法用防暴物覆盖可疑物，并将该物品移出隔离区。

立刻通知公安部门。各商店或超市在加强自我安全管理时，需要自上而下地加强防范意识，同时还应与本地的公安部门紧密配合，为可能出现的恐怖事件做好防范准备。

◎ 项目总结

本项目运用了大量的实例，对顾客投诉的原因、处理原则及技巧，退换货处理原则及技巧，商店安全管理三个方面的问题进行了详细的阐述。通过学习，可以帮助读者较好地掌握顾客投诉处理、退换货处理和商店安全管理的技巧。

需要注意的是，在所学知识的实际操作运用中，需要根据时间、地点和事件的不同进行调整和搭配操作，切不可教条主义。

基本训练

一、选择题

1. 引发投诉的原因有（   ）。

A. 对服务不满意

B. 对商品质量不满意

C. 顾客的偏见、成见或心境不良

D. 无理由

2. 处理顾客投诉的原则不包括（   ）。

A. 留档分析　　　B. 有章可循　　　C. 分清责任　　　D. 鼓励投诉

3. 归纳起来，商店内的盗窃手段主要是（   ）。

A. 直接处理法　　　　　　　　　B. 直接盗窃法

C. 调换包装法　　　　　　　　　D. 智能化高科技盗窃

4. 对盗窃情况的处理程序包括（   ）。

A. 对嫌疑人进行搜身　　　　　　B. 填写偷窃处理登记表

C. 处罚　　　　　　　　　　　D. 材料归档

5. 处理顾客投诉的技巧有（　　）。

A. 让顾客发泄，耐心聆听，真正了解顾客投诉的原因

B. 真诚道歉，让顾客知道你愿意友善地处理发生的事情

C. 欣赏和感谢，让顾客感觉他的投诉具有一定的价值

D. 收集信息，及时处理事件，让顾客真正感觉到商店处理事件的时效性

6. 要做好防恐工作，需要做到（　　）。

A. 熟记商店的地形、紧急出口、内部报警电话等

B. 顾客出入试衣间后，要提醒并及时察看试衣间内有无遗留物，以防可疑物的滞留

C. 不可出现替顾客去交款，致使柜台无人看管

D. 商店公共区域，如不常用的安全梯、洗手间等处，应设相关负责人巡查

7. 防抢措施主要有（　　）。

A. 安装进门提醒装置，若有人进入商店，店内人员可马上知道，提高警惕

B. 夜间交接班时，最好把当天的营业款带走，如发生意外，可减少损失

C. 安装紧急按钮或"护店宝"区域联网报警装置，如遇紧急情况，触动紧急按钮后，店内铃声大作，可将歹徒吓走

D. 当班营业员不宜与持凶器的犯罪分子发生冲突，以免造成不必要的伤害

8. 商店的诈骗案件主要包括商品诈骗和金钱诈骗两种。因此，在进行商品交易或收款时要注意（　　）。

A. 客流高峰时，不要为了积极销售而同时接待两位顾客，必要时招呼其他同事帮忙

B. 收取货款时，要认真核对真假和金额，核对后的货款原则上不应再让付款人接触，如付款人要求更换货币，更换后应再次认真核对

C. 向顾客展示商品时，同一时间内不应超过两件，尤其是小型商品或贵重商品。顾客看过的商品要及时核对后收回柜台或放置到顾客触碰不到的地方

D. 商品成交后，在收回交款小票时，要实行二次检查，认真检查及核对小票及发票，发现可疑处先稳住顾客去收款台处确认其真实性，再进行发货，避免诈骗事件发生

9. 商店火灾处理程序包括（　　）。

A. 报警　　　　B. 行动　　　　C. 总结　　　　D. 计划

10. 商店的日常防火必须做到（　　）。

A. 商店须定期对员工进行消防知识培训，员工须熟练掌握离自己最近的灭火器及安全出口的位置

B. 商店内的货架和柜台，应采用金属框架和玻璃板组合制成。柜台外侧与地面之间应密封，如有空隙，须用不燃烧材料封堵。供顾客上、下楼的楼梯，不宜采用木质结构

C. 营业时，商店内的容纳人员不得超过额定人数

D. 在营业期间应当至少每两小时巡查一次。营业结束后，必须及时进行巡查，消除遗留火种，清离留宿人员，切断营业时使用的电源

二、判断题

1. 商品标识与实际不符，会引起顾客的投诉。　　　　　　　　　　　　　　　（　　）

2. 收银员少给顾客找了零钱，多扫描了商品，多收了顾客的钱，收银速度太慢，会引

起顾客的投诉。（　）
3. 面对投诉或抱怨的顾客时，要保持微笑，先做一个好的聆听者，然后再进行解释、安抚。（　）
4. 收银员在收银过程中发现电脑时间跳至前一天，可以将电脑重新启动，当系统自动调整了正确的时间，才可继续收银。（　）
5. 当顾客情绪特别激动，现场无法立即处理投诉和抱怨时，可采取：更换接待的人、更换接待场地。（　）
6. 如果在一段时期内，同一商品有多起顾客退换的事件发生，就证明商品质量明显有问题，营业员要建议营运部停止销售，并通知顾客退换。（　）
7. 对盗窃情况的处理，具体的处理程序是：认定偷窃性质、填写偷窃处理登记表、处罚、材料归档。（　）
8. 商店防抢主要是防止抢劫或抢夺事件的发生。（　）
9. 商店的诈骗案件主要包括商品诈骗和金钱诈骗两种。（　）
10. 防损部处理偷窃案件之前，一定要确认犯罪事件的真实性，因为处理不当会影响商店的形象。（　）

三、思考题

1. 结合所学内容，分析引起顾客投诉的原因有哪些？
2. 简述处理顾客投诉的原则。
3. 简述处理退换货时应掌握的原则。
4. 简述处理退换货时应掌握的技巧。
5. 列举出商店中常见的盗窃手段。

实训操作

1. 实训项目：请以本地一家商店为例，为该商店撰写"消防安全事故应急预案"。
2. 实训目的：让学生了解并掌握商店如何处理店内异常情况。
3. 实训组织：老师与某商店管理人员负责，组织学生到企业参观并与企业员工进行交流沟通。
4. 实训考核：撰写"消防安全事故应急预案"。

案例分析

愤怒的顾客

一天下午，某商店里一位顾客怒气冲冲地大声叫喊："你们商店的营业员究竟是怎么回事？"原来这位顾客上午买了条裤子，回家后发现尺码不合适，于是下午拿到当时购买的柜台要求更换。在她跟柜台的营业员说明情况后，该营业员还未来得及回复，隔壁柜台的一位营业员马上搭腔："不行，公司规定没有质量问题不能退换货。"听到这话后，顾客大动肝火,狠狠看了一眼那位营业员,大声说:"我今天非退不可!"边说边大声嚷嚷起来,该柜台的营业员见顾客生气了,马上一边耐心地向顾客解释,一边给顾客换了货。可换了货后,顾客还是觉得不解气,一直大声吵嚷着,害得该柜台的营业员不停地道歉。

思考: 你从该案例中得到什么启发?

附录 A 模拟试题

模拟试题一

一、名词解释
1. 店面形象
2. 零售商
3. 顾客通道
4. 先进先出法
5. 零售战略

二、不定项选择题
1. 便利品是指顾客经常购买,而且不愿意花时间做过多比较的商品。以下(   )不属于便利品。
   A. 日用品   B. 冲动购买品   C. 选购品   D. 时尚用品
2. 决定零售店经营形式主要因素有(   )。
   A. 资金的充裕程度 B. 竞争状况   C. 专业知识   D. 市场潜力
3. 店铺零售的形式是(   )。
   A. 直复营销   B. 直接销售   C. 自动售货机   D. 代理销售
4. 撇脂定价法就是在新产品上市之初,将价格定得较高,在短期内获取厚利,尽快收回投资,就像从牛奶中撇取所含的奶油一样。撇脂定价法适合需求弹性较小的细分市场,其缺点是(   )。
   A. 适合顾客求新心理   B. 产品主动性大
   C. 可以控制产品需求量   D. 不利于扩大市场
5. 零售店文化是由观念文化、组织行为文化和物质文化构成的一个多层次、全方位的系统,其主要内容包括(   )。
   A. 企业价值观   B. 企业的经营思想   C. 商业职业道德   D. 企业精神
6. 成本结构是企业成本会计的研究范围,其中因企业支付变动因素的变动而变动的成本，如员工工资或直接营销费用，称之为（　　　）。
  A. 固定成本　　　　B. 变动成本　　　　C. 边际成本　　　　D. 机会成本
  7. 零售商要取得成功，主要取决于他们对零售业的了解程度，这其中包括了零售商所处的企业内外的要素。零售业核心要素是（　　　）。
  A. 竞争　　　　　　B. 环境　　　　　　C. 顾客　　　　　　D. 店铺
  8. 无店铺零售的三种形式是（　　　）。
  A. 直复营销　　　　B. 直接销售　　　　C. 自动售货机　　　D. 代理销售
  9. 卖场商品的整理要点包括（　　　）。
  A. 检查补充商品　　B. 做好存货管理　　C. 展示商品　　　　D. 制作POP广告
  10. 店长必须具备的资质条件包括（　　　）。
  A. 积极的性格　　　B. 忍耐力　　　　　C. 开朗的性格　　　D. 包容力

三、判断题

1. 连锁店在进货时的原则是订货量越大越好。（　　）
2. 连锁店店长的考核可以从"德、能、勤、绩"四个方面进行。（　　）
3. 商品生命周期中的成长期是指商品在市场上被消费者广泛认识和接受，商品销售量趋向稳定。（　　）
4. 消费者走进商店，经常会无意识地环视陈列商品，通常无意的展望高度是1.7～2.7米。（　　）
5. 忠诚客户的频繁光顾并不能使门店的收入和市场份额增长，同时也不能降低获得顾客和服务的成本。（　　）
6. 在一定时期内，顾客到某门店重复购买的次数越多，说明对这一门店的忠诚度越高，反之则越低。（　　）
7. 连锁店各门店在进行存货时都实行"统一配送"或"统分结合"的原则。（　　）
8. 营业员在进行卖场商品解说时，向顾客报价宜从价格高的商品走向价格低的商品，以便引导顾客购买。（　　）
9. 准备多样化的商品，让消费者有更多的选择余地是商店的责任。（　　）
10. 中国百货商店虽然很多面临经营困境，但并不表明百货商店正在走向衰落。（　　）
11. 零售商开发自有品牌具有较多的优势，往往能比制造商更容易成功。（　　）
12. 降价虽然能吸引消费者促进销售，但有时也会带来负面效果。（　　）
13. 零售业态和零售业种不是同一个概念，一个是突出"怎么卖"，一个是突出"卖什么"。（　　）
14. 零售商的竞争优势来源于规模，所以零售商的扩张速度越快越好。（　　）
15. 零售商的促销活动并不仅仅只是达到短期提高业绩的效果。（　　）

四、简答题

1. 店长的角色有哪几种？
2. 自有品牌是指零售企业通过收集、整理、分析消费者对于某类产品需求特征的信息，开发出来的新产品，并自主生产，最终由零售企业使用自己的商标对该产品进行注册，并在本企业销售的商品。请解释说明自有品牌对于零售商有哪些意义和重要作用。
3. 简述什么是商圈以及商圈的构成、形态与顾客来源是怎样的。

4. 简述店长在对员工进行作业分配时注意哪些要点。

五、案例分析题

案例一

张店长刚从5号店的副店长升调到7号店担任正店长，他早就听说7号店的纪律松懈，干部风气不正，因此刚一上任，他就立了三条规定：第一，所有的主管级以上干部必须提前半小时上班；第二，所有的主管级以上干部必须每天写工作计划与总结，每日交给他审阅；第三，每天下午四点钟至六点钟是门店主管级以上干部会议时间，严禁缺席。

张店长希望通过三条规定提高干部们的工作主动性，并且督促干部们的工作。但是一周后他发现，干部们虽然能够坚持每日提前半小时来，但是由于干部们住的地方远近不一，已经有一些干部对此很有微词；另外，每天审阅干部们的工作计划与总结也让张店长感觉十分疲惫，而且他也发现，一些干部纯粹是在凑数。再者，由于下午四点钟至六点钟的时间段是门店经营高峰期，每天开会基本上是流于形式，很难有一次能够彻底地把会议开完。

新官上任张店长放了三个哑炮，他陷入了深深的反思当中。

问题：张店长的三条规定有什么问题？如果你是张店长，你会采取什么措施来切入7号店的经营管理？

案例二

某日，胡女士与女儿一起到汉口某超市购物，付款后离开时，出口处的警报骤响，胡女士即被拦下，一位工作人员要求胡女士拿出身上的物品。为表明清白，胡女士按要求拿出身上的东西，重新走过警报装置，警报再次响起。超市工作人员一口咬定胡女士拿了德芙巧克力，并对胡女士搜身，却没查到任何东西。

胡女士受辱后，求助市"148"法律专线：我的权益如何维护？

"148"法律专线工作人员告知胡女士，按《中华人民共和国消费者权益保护法》的规定，经营者不得对消费者进行侮辱、诽谤，不得搜查消费者的身体及其携带的物品。因此，超市工作人员无权私自搜查顾客的身体，在无相关证据下，更无权认定顾客具有偷窃行为。胡女士有权要求商家赔礼道歉、赔偿精神损失，并建议胡女士先与超市协商，如果对方拒绝可向消协投诉，若还达不成一致，可依法起诉。

怀疑顾客偷盗，超市该如何处理？

"148"法律专线工作人员指出，现在一些超市有诸如"偷一罚十"等规定，商家认为发此公告就可对顾客进行检查，其实商家并没有搜查顾客身体的权利。顾客也没有接受搜查的义务。

当商家确实怀疑或发现消费者有漏付款项甚至有偷窃行为时，其合法权益又如何维护？"148"法律专线工作人员称，超市可实施"自助行为"保护其合法权益。所谓自助行为，是指权利人为保护其合法权益，在情况紧急而又不能及时请求国家机关予以援助的情况下，对他人的财产或自由施以扣押、拘束或其他相应措施，而为法律或社会公德所认可的行为。然后请求公安机关处理，切不可自行其是，侵犯顾客权益。

问题：请分别从消费者与经营者的角度来分析此类情况该如何处理？

参考答案

一、名词解释

1. 店面形象由功能与心理两个要素组成，顾客对这两个要素加以组合后，纳入其知觉框架，就形成了顾客对某商店整体的印象。

2. 零售商又称零售商业企业，是指从事零售活动，将商品和服务出售给最终消费者使用的一种商业企业。

3. 顾客通道是指顾客在卖场内购物时行走的路线。

4. 从逻辑上假定先购进的商品先卖出，而新购进的商品则保存在仓库里，先进先出法按照当前成本结构确定存货的价值，即留作存货的是最近购进的商品。

5. 零售战略是指导零售企业进行经营活动的总体计划和行动纲领。它将零售企业在战略期间的经营宗旨、目标、重点的具体活动及控制机制扼要地提了出来，描绘出一个未来的蓝图。

二、不定项选择题

1. D 2. ABCD 3. ABC 4. D 5. ABCD 6. B 7. ABC 8. ABC 9. ABC 10. ABCD

三、判断题

1. × 2. √ 3. × 4. × 5. × 6. √ 7. × 8. × 9. √ 10. √ 11. × 12. √ 13. √ 14. × 15. √

四、简答题

1. 答：店长的角色包括：

门店的代表者，经营目标的执行者，卖场的指挥者，店员士气的激励者，店员的业务培训者，各种问题的协调者，营运与管理业务的控制者，工作成果的分析者。

2. 答：开发自有品牌对于目前需要改善的工商关系起到了缓解作用，推动了生产企业与零售企业由单纯的"供应—销售"关系转变为"我设计、你生产"式的互惠互利合作关系。它可以提高零售店的信誉，扩大企业的影响面；自有品牌的商品仅在零售店内部周转销售，减少了许多中间环节，节约了大量的交易费用和流通成本；自有品牌商品的开发有利于零售店保证供应商品的质量，确保商品供应货源的稳定性。

3. 答：① 商圈是以零售店所在地为中心，吸引顾客的辐射范围，或者说是来店顾客所居住的地理环境。② 商圈的构成：核心商圈、次级商圈、边缘商圈。③ 商圈的形态：商业区、住宅区、文教区、办公区、混合区。④ 顾客来源：居住人口、工作人口、流动人口。

4. 答：要让员工记住有关规定，预先制订作业标准，要求员工每完成一项作业立即报告，监督作业是否按照作业分配计划进行，未按原定计划进行的必须加以检讨修正，指定突发状况的处理人员，下达临机应变的作业指示。

五、案例分析题

1. 答：（1）张店长的三条规定存在以下问题：

① 没有充分了解情况，没有和主管级以上干部及时地交流和沟通，便轻易地做出了决定。

② 要求主管级以上干部每天写的工作计划与总结过于频繁，审阅文件不是店长每天必

须要做的工作。

③ 会议是主要但不紧急的事情，每天的晨会和晚会就可以了，如果再有别的会议也可以，但要避过营业高峰时段。

（2）如果我是张店长，我会这样做：

① 上任后，多了解门店情况，主动和主管级以上干部交流、沟通、分析本店所出现的问题，以及如果还要长此以往的这样下去会出现什么样的后果。

② 有针对性地制订可行的规章制度及次生措施，列入考核范围，以杜绝员工纪律松懈，干部风气不良的情况，以全面控制和预防这类事情的发生。

③ 上任后，分析门店的各项业务报告，调查客流量的高峰期，避免在这个时段开会，对于这样无用的、没有效率的做法坚决杜绝。

④ 要从自身做起，给员工做一个好榜样，只有这样才能服众，才能树立威信，以后下达的各项指令，员工就会积极地拥护。

2. 答：超市工作人员无权搜查顾客的身体，其搜身行为是违反法律规定的。《中华人民共和国宪法》第三十七条规定："中华人民共和国公民的人身自由不受侵犯。……禁止非法搜查公民的身体。"《中华人民共和国消费者权益保护法》第五十一条规定："经营者有侮辱诽谤、搜查身体、侵犯人身自由等侵害消费者或者其他受害人人身权益的行为，造成严重精神损害的，受害人可以要求精神损害赔偿。"超市违反法律规定，对胡女士进行搜身，是对胡女士人格尊严的侵犯，对此超市应承担相应的法律责任。

胡女士可以通过下列途径维护自己的合法权益：与经营者协商和解获得赔偿和道歉，请求消费者协会调解，向有关行政部申诉，根据与经营者达成的仲裁协议提请仲裁机构仲裁，向人民法院提起诉讼。

经营者维权：当经营者怀疑或发现消费者有漏付款项甚至有偷窃行为时，首先应当说服消费者自觉交付遗漏款项和交出偷窃物品。一些超市内部制订了对偷盗的处罚措施，如规定"偷一罚十"，这种做法是不符合法律规定的，经营者对顾客没有处罚权。当消费者置之不理，或者狡辩抵赖时，经营者应当立即或尽快请求公安机关处理。

模拟试题二

一、名词解释
1. 个性化服务
2. 零售商
3. 商品结构管理
4. 商品陈列
5. 商店安全管理

二、不定项选择题
1. 在分析顾客流失的原因时，有一种现象表现为顾客转向提供高质量产品的竞争者，这种顾客流失属于（　　）。
   A. 产品流失型　　B. 价格流失型　　C. 服务流失型　　D. 技术流失型
2. 对于高档商品、耐用商品或者价格较高的商品等，则宜采用整数定价策略，给顾客一种"一分钱一分货"的感觉，借以提高商品的形象。这种定价的方法是（　　）。
   A. 安全定价法　　B. 整数定价法　　C. 分级定价法　　D. 非整数定价法
3. 为保证店铺的正常运转，各方面工作都不能有疏漏和问题。以下各项活动中，（　　）不属于店长在人事和培训方面的管理工作。
   A. 选拔和使用计时工　　　　　　B. 店员出勤管理
   C. 合理调配使用员工　　　　　　D. 做好与顾客的沟通
4. 如果某地区整个市场不景气，会造成购买力不足，商品过剩，商业企业的营业收入锐减，导致店铺租金负担过重，部分店铺承租人就会退租，形成店铺供求关系变化而造成店铺租金下降，使一段时间内店铺贬值。这属于店铺投资的（　　）。
   A. 自然风险　　B. 社会风险　　C. 经济风险　　D. 经营风险
5. 下列不属于商店布局原则的是（　　）。
   A. 安全便利原则　　B. 促进销售原则　　C. 高效利用原则　　D. 面积最大化原则
6. 最理想的环境布局应将顾客必须购买的商品、购买频率高的商品放在（　　），以吸引顾客向纵深方向流动。
   A. 最外面　　B. 最里面　　C. 大门入口　　D. 电梯旁
7. 某顾客买了一瓶啤酒，看见旁边有开瓶器，就顺带买了一个开瓶器，然后想起过几天要请客，所以当他看到陈列的精致的玻璃杯时，又挑选了一组玻璃杯。这种陈列属于陈列中的（　　）。
   A. 垂直陈列　　B. 分层陈列　　C. 关联性陈列　　D. 组合陈列
8. 进货管理包括（　　）等项业务。
   A. 订货　　B. 进货　　C. 验收　　D. 退换货
9. 变价是指由于经营、商品自身及市场等因素的变化而调整商品原销售价格的业务，具体包括商品的（　　）形式。
   A. 稳定价格　　B. 价格调低　　C. 价格调高　　D. 价格波动

10. 一般来讲，超市的商品划分成（   ）这几个层次。
    A. 大分类　　　　　B. 中分类　　　　　C. 小分类　　　　　D. 单品
11. 主力商品群是超市经营的重点商品，它在商品结构中仅有20%的比例，却创造整个卖场（   ）的销售业绩。
    A. 80%　　　　　　B. 200%　　　　　　C. 40%　　　　　　D. 60%
12. 利用数据和信息系统，使品类管理的各项决策符合实际，并提高业务流程的运行效率，这是品类活动中（   ）的运用。
    A. 伙伴关系　　　　B. 业务流程　　　　C. 信息技术　　　　D. 品类指标
13. 价格是商战中的重要武器，从这个意义上说，价格管理的重点在于（   ）。
    A. 随机应变　　　　B. 以不变应万变　　C. 经常变化　　　　D. 随需应变
14. 处理顾客投诉的原则中不应包括的是（   ）。
    A. 换位思考　　　　B. 据理力争　　　　C. 以诚相待　　　　D. 迅速处理
15. 作为一个管理者一定要记住批评的目的是更好地（   ）。
    A. 维护自己权威　　　　　　　　　　　B. 打击员工
    C. 激励员工　　　　　　　　　　　　　D. 表达对员工的不满

三、判断题

1. 手风琴理论认为，零售企业的发展和演进可由商品组合的从宽到窄，再从窄到宽的变化来解释。而商品组合的扩大或缩小不必反映市场的需求与竞争格局的变化。（   ）
2. 零售业核心三要素包括竞争、环境、顾客。（   ）
3. 核心商圈就是指位于次级商圈之外的最外围区域。（   ）
4. 社会、法律、竞争等这些因素不会影响零售市场的零售市场。（   ）
5. 一些研究人员认为，在市场细分过程中过早以个性区分市场，会使目标市场过于狭窄。（   ）
6. 一些顾客特别信任高价商品，希望自己能够与众不同，他们的理念是："贵的就是好的""一分钱一分货"，这是随意型购买行为，而不是价格型购买行为。（   ）
7. 订货的目的就是保证商品充分满足销售需要，按照不同种类商品的特点，适时、适量地补充货源，期间不用考虑费用的高低问题。（   ）
8. 陈列商品的种类有限容易使顾客集中注意力，不至于使他们"看花了眼、挑花了眼"；而规格、花色、品种较多则更能满足顾客的偏好，确保消费者买到自己喜爱的商品。（   ）
9. 专业化经营又称目标营销（target marketing），就是零售商努力于扩大消费群的范围，以便于在特定的市场尽力满足特定消费群的全部需要。（   ）
10. 优惠券是指提供一定价格折扣的商品券。（   ）
11. 开放式销售方式的货架布局能有效刺激消费者购买欲望，提高销售效益。（   ）
12. 大量统计资料表明，"20/80法则"也同样适用于零售店经营活动中，即卖场里80%商品的销售额只占总销售额的20%，而20%的小部分商品的销售额却占总销售额的80%。（   ）
13. 组合标价是将相关配套的商品，采用配合成套方式统一标价，成套商品价格低于单价购买的价格之和。这种标价方法可以在一定程度上促使顾客购买大包装的商品，扩大商店

的销售量，但同时这种标价方法也加大了员工的工作量。　　　　　　（　　）

14. 零售店在商品陈列时要注意商品配置的关联，所谓替代商品就是指在用途上密切联系的商品，例如牙膏与牙刷，皮鞋与鞋油。　　　　　　　　　　　　　　（　　）

15. 耐用品是指在正常情况下，一次或多次使用就被消费掉的有形物品，如牙膏、洗衣粉、文具等。　　　　　　　　　　　　　　　　　　　　　　　　　　　（　　）

四、简答题

1. 简述店长应具备的能力。
2. 简述商店促销活动有哪些方式，以及店长在商店促销活动时应注意哪些事项。
3. 简述影响商店形象的主要因素。
4. 简述店长的盘点作业操作规范。

五、案例分析题

案例一

沃尔玛与凯玛特同时创业于1967年，两家企业都是从折扣商店起家，并相继转成以大型综合超市为主要业态。在后来40年余年的相互竞争中，两家企业均成长非常快，而凯玛特在1990年以前的发展一直快于沃尔玛，而在1990年沃尔玛超过凯玛特后，沃尔玛就一直处于领先地位，直到2002年年初传来沃尔玛成为世界500强第一，而凯玛特申请破产保护的消息。

这里主要介绍一下两家公司的价格策略。沃尔玛的经营宗旨是"天天平价，始终如一"，它指的是"不仅一种或若干种商品低价销售，而是所有商品都以最低价格销售；不仅是在一时或一段时间低价销售，而是常年都以最低价格销售；不仅是在一地或一些地区低价销售，而是在所有地区都以最低价格销售"。正是力求使沃尔玛商品比其他商店更便宜这一指导思想使得沃尔玛成为本行业中的成本控制专家，它最终将成本降至行业最低，真正做到了天天平价。

凯玛特也是以成本领先战略为自己的基本竞争战略，体现在价格上也是希望以较低价格水平吸引顾客。但凯玛特的定价不是追求天天平价，而是实施差别毛利率法，将一些促销商品价格定得很低，而另一部分非促销商品价格定得相对较高，并且为了吸引顾客，促销商品定期更换。凯玛特的一个独特的促销方式即"蓝灯闪亮"，商场的某一商品会突然亮起蓝灯，然后以很低的价格短时间内销售，这一促销方式吸引了大量顾客。

问题：
1. 两家零售公司采用的是什么价格政策？
2. 两家零售公司采用的价格政策各有什么利处和弊端？

案例二

陈惠丽是服装连锁商店的店长。她学历不高，高中毕业后上了两年技校，一直没找到对口的工作。后来机缘巧合下，到这家连锁商店开始了导购的工作。由于性格开朗活泼、学习努力，成长非常迅速，业绩上升也很快，并且由于她服务周到，吸引了很多回头客。

一年后，陈惠丽被提升为店长。陈惠丽心想这回终于可以松一口气了，店长好歹也是个管理者，有什么事交给下面的人就好了。于是她就把工作重心放在管人上了，每天给大家分配任务，时刻监督着，认为只要大家都努力干活了，商店的生意自然不会差。可没几天下来，就出现了一堆问题：顾客找不到要买的商品才发现是断货了；总部向她要销售分析，她给不出来；总部要求做市场调研，她也不知从何着手……整个门店变得非常混乱，上级管理部门很不满意。

问题： 陈惠丽做店员是高手，做店长不知从何入手？请分析她的问题出在哪里？

参考答案

一、名词解释

1. 个性化服务是指为不同的顾客提供不同的服务。服务因人而异，有很大的随意性。因为个性化服务的随意性使其衡量和操作起来的难度加大，要想为顾客提供满意的服务，服务人员的高素质成为关键因素。

2. 零售商又称零售商业企业，是指从事零售活动，将商品和服务出售给最终消费者使用的一种商业企业。

3. 商品结构管理是指在总部经营目标、方针指引下，为保证资源得到充分利用，商店管理人员科学、合理地优化调整中小商品结构，引进或淘汰商品。

4. 商品陈列就是应用一定的方法和技巧，借助一定的工具，按照销售者的经营思想及要求有规律地摆放商品，集中向顾客展示，以方便顾客购买，提高销售效率。

5. 商店安全管理是指商店本身及来店顾客、本店员工的人身和财物在商店范围内不受侵害，商店内部的生活秩序、工作秩序、公共场所秩序等保持良好的状态。

二、不定项选择题

1. A 2. B 3. D 4. C 5. D 6. B 7. C 8. ABCD 9. BC 10. ABCD 11. A 12. C 13. D 14. B 15. C

三、判断题

1. × 2. √ 3. × 4. × 5. √ 6. × 7. × 8. √ 9. × 10. √ 11. √ 12. √ 13. × 14. × 15. ×

四、简答题

1. 答：店长应具备以下能力：

经营管理能力，组织领导能力，培训辅导能力，专业技术能力，自我学习提高的能力，诚信的职业道德和作为榜样和承担责任的能力。

2. 答：（1）商店促销活动的方式包括展销促销、公关促销、现场促销、文化促销、店面促销、服务促销。

（2）店长在商店促销活动时应注意促销活动前期的宣传，广告位置的正确设置，广告宣传效果的评价，促销活动时间的设定，促销活动的总结，总部促销计划与店铺促销计划的关系。

3. 答：影响店铺形象的因素如下：① 总体特征：商店历史、名声、店铺分布范围。② 商店的物质要素：店面、招牌、橱窗陈列、色彩等。③ 人员要素：营业人员的业务能力、服务态度、着装等。④ 商品要素：商品花色品种、质量、品牌数量。⑤ 价格要素：价格水平、价格幅度、竞争对手比价、价格弹性、价格调整等。

4. 答：店长的盘点作业操作规范如下：① 店长在平时要教育和启发员工了解有关商品盘点的重要性与必要性；② 应做好与盘点有关的工具、用品和卖场的准备；③ 把盘点作业组织分配图及盘点范围告知各人员；④ 成立临时机动支援小组以达到盘点工作的时效性；⑤ 注意盘点时是否有漏洞，必要时可采取随机抽查；⑥ 盘点区域事先妥善划分；⑦ 商品在盘点前应妥善集中以便于盘点的实施；⑧ 在盘点时应注意在心理上应同处理现金一样谨慎；

⑨ 盘点人员应按照负责区域依序盘点；⑩ 最好两人一组，一人盘点一人记录；⑪ 要详细加以记录以避免发生错误现象的发生；⑫ 数字书写要清晰正确。

五、案例分析题

案例一　答：（1）沃尔玛采用的是稳定价格政策，凯玛特采用的是高/低价格政策。

（2）沃尔玛和凯玛特采用的价格政策的利弊如下。

① 稳定价格政策的利处：可以稳定商品销售，从而有利于库存管理和防止脱销；可以减少人员开支和其他费用；能为顾客提供更优质服务；改进日常管理工作，维持顾客忠诚。

稳定价格政策的弊处：缺乏连带消费吸引力，缺乏商品在特定时期的快速周转；对顾客缺乏吸引力；对有些企业而言难以长期保持低价。

② 高/低价格政策的利处：刺激消费，加速商品周转；对顾客具有吸引力；以一带十，达到连带消费的目的；对于以价格作为竞争武器的零售商而言，该价格更容易运转。

高/低价格政策的弊处：降低消费者忠诚度；增加库存管理难度；增加人员开支与其他费用；服务水准难以提高，增大日常管理难度。

案例二　答：案例中的陈惠丽认为店长会比导购轻松，是错误的观点。因为她只看到了管理者的权力，却没有关注到管理者的责任，对店长这一角色没有正确的定位，另外的原因是因为陈慧丽刚上任，还不熟悉店长的日常工作职责。

作为连锁商店的店长，要有全局观点，每天的工作有一个规范化的流程。陈惠丽却忽略了全面把控连锁商店的工作，将她全部的精力放到人员监督上，而这种高压式管理不仅是疏忽了连锁商店其他重要工作，更会使店员产生产生人人自危的感觉，不利于团队建设。

作为店长，首先应该对自己的工作职责进行了解和熟悉，只有按部就班地做好每一天的每一项工作，才能保障连锁商店的正常运转。其次，在对店长的角色定位上，要有一个清晰的认识。只有对角色有了清晰的认识，才会在工作中化认识为行动，切实承担起每一个应尽的责任。

参考文献

[1] 孙玮琳. 店长实务. 北京：中国人民大学出版社，2012.
[2] 徐玲玲. 如何成为一流店长. 北京：化学工业出版社，2010.
[3] 逸新. 店长手册. 北京：中国纺织出版社，2010.
[4] 祝文欣. 王牌店长. 北京：中国发展出版社，2010.
[5] 藤宝红. 如何做好店长. 广州：广东经济出版社有限公司，2012.
[6] 赵凡禹. 王牌店长王牌店员大全集. 北京：企业管理出版社，2010.
[7] 苏朝辉. 客户关系的建立与维护. 北京：清华大学出版社，2007.
[8] 黄宪仁. 连锁店操作手册. 北京：电子工业出版社，2012.
[9] 李晟. 专卖店连锁店店长职业化素养手册. 北京：北京工业大学出版社，2012.
[10] 孙天福. 连锁店经营与管理. 北京：中国财政经济出版社，2008.
[11] 结城义晴. 管理的艺术：德鲁克教你当店长. 赵净净，译. 海口：南海出版社，2013.
[12] 何春燕. 我国零售业连锁经营存在问题及对策. 物流工程与管理，2012，8（34）.
[13] 谭小芳. 店长管理：如何走向最后成功. 博锐管理在线文库，2013.
[14] 周晨琳. 店长如何科学地管理员工. ASK123学习培训网，2012.
[15] 王骏，张雪萍. 连锁超市店长绩效管理探究. 全国商情：经济理论研究，2009，10（20）.
[16] 马瑞国. 连锁经营门店管理创新研究. 现代商贸工业，2012，10（20）.